Michael Fullan

Die Schule als lernendes Unternehmen

Konzepte für eine neue Kultur in der Pädagogik

Aus dem Amerikanischen
von Maren Klostermann

Mit einem Nachwort
von Reinhard Kahl

Klett-Cotta

Klett-Cotta
Die Originalausgabe erschien unter dem Titel
„Change Forces“
bei The Falmer Press, London

Printed in Germany
Umschlag: heffedesign, Rodgau
Gesetzt aus der 10 Punkt Concorde,
auf säure- und holzfreiem Werkdruckpapier gedruckt und gebunden
von Freiburger Graphische Betriebe,
Freiburg i. Br.

Die Deutsche Bibliothek – CIP-Einheitsaufnahme
Fullan, Michael:
Die Schule als lernendes Unternehmen : Konzepte für
eine neue Kultur in der Pädagogik / Michael Fullan. – Stuttgart :
Klett-Cotta, 1999
Einheitssacht.: Change forces <dt.>
ISBN 3-608-91935-X

Für Wendy,
meine Kraft des Wandels

Inhalt

Vorwort 9

Kapitel 1
Das Problem und das Potential des Wandels im Bildungswesen 15

Kapitel 2
Der ethisch begründete Erziehungsauftrag und die Vermittlung des Wandels 26

Kapitel 3
Der Veränderungsprozeß als »chaotisches System« 44

Kapitel 4
Die Schule als lernende Organisation 79

Kapitel 5
Die lernende Organisation und ihr Umfeld 142

Kapitel 6
Lehrerbildung: Die verpaßte Chance der Gesellschaft . . 171

Kapitel 7
Das Individuum und die lernende Gesellschaft 217

Nachwort 236

Literaturverzeichnis 256
Register 266

Vorwort

Dieses Buch beschäftigt sich mit den »Kräften des Wandels« – ein doppeldeutiger Begriff, den ich absichtlich gewählt habe. Einerseits sind wir auf Schritt und Tritt den unbarmherzigen Zwängen eines allgegenwärtigen Wandels ausgesetzt, andererseits besteht das Geheimnis von Wachstum und Entwicklung darin, daß wir lernen, mit den Kräften des Wandels zu leben – positive Kräfte zum eigenen Vorteil zu nutzen und negative auszuschalten. Die Welt der Zukunft ist eine Welt des Lernens. Das bedeutet, daß wir uns mit den tieferen Ursachen und grundlegenden Prinzipien des Wandels auseinandersetzen müssen. Wer sich um ein tieferes Verständnis bemüht, sieht die Dinge mit anderen Augen. Was oberflächlich betrachtet als gerader Weg erscheint, entpuppt sich plötzlich als ganz neue Welt. Man gibt sich nicht mehr damit zufrieden, die einzelnen Faktoren zu untersuchen, die mit dem Erfolg oder Scheitern der letzten Innovation oder Verfahrensweise verbunden waren. Es genügt nicht mehr, geplante Veränderungen von scheinbar spontanen oder natürlich auftretenden Veränderungen zu unterscheiden. Nur wenn wir ein neues Bewußtsein entwickeln und neue Erkenntnisse über die Gesamtheit des Wandels im Bildungswesen gewinnen, werden wir irgend etwas bewegen können. Wie ich darlegen werde, ist es nicht möglich, das »Problem des Wandels« zu lösen, aber wir können lernen, konstruktiver und produktiver damit umzugehen. Das ist das Thema dieses Buches.

Das heißt auch, daß ich Mythen zerstören, Halbwahrheiten entlarven und Gemeinsamkeiten zwischen scheinbar unvereinbaren Gegensätzen aufzeigen werde. Ich stelle einige derzeit populäre Konzepte in Frage wie zum Beispiel Vision und strategische Planung, dezentrales Management, starke Führung, Zuständigkeits- und Beurteilungsschemata, Kollegialität und Konsens, um nur einige zu nennen. Es ist kein Zufall, daß diese Un- und Halbwahrheiten gleichermaßen aus dem linken und rechten Lager kommen, weil in komplexen Gesellschaften alle Formen des Wandels gemeinsame Grundzüge aufweisen.

Es ist erstaunlich, wie weit wir in den letzten dreißig Jahren in der Erforschung von Bildungsreformen gekommen sind, wenn man bedenkt, daß wir erst in den sechziger Jahren begonnen haben, uns ernsthaft damit auseinanderzusetzen. Auf die Geschichte dieser Entwicklung will ich hier nicht näher eingehen (siehe dazu Fullan, 1991). In diesem Zusammenhang ist nur wichtig, daß wir am Anfang einer neuen Phase stehen, die einem Quantensprung im Verständnis und im Umgang mit Veränderungen gleichkommt. Dieser Paradigmenwechsel führt uns in eine Welt, wo der Wandel eine Reise mit unbekanntem Ziel ist, wo Probleme unsere Freunde sind, wo es ein Zeichen von Stärke ist, wenn man um Hilfe bittet, wo Top-down- und Bottom-up-Initiativen miteinander verschmelzen und wo Kollegialität und Individualität in einem produktiven Spannungsverhältnis nebeneinander bestehen (Fullan und Hargreaves, 1991; Fullan und Miles, 1992). In dieser Welt ist der Wandel ein Ausdruck *des Lebens selbst,* das von einigen Menschen besser gemeistert wird als von anderen, weil sie wissen, wie man Veränderungen erkennt, bewältigt und initiiert, auch wenn es für niemanden ein vollkommenes Glück oder ungetrübte Harmonie gibt. In dieser Welt darf man sich nicht auf professionelle Veränderungsexperten verlassen oder davon ausgehen, daß andere, insbesondere Führungskräfte, wissen, was sie tun – nicht weil Experten oder Führungskräfte ein falsches Spiel treiben oder inkompetent sind, sondern weil der Veränderungsprozeß so komplex ist und so voller Unwägbarkeiten steckt, daß wir alle wachsam sein und die Probleme selbst erforschen und lösen müssen.

In dieser Welt sind wir dringend auf kreative Konzepte und Kräfte angewiesen. Wir brauchen das forschende und lernende Individuum; das Streben nach Meisterschaft und Know-how als zentrale Strategien; die Führungskraft, die Wertvorstellungen ausdrückt, aber auch erweitert und andere Menschen in die Lage versetzt, das gleiche zu tun; ferner Teamwork und eine gemeinsame Zielsetzung, die von der Erkenntnis getragen wird, daß sowohl Individualität als auch

Kollektivität entscheidend für das institutionelle Lernen sind, und die Organisation, die dynamisch mit ihrer Außenwelt verbunden ist, weil sie anders in einer sich stetig wandelnden Welt nicht überleben kann.

Das sind keine brandneuen Ideen. Das Konzept der lernenden oder sich selbst erneuernden Person und Organisation ist über dreißig Jahre alt (Gardner, 1964). Das Neue ist, daß die Ideen eine wesentlich tiefere Bedeutung gewonnen haben. Trotz der Komplexität der Ideen haben wir ein größeres intuitives und intellektuelles Verständnis dafür entwickelt, wie diese Konzepte in der Praxis funktionieren. Unsere Wahrnehmung hat sich erweitert, und wir fangen an, größere Zusammenhänge zu erkennen. Was einfach erscheint, ist häufig komplex – die Einführung einer kleinen Veränderung kann weitreichende Folgen haben. Was komplex erscheint, ist mitunter einfach – man befähigt einige Menschen, an einem schwierigen Problem zu arbeiten, und plötzlich setzen positive Entwicklungen ein, mit denen man nie gerechnet hätte. In der neuen Chaosforschung heißt es: »Einfache Systeme lassen komplexes Verhalten zu. Komplexe Systeme lassen einfaches Verhalten zu.« (Gleick, 1988, S. 419). Das Problem ist, daß man nie präzise vorhersagen kann, wann es zu solchen Auswirkungen kommt und welche Form sie annehmen. Deshalb müssen wir unsere kreativen Kapazitäten erweitern, damit wir Veränderungen auf einer dauerhaften Basis antizipieren können und ihnen gewachsen sind, wenn sie eintreten.

Woher wissen wir, daß wir – diesmal – auf dem richtigen Weg sind? Wenn wir das Thema dieses Buches ernst nehmen, müssen wir uns eingestehen, daß wir es nicht wissen. Die Probleme wandeln sich, und die Zukunft wird neue Spannungen, Erkenntnisse und Durchbrüche bringen. Aber es gibt immer mehr Hinweise darauf, daß wir kurz vor einem dieser periodischen Durchbrüche stehen. Zur Zeit erscheint eine Fülle von Büchern über ein neues Paradigma, wie *Managen auf Messers Schneide* (Pascale, 1991), *Die Fünfte Disziplin* (Senge, 1996), *Flow* (Csikszentmihalyi, 1992), *Breakpoint and Beyond* (Land und Jarman, 1992), *The Critical Path to Corporate Renewal* (Beer,

Eisenstat und Spector, 1990), *Managing the Unknowable* (Stacey, 1992) oder *Voltaire's Bastards* (Saul, 1992). Gleichzeitig heben sich chronologisch neue, aber paradigmatisch veraltete oder irreführende Bücher wie *Changing the Essence* (Beckhard und Pritchard, 1992), *The Challenge of Organizational Change* (Kanter, Stein und Jick, 1992) und *Liberation Management* (Peters, 1993) besonders stark von den anderen ab.

Die Gesellschaft durchläuft bestimmte Zyklen und erreicht in regelmäßigen Abständen einen Punkt, an dem radikale Durchbrüche oder Zusammenbrüche besonders wahrscheinlich werden. Der Veränderungsdruck wird so stark, daß er eine »Bruchstelle« erreicht. An der Schwelle zum 21. Jahrhundert befinden wir uns in einer solchen Phase. Für die künftige Entwicklung der Gesellschaft wird es besonders wichtig sein, daß Lehrer über die notwendigen Fähigkeiten verfügen, um Veränderungen zu bewältigen, daraus zu lernen und ihren Schülern diese Fähigkeiten zu vermitteln. Bis jetzt sind die Lehrer nicht in der Lage, diese wichtige Rolle zu übernehmen. Wir brauchen eine neue Mentalität, um zu einem tieferen Verständnis zu gelangen. Dieses Buch ist der Versuch, die Voraussetzungen für diese neue Einstellung zu skizzieren, damit unsere Pädagogen zu Mittlern und nicht zu Opfern des Wandels werden.

Die Probleme (und Lösungen) finden sich weltweit (siehe Fullan, 1991; Dalin und Rolff, 1992; Verspoor, 1989). Ich hatte das Glück, daß ich Mentoren und Kollegen auf der ganzen Welt gefunden habe. Es sind zu viele, als daß ich sie hier alle namentlich aufzählen könnte. Mein besonderer Dank gilt mehreren Menschen, die mir beim Lernen geholfen haben. Matt Miles steht mir seit vielen Jahrzehnten mit seinem Wissen und seinem Verständnis zur Seite. Eine Ko-Autorschaft mit ihm ist eine Eintrittskarte zum Lernen. Per Dalin hat mir und vielen anderen die internationale Welt des Lernens eröffnet. Die brillanten Schriften von Seymour Sarason gaben mir eine Einführung in das Phänomen des Wandels. Meine einfallsreichen Freunde und Kollegen Michael Huberman und Bruce Joyce werfen immer wieder neue Fragen auf, die zu produktiven Forschungsansätzen führen. Milbrey McLaughlin und Judith Little dringen ständig tiefer in die Materie ein und bereichern uns alle. Robert Baker, Ray Bolam, David Hopkins, Lawrence Ingvarson und Geoff Scott haben sich im internationalen Austausch als großartige Freunde und als »Change Agents« ganz besonderer Art erwiesen. David Crandall, Susan Loucks-Horsley und andere Mitglieder des Forscherteams bemühen sich vorbildlich um die Verbindung von Theorie und Praxis. Michael Connelly, Nancy Watson und Ann Kilcher waren ungeheuer produktive Kollegen und Ko-Autoren. Ken Leithwood erwies sich von Anfang an als großartiger Mitstreiter. Mein wundervoller Mitautor Andy Hargreaves verbindet eine große analytische Begabung mit konkreten Veränderungsstrategien. Bernard Shapiro hat mich gelehrt, daß die Welt der Tat die eigentliche Arena des Wandels ist und daß man Veränderungen nicht studieren muß, um eine Menge darüber zu wissen. Bob Wiele hat sich als eine unerschöpfliche Quelle neuer Ideen und Anregungen erwiesen. Ich danke Noel Clark und Linda Grant für das Konzept und die Herausforderung von »What's Worth Fighting For«. Frank Clifford, Charles Pascal und Margaret Wilson haben mir ihre Freundschaft und Unterstützung gewährt, obwohl sie selbst mit großen Veränderungen in ihren eigenen Bereichen beschäftigt waren.

Bündnisse und Partnerschaften sind wichtige Vehikel des Lernens, wie ich in Kapitel 5 näher ausführen werde. Unser Lernkonsortium trägt eine Menge dazu bei, daß Praktiker und Theoretiker voneinander lernen, während sie sich gemeinsam um den Aufbau lernender Organisationen bemühen. Universitäten, Schulbezirke und Schulen arbeiten zusammen an der Entwicklung von äußeren Bedingungen, die den Wandel fördern. Mein aufrichtiger Dank gilt allen Führungskräften des Lernkonsortiums (und das sind sehr viele). Sie geben mir ein lebendiges Beispiel für ein aufregendes und produktives Veränderungslabor. Zudem hatte ich das Privileg, in die Directors' Study Group aufgenommen zu werden, und damit eine der sehr seltenen Gelegenheiten, das individuelle und das institutionelle Lernen vor dem Hintergrund anregender und unterstützender persönlicher Beziehungen zu verbinden.

Meine Kollegen an der erziehungswissenschaftlichen Fakultät der University of Toronto, die gemeinsam an den in diesem Buch beschriebenen Veränderungskräften arbeiten, sind für mich die »kritische Masse«, die erreicht werden muß, damit man »über die Bruchstelle« in der Reformierung der Lehrerbildung hinausgehen kann: Diese kritische Masse umfaßt die 45 Mitglieder des Lehrkörpers, die in den letzten zwanzig Jahren an dem Thema gearbeitet haben, außerdem die 30 neuen Mitglieder, die dazugekommen sind, sowie die 1100 Studenten, die uns jedes Jahr um neue Erfahrungen und Kenntnisse bereichern; dazu gehören ferner unsere beiden Laborschulen, das Institute of Child Study und die University of Toronto Schools, und nicht zuletzt unser Präsident Rob Pritchard, ein leidenschaftlicher Verfechter einer besseren Lehrerbildung. In dem derzeit zu beobachtenden Zusammenfluß von Ideen und Energien steckt die Kraft zu wirklichen Veränderungen. Barrie Bennett und Carol Rolheiser-Bennett zeigen mir immer wieder, wie man Theorie und Praxis erfolgreich verbindet. Steve Anderson und Suzie Stiegelbauer sind beispielhafte Vertreter einer angewandten Wissenschaft. Viele weitere Mitglieder der Fakultät stecken ihre ganze Kraft und Leidenschaft in eine Neugestaltung der Lehrerbildung. Mary Stager gelingt es, alles in einem zu sein: leitende Angestellte, Beraterin, Problemlöserin, Forscherin und Ko-Autorin. Anne Millar und Dennis Thiessen kümmern sich mit unvergleichlicher Sensibilität und Umsicht um die Fakultät. Das dynamische Duo aus Claudia Cuttress und Wendy Chiswell hat ein enormes Arbeitspensum bewältigt und dieses Manuskript in kürzester Zeit korrigiert.

Wie ich später noch ausführlich erörtern werde, ist es immer problematisch, Beruf und Privatleben in ein ausgewogenes Verhältnis zu bringen. Dieses Buch hat mir zu der Erkenntnis verholfen, daß Erfolg im Beruf und im Privatleben Hand in Hand gehen. Man kriegt das eine nicht ohne das andere, jedenfalls nicht für lange. Chris, Maureen, Josh, Bailey und Conor – mögen die Kräfte des Wandels euch stets begleiten. Und was Wendy betrifft, so sagt meine Widmung mehr als tausend Worte.

Kapitel 1
Das Problem und das Potential des Wandels im Bildungswesen

Der beste und glaubwürdigste Zeuge richtet seine Aufmerksamkeit auf die Fragen und sucht nicht besessen nach Antworten wie der Spezialist.

J. R. Saul, Voltaire's Bastards, 1992

Wir haben hart gekämpft. In den letzten dreißig Jahren haben wir versucht, den Einsatz zu erhöhen und die aktuellsten Innovationen und Verfahren ins Bildungswesen einzuführen. In den Sechzigern gingen wir mit großer Naivität an den Start und steckten einen Haufen Geld in großangelegte nationale Lehrplanänderungen, eine offene Unterrichtsplanung, individualisierte Programme und ähnliches. Wir nahmen an, trafen aber keinerlei Vorkehrungen dafür, daß irgend etwas Gutes dabei herauskommen würde. Bis heute haben wir uns nicht richtig von der tiefen Enttäuschung erholt, die sich einstellte, als die Praxis der »Implementierung« weit hinter unseren hochfliegenden Erwartungen zurückblieb. Genaugenommen wurde der Begriff Implementierung in den sechziger Jahren nicht einmal benutzt, geschweige denn als Problem betrachtet.

Die Welt unschuldiger Erwartungen brach etwa 1970 vollständig zusammen, als die ersten Implementierungsstudien auftauchten. Die Beteiligten, insbesondere jene an vorderster Front, wußten zweifellos seit längerem, daß irgendwas schrecklich falsch lief, aber das Problem erhielt quasi über Nacht eine konkrete Gestalt, als Goodlad et al. (1970), Gross et al. (1971) und Sarason (1971) ihre Studien über gescheiterte Reformen veröffentlichten.

Die siebziger Jahre waren größtenteils eine Phase der Stagnation, Rekonvaleszenz und Neugruppierung. Die Pädagogen erlebten eine schwere Identitätskrise, insbesondere in der ersten Hälfte des Jahrzehnts. Vielleicht waren das Bildungssystem und seine Vertreter gar nicht bereit oder gar nicht fähig, sich zu wandeln? Oder schlimmer noch, vielleicht konnte die Pädagogik, sogar wenn sie verbessert wurde, gar nichts bewirken, weil der Einfluß der sozialen Schicht, der Familie und anderer gesellschaftlicher Faktoren zu übermächtig war?

Aber nach einigen Jahren Plackerei gab es wieder Anlaß zur Hoffnung. Gegen Ende der siebziger Jahre hatte die Reformbewegung einige Beweise dafür gesammelt und vor allem die innere Überzeugung gewonnen, daß Schule sehr wohl – auch unter widrigen Bedingungen – etwas bewirken kann. Studien über erfolgreiche Umsetzungen von Innovationen und Schulreformen bestätigten die Tendenz, wenn auch nicht alle Einzelheiten der neuen Erkenntnis. Die intensiven Arbeiten von Bruce Joyce und anderen im Fort- und Weiterbildungssektor bestätigten von anderer Seite, daß Strategien für einen kontinuierlichen Kompetenzausbau Früchte trugen. Anfang der achtziger Jahre konnten wir mit Fug und Recht behaupten, daß wir eine Menge über die wichtigsten Aspekte gelernt hatten, die man bei der Einführung einzelner Innovationen beachten muß.

Aus gesellschaftlicher Sicht war das zu wenig und zu spät. Während sich die gesellschaftlichen Probleme verschärften, betrieben die Pädagogen Flickwerk und bastelten an Reformen herum. Sogar die sogenannten Erfolge waren isolierte Erscheinungen – eher die Ausnahme als die Regel. Zudem konnten wir nicht überzeugend darlegen, daß die Reformen sich positiv auf den Lernerfolg der Schüler auswirkten. Man glaubte nicht, daß es nützlich, geschweige denn möglich sein würde, die kleinen Erfolge im großen Stil zu reproduzieren.

Anfang der achtziger Jahre hatte die Gesellschaft endgültig genug davon. Etwa 1983 (tatsächlich fällt das Datum in den USA genau mit der Veröffentlichung von *A Nation at Risk* zusammen) hielt man großangelegte staatliche Initiativen allgemein für die beste und einzige Lösung. In vielen Ländern der westlichen Welt wurden Strukturreformen von oben durchgeführt. Zahlreiche US-Bundesstaaten verabschiedeten zum Teil drastische Maßnahmenkataloge: Die Lehrpläne wurden spezifiziert und als verbindlich vorgeschrieben, die Zuständigkeiten von Schülern und Lehrern genau festgelegt und kontrolliert, die Gehälter der Lehrer (damals jämmerlich niedrig) angehoben, Führungsqualitäten aufgelistet und in Kursen gelehrt. In anderen Staaten kam es zu ähnlichen Entwicklungen (auch wenn die Situation in Kanada mit seinen autonomen Provinzen weniger einheitlich geregelt ist). So wurde zum Beispiel in Großbritannien mit dem für dieses Land fast ketzerischen Education Reform Act von 1988 ein landesweit vorgeschriebenes Curriculum eingeführt. Man bastelte jetzt sozusagen im großen Stil am Bildungssystem herum.

Parallel zu diesen von oben verordneten Maßnahmen setzte ab etwa Mitte der achtziger Jahre eine zweite Bewegung ein. In den USA läuft sie unter dem Namen »Umstrukturierung« (Elmore, 1990; Murphy, 1991). Ihre Vertreter setzen sich in erster Linie für eine lokale Schulverwaltung, für einen stärkeren Einfluß der örtlichen Lehrer und Rektoren und für andere dezentrale Elemente ein.

Zur Zeit haben wir es mit einer Mischung aus Polarisation und Konfusion zu tun. Erstere wird einerseits von den Zentralisten repräsentiert, die es für die beste Lösung halten, daß man die Top-down-Regulierung verstärkt und die Zuständigkeit und die Einflußmöglichkeiten der obersten pädagogischen Instanzen erweitert. Dazu gehören übrigens auch bestimmte Strategien wie ein lokales Management, durch das mehr Macht in die Hände lokaler Interessengruppen außerhalb der Schule gelegt werden soll. Die Gegenpartei setzt sich aus den Umstrukturierern zusammen, die mehr Kontrolle durch lokale Lehrer und andere Pädagogen für den Stein der Weisen halten.

Viele Vertreter dieser beiden Lager sind zutiefst davon überzeugt, daß sie recht haben. Leider bieten sie widersprüchliche Lösungen an. Die Mehrheit der Pädagogen ist anscheinend der Auffassung, daß die Situation, wie sie sich Anfang der neunziger Jahre darstellt, in erster Linie Anlaß zur Verwirrung gibt. Es steht mehr auf dem Spiel, weil man nicht mehr über einzelne Innovationen, jeweils nur eine auf einmal, nachdenkt, sondern eher umfassendere Reformen ins Auge faßt. Der Einsatz hat sich auch insofern erhöht, weil man die Lösung heute für zu wichtig erachtet, um sie den Pädagogen zu überlassen. Staatliche Stellen (nicht nur Bildungsministerien) und Interessenvertreter aus der Wirtschaft mischen mittlerweile kräftig mit.

Kurz, wir streben ehrgeizigere Ziele an und spielen um höhere Einsätze. Wir können mehr gewinnen, aber auch mehr verlieren. Es scheint ein ungünstiger Zeitpunkt zu sein, um sich der Verwirrung hinzugeben. Und ob man im großen oder kleinen Stil an etwas herumbastelt, spielt letztlich keine Rolle – laut Wörterbuch bleibt es so oder so der »ungeschickte und unsachgemäße Versuch, etwas in Ordnung zu bringen«.

Ich behaupte, daß wir im Grunde einen vergeblichen Kampf geführt haben. Es geht nicht um die Frage, wie wir einen ständig wachsenden Berg von einzelnen Reformen und Innovationen im Bildungswesen bewältigen. Wir brauchen eine neue Formulierung, um zum Kern des Problems vorzustoßen, einen neuen Berg sozusagen. Kurz, wir brauchen eine andere Einstellung zum Wandel im Bildungswesen.

Eine veränderte Einstellung zu Veränderungen

Senge (1996) erinnert uns daran, daß das griechische Wort *Metanoia* »fundamentales Umdenken« bedeutet. Genau das brauchen wir in bezug auf Veränderungen im Bildungswesen. Ohne ein solches Umdenken stehen wir vor dem unüberwindlichen Grundproblem, daß ein grundsätzlich *konservatives System* und ein permanentes *Veränderungsthema* nebeneinander stehen. Einerseits gibt es die ständige und sich ständig erweiternde Präsenz von Innovationen und Reformen. Es ist keine Übertreibung zu behaupten, daß die Auseinandersetzung mit Veränderungen endemisch für die postmoderne Gesellschaft ist. Andererseits haben wir ein Bildungssystem, das zutiefst konservativ ausgerichtet ist. Die Art, wie Lehrer ausgebildet werden, wie die pädagogische Hierarchie funktioniert und wie politische Entscheidungsträger das Thema »Bildung und Erziehung« behandeln, zementiert ein System, das den *Status quo* eher bewahrt als aufhebt. Wer unter solchen Bedingungen nach Veränderungen strebt, wird auf Abwehr stoßen und bestenfalls vereinzelte, kurzfristige Erfolge erringen.

Anders ausgedrückt, die Antwort liegt nicht im Entwerfen besserer Reformstrategien. Keine noch so ausgeklügelten Strategiepläne für einzelne Innovationen oder Reformen werden jemals funktionieren. Es ist einfach eine unrealistische Erwartung, daß einzelne Reformen, selbst große Reformen, unter veränderungsfeindlichen Bedingungen erfolgreich eingeführt werden können. Das einzige, was dabei herauskommt, ist, daß Reformen in Verruf geraten. In einem Umfeld, das ständig Veränderungen erwartet und gleichzeitig ein konservatives System aufrechterhält, können sich die Probleme nur verschlimmern.

Das neue »Veränderungsproblem«, dem ich in diesem Buch nachgehen will, besteht also darin, zu fragen, wie es uns gelingen könnte, unsere Schule zu einer lernenden Organisation zu machen, die nicht nur einzelne Reformen bewältigt, sondern den fachkundigen Umgang mit Veränderungen als einen normalen Bestandteil ihrer Arbeit, als einen *way of life* einbezieht. In den folgenden Kapiteln werden wir die notwendigen Elemente dieses Wandels untersuchen. Ein Grund, weshalb wir lernende Organisationen brauchen, ist die Erkenntnis, daß Veränderungen in komplexen Systemen nicht linear verlaufen, sondern immer wieder eine überraschende Wendung nehmen. Aber wenn wir eine neue Geisteshaltung entwickeln, können wir lernen, mit »dem Ungewissen umzugehen« (Stacey, 1992).

Wir müssen auch gleich zu Beginn fragen, warum es überhaupt wichtig ist, daß unser Bildungswesen ein umfassenderes Verständnis von Veränderungen entwickelt, oder anders ausgedrückt, welche Vorteile wir uns von einem erfolgreichen Wandel versprechen. Man könnte auf einer theoretischen Ebene antworten und darauf hinweisen, daß der Wandel etwas Allgegenwärtiges ist, daß wir eine sich selbst erneuernde Gesellschaft brauchen, daß wir junge Menschen zum kritischen Denken und Problemlösen erziehen müssen etc., aber das sind mittlerweile Klischees. Ein tieferer Grund, den ich in Kapitel 2 näher erläutern werde, ist, daß Bildung und Erziehung einem moralischen Zweck dienen. Diese ethisch begründete Zielsetzung besteht darin, daß Schule das Leben von Schülern jeglicher Herkunft positiv beeinflussen und dazu beitragen will, aufgeklärte Bürger zu erziehen, die in einer zunehmend dynamisch-komplexen Gesellschaft erfolgreich leben und produktiv arbeiten können. Auch das ist nichts Neues, aber neu ist meiner Ansicht nach die Erkenntnis, daß eben diese Aufgabe von Lehrern verlangt, sich kontinuierlich mit Innovation und Wandel auseinanderzusetzen. Kontinuierliche Verbesserungen sind sozusagen »ihr Geschäft«, und wer Verbesserungen in einer sich stetig verändernden Welt bewirken will, muß in der Lage sein, mit den Kräften des Wandels zu leben und sie sich nutzbar zu machen.

Ein erfolgreicher Bildungswandel steckt voller Paradoxien und umfaßt zahlreiche Komponenten, die häufig als unvereinbar betrachtet werden. Aber Anteilnahme und Kompetenz, Gleichheit und Spitzenleistung, soziale und wirtschaftliche Entwicklung schließen sich nicht gegenseitig aus. Wir müssen diese Gegensätze vielmehr aufheben und die darin enthaltenen Energien zu neuen machtvollen Wachstums- und Entwicklungskräften vereinen.

Die vollständige Argumentation sieht etwa folgendermaßen aus: Die Gesellschaft erwartet (seit einiger Zeit, aber immer mehr, je näher wir dem 21. Jahrhundert kommen), daß die Bürger fähig sind, ein Leben lang konstruktiv mit Veränderungen umzugehen, sowohl privat als auch gemeinschaftlich, im dynamischen Kontext eines globalen, multikulturellen Wandels. Das Bildungswesen ist die einzige gesellschaftliche Institution, die über das *Potential* verfügt, um einen wesentlichen

Beitrag zu diesem Ziel zu leisten. Aber das Bildungssystem ist alles andere als eine Brutstätte der Wandlungsfähigkeit und vermittelt keineswegs grundlegende Fertigkeiten im Umgang mit Veränderungen. Um aus dieser Sackgasse herauszukommen, müssen sich die Pädagogen selbst als Experten eines dynamischen Wandels betrachten und auch von anderen so betrachtet werden. Damit sie zu Experten eines dynamischen Wandels werden können, müssen Pädagogen – Theoretiker ebenso wie Praktiker – zu sachkundigen Vermittlern des Wandels (»Change Agents«) ausgebildet werden. Wenn sie sich tatsächlich zu erfahrenen Change Agents mit einem ethisch begründeten Erziehungsauftrag entwickeln, können sie das Leben von Schülern jeglicher Herkunft positiv beeinflussen und dadurch dazu beitragen, daß die Gesellschaft als Ganze erfolgreicher mit Veränderungen umgehen kann.

Dieses Ziel kann man weder erreichen, indem man hier und da ein bißchen herumbastelt, in der vagen oder dunklen Hoffnung, daß es sich irgendwie realisieren wird, noch indem man auf Nummer sicher geht. Das Ziel einer größeren Wandlungsfähigkeit muß klar formuliert und mit aller Kraft verfolgt werden.

Man könnte argumentieren, daß uns gar nichts anderes übrigbleibt. Kaum jemand wird bestreiten, daß der erfolgreiche Umgang mit Veränderungen zu den wichtigsten Anforderungen der Gegenwart und Zukunft gehört. Aber weder Einzelpersonen noch Gruppen sind dafür bekannt, daß sie zu ihrem eigenen Besten handeln, vor allem nicht, wenn viel auf dem Spiel steht. Die Historikerin Barbara Tuchman (1997) gibt in ihrem Buch *Die Torheit der Regierenden* einen umfassenden geschichtlichen Überblick über diese (Ab-)Neigung. Am Beispiel der Trojaner und der Renaissancepäpste, der britischen Niederlage im amerikanischen Unabhängigkeitskrieg und der amerikanischen Niederlage in Vietnam erläutert sie ihre Grundthese vom »politischen Handeln wider das eigene Interesse«. Als »Torheit« definiert Tuchman eine Politik, die drei Kriterien erfüllt: »Erstens muß sie zu ihrer Zeit, und nicht erst im nachhinein, als kontraproduktiv erkannt worden sein... es [muß] zu ihrer Zeit eine praktikable Handlungsalternative« gegeben haben, und »die Politik muß von einer Gruppe und nicht von einem einzelnen Regierenden betrieben worden sein...« (S. 13). Als weitere wiederkehrende Elemente der Torheit zitiert Tuchman unter anderem: die »Mißachtung wachsender Unzufriedenheit, der Primat der Selbstverherrlichung, die Illusion eigener Unverwundbarkeit...« (S. 157) (siehe auch den CRM-Film *Groupthink)*. Diese Punkte machen es unwahrscheinlich, daß die Regierenden von sich aus über Handlungsalternativen nachdenken. Das gilt sogar (vielleicht insbesondere dann), wenn die Probleme gewaltige Ausmaße annehmen.

Eine ethisch begründete Zielsetzung schützt vor dieser Torheit, bleibt aber reines Märtyrertum, wenn sie nicht mit der festverwurzelten Fähigkeit – mit den erforderlichen Verhaltensweisen und Methoden – zur stetigen Selbstanalyse und Handlungskorrektur verbunden ist. Ein produktiver Wandel im Bildungswesen hängt nicht in erster Linie davon ab, ob man die neueste Politik erfolgreich umsetzen kann, sondern ob man in der Lage ist, den Widrigkeiten geplanter und ungeplanter Veränderungen standzuhalten und daran zu wachsen und zu reifen.

Diese Aufgabe können die Pädagogen nicht allein bewältigen. Schon jetzt setzt man viel zu hohe Erwartungen in sie. Die Lehrertätigkeit ist komplexer geworden als je zuvor. Ein Lehrer soll auf die Bedürfnisse einer multikulturellen und sich ständig wandelnden Schülerpopulation eingehen, mit dem rapiden technischen Fortschritt am Arbeitsplatz Schritt halten und der allseits erhobenen Forderung nach Spitzenleistung gerecht werden. Die wirtschaftliche Globalisierung schraubt die Leistungsanforderungen an den Schulen noch weiter in die Höhe. Die gesellschaftlichen Mißstände verschlimmern sich und lassen die schreckliche Kluft zwischen arm und reich weiter anwachsen. Goodlad (1992a) stellt fest: »Gesunde Gesellschaften haben gesunde Schulen« – und nicht umgekehrt. Wenn eine Gesellschaft gesund sein soll, müssen zahlreiche Voraussetzungen erfüllt sein. Dazu gehören nach Goodlad:

Erziehung zur Elternschaft, ein großes Aufgebot an Einrichtungen und Institutionen, einschließlich Schulen, die sich auf eine gemeinsame Lernanstrengung einlassen; ein wirtschaftliches/unternehmerisches Ethos, das darauf ausgerichtet ist, die hochwertigsten Güter zum geringstmöglichen Preis anzubieten; eine substantielle Investition in Forschung und Entwicklung; Führungskräfte, die durch erstklassige Leistungen in allen unternehmerischen Bereichen an die Spitze steigen, und vieles mehr (S. 7–8; siehe auch Goodlad, 1992b).

Hier geht es um die größere soziale Agenda für die Schaffung einer lernenden Gesellschaft. Das Veränderungsinteresse muß sich auf alle gesellschaftlichen Einrichtungen und ihre Wechselbeziehungen erstrecken, aber das Bildungswesen ist in besonderem Maße dazu verpflichtet, den Weg zu ebnen und eine Vorreiterrolle bei diesen gemeinschaftlichen Bemühungen zu übernehmen.

Überblick über dieses Buch

In Kapitel 2 erläutere ich die auf den ersten Blick seltsam anmutende Partnerschaft von ethisch begründetem Erziehungsauftrag und »Change Agentry«, also der fachkundigen Vermittlung des Wandels. Bei näherer Betrachtung zeigt sich, daß sie natürliche Verbündete der Postmoderne sind. Eine ethische Zielsetzung ohne eine fachkundige Change Agentry bleibt ein lobenswertes, aber ineffektives Wunschdenken; eine Change Agentry ohne ethische Zielsetzung macht den Wandel zum Selbstzweck. Es ist keine weit hergeholte Vorstellung, daß unsere Lehrer die Rolle von Change Agents übernehmen. Sie sind bereits auf dem besten Wege. Wenn wir irgend etwas erreichen wollen, müssen sie die Mittler dieses Wandels sein.

Kapitel 3 befaßt sich ausführlich mit der Komplexität von Veränderungsprozessen und beschreibt neue Einsichten, die wir gewinnen, wenn wir unsere bisherige Mentalität aufgeben und über einzelne Maßnahmen und Programmeinführungen hinausdenken. Ich stelle einige Lektionen vor, die wir aus dem neuen Verständnis des Wandels beziehen, und führe aus, wie man daraus nützlichere Begriffe für den Umgang mit Veränderungen ableiten kann. Wie ich aufzeigen werde, können, ja müssen wir bei erfolgreichen Veränderungsprozessen scheinbar unvereinbare Gegensätze wie Kontinuität und Wandel, persönliche Meisterschaft und kollektives Handeln, Vision und Offenheit, Scheitern und Erfolg sowie Druck und Unterstützung zusammenführen.

In den Kapiteln 4 und 5 konzentriere ich mich jeweils auf die Schule als lernende Organisation und auf die Wechselbeziehung zwischen einer lernenden Organisation und ihrem Umfeld. Ich glaube nicht, daß die Schule der Zukunft so aussehen wird wie die heutige Schule (wenn sie überhaupt noch »Schule« heißt). Aber wenn man neuere Forschungsergebnisse und das kreative Konzept der lernenden Organisation heranzieht, kann man allmählich erkennen, wie die Bildungsorganisation der Zukunft aussehen sollte. So müßte sie unter anderem für die notwendige Ko-Existenz von Individualität und Gemeinschaft sorgen, die gravierenden Schwächen von Visionen und von strategischen Planungen berücksichtigen und einige ganz neue pädagogische Konzepte entwickeln. In Kapitel 5 gehe ich nochmals auf die Beziehung zum Umfeld ein und komme zu neuen und, wie ich meine, fruchtbaren Ergebnissen. Ich führe aus, warum weder Zentralisierung noch Dezentralisierung funktionieren, warum die besten Organisationsgemeinschaften offener und produktiver mit ihrer Umgebung umgehen (und umgehen *müssen*, um zu überleben) und, was externe Berater tun sollten, um lernende Organisationen zu entwickeln und lebendig zu halten.

Die Lehrerbildung im Sinne eines ununterbrochenen, lebenslangen Lernprozesses – das Thema von Kapitel 6 – zeichnet sich dadurch aus, daß sie die beste Lösung und zugleich das schwierigste Problem im heutigen Bildungswesen ist. Trotz anderslautender Lippenbekenntnisse hat die Gesellschaft bislang nicht den ernsthaften Versuch unternommen, die Lehrerbildung als Entwicklungsinstrument einzusetzen. Die Sonntagsreden werden offenbar nicht von dem Glauben oder der aufrichtigen Überzeugung getragen, daß eine Investition in die Lehrerbildung wirklich lohnend ist. Aufbauend auf der Analyse der vorangehenden Kapitel behaupte ich, daß es schlicht unmöglich ist, einen echten Wandel zu bewirken, wenn wir nicht begreifen, daß eine kontinuierliche – berufsvorbereitende und berufsbegleitende – Lehrerbildung das wichtigste Mittel ist, um Lehrer zu verantwortungsbewußten Change Agents zu machen.

Im letzten Kapitel kehre ich zum Individuum und zum Wandel im gesellschaftlichen Kontext zurück. Gerade in Zeiten eines Paradigmen- oder Einstellungswandels können wir nicht erwarten, daß bestehende Institutionen die Führung übernehmen. Allgemeiner gesprochen, wird ein umfassender Bildungswandel in jeder künftigen Gesellschaft davon abhängen, daß es engagierte Einzelpersönlichkeiten gibt, die nicht blind auf die Institutionen um sie herum vertrauen. Systeme verändern sich nicht von allein, sie werden von Menschen verändert. Die Rolle des einzelnen, die Art der Institutionen, an deren Gestaltung und Kontrolle er mitwirkt, und die dazu erforderlichen Handlungsstrategien behandle ich in Kapitel 7.

Nach Barbara Tuchman stehen uns immer alternative Handlungswege offen. Aber wir können nicht jedesmal ganz von vorn anfangen, sobald ein ernsthaftes Problem auftaucht. Die Wandlungsfähigkeit der Schule muß Teil einer gesamtgesellschaftlichen Wandlungsfähigkeit sein, die automatisch ihre eigenen Kontroll- und Ausgleichsmechanismen und ihre eigenen Lösungsansätze hervorbringt, wenn unerwartete Ereignisse auftreten – was immer der Fall sein wird, auch wenn wir alles richtig machen.

Kapitel 2
Der ethisch begründete Erziehungsauftrag und die Vermittlung des Wandels

Herzstück eines echten Bildungswandels ist die erfolgreiche Verknüpfung eines ethisch begründeten Erziehungsauftrags mit einer effektiven Vermittlung des Wandels. Beide Aspekte wollen wir näher betrachten und ihre lebendige Wechselbeziehung verdeutlichen.

Ethische Zielsetzungen

Goodlad und seine Mitarbeiter stellten in ihrer umfangreichen Studie zur Lehrerbildung fest, daß sie sich verstärkt mit den ethischen Grundeinstellungen zu Bildung und Erziehung auseinandersetzen mußten, wenn sie dem Prinzip des Lehrens in unserer Gesellschaft auf die Spur kommen wollten: »Es zeigte sich mit zunehmender Deutlichkeit, daß das Lehren in Schulen, ob staatlichen oder privaten, in hohem Maße *moralische Anforderungen* in sich trägt – in staatlichen Schulen allerdings stärker, weil sie in einem System mit allgemeiner Schulpflicht nicht die Schulen der Wahl sind…« (Goodlad, 1990a, S. 47, Hervorhebung von mir; siehe auch Goodlad, Soder und Sirotnik, 1990). Goodlad beschreibt vier ethische Zielsetzungen:

> **Die Erziehung zum mündigen Staatsbürger**
> Die Schule ist die einzige Institution in unserem Land, die den speziellen Auftrag hat, die Jugend in eine demokratische Gesellschaftsordnung einzubinden… Schulen spielen eine entscheidende Rolle bei der Erziehung von aufgeklärten Bürgern, die ein Gefühl für Wahrheit, Schönheit und Gerechtigkeit erwerben, an dem sie sowohl ihre eigenen

Stärken und Schwächen als auch die ihrer Gesellschaft messen... Das ist ein ethisch begründeter Erziehungsauftrag (S. 48–49).

Zugang zu Wissen vermitteln
Die Schule ist die einzige Institution in unserer Gesellschaft, die den speziellen Auftrag hat, jungen Menschen eine systematische Begegnung mit allen wichtigen Inhalten der menschlichen Kommunikation zu ermöglichen: mit der Welt als physikalischem und biologischem System; mit Wert- und Überzeugungssystemen; mit Kommunikationssystemen; mit den sozialen, politischen und wirtschaftlichen Systemen, aus denen sich das globale Dorf zusammensetzt, und mit der menschlichen Spezies selbst... Ein Lehrer muß sorgfältig darauf achten, daß er den Zugang zum notwendigen Wissen nicht durch bestimmte Haltungen, Überzeugungen oder Gewohnheiten versperrt (S. 49).

Der Aufbau einer effektiven Lehrer-Schüler-Verbindung
Die ethische Verantwortung von Pädagogen zeigt sich am deutlichsten dort, wo sich das Leben von Lehrern und Schülern überschneidet... Die Epistemologie des Lehrens muß eine Pädagogik umfassen, die weit über die reine *Technik* des Unterrichtens hinausgeht. Sie muß generalisierbare Lehrprinzipien, themenspezifische Instruktionen und die Sensibilität für allgemein menschlichen Eigenschaften und Potentiale, die immer beteiligt sind, miteinander verbinden (S. 49–50).

Aktives Dienen und Begleiten
Wenn sich die Schule in eine offene, sich selbst erneuernde Institution verwandeln soll, dann haben Lehrer die Pflicht, gezielt und engagiert am Erneuerungsprozeß zu arbeiten (Goodlad, 1990b, S. 25).

Goodlads Kollege Sirotnik (1990, S. 298 ff.) ergänzt diese Liste ethisch begründeter Zielsetzungen und nennt als weitere

Ziele: *Kritikfähigkeit, Wissen, Kompetenz, Engagement, Freiheit, Glück und soziale Gerechtigkeit.* Dort heißt es:

> Die Implikationen, die sich aus der ethischen Verantwortung für Kritikfähigkeit, Wissen, Kompetenz, Engagement, Freiheit, Glück und soziale Gerechtigkeit ergeben, gehen über den Lehrplan und die Unterrichtserfahrungen hinaus. Sie stoßen zum Kern der geistigen Befindlichkeit der Organisation vor. Wie es um dieses Gesamtmuster bestellt ist, läßt sich mühelos daran ablesen, inwieweit die Arbeitsumwelt der Pädagogen diese Verpflichtungen widerspiegelt, und zwar über die reine Unterrichtstätigkeit im Klassenraum hinaus. Inwieweit fördert und unterstützt die Organisationskultur die Pädagogen bei der Aufgabe, ihr eigenes Verhalten zu erforschen und möglicherweise zu verbessern? Inwieweit wird Wissen von Lehrern aufgenommen, in Frage gestellt und erzeugt? Inwieweit beteiligen sie sich kompetent an dem Diskurs und an den praktischen Maßnahmen, die auf eine Verbesserung der Unterrichtsbedingungen, -aktivitäten und -ergebnisse zielen? Zeigen Pädagogen gegenüber sich selbst und ihren Kollegen das gleiche Engagement, das sie gegenüber ihren Schülern zeigen (bzw. zeigen sollten)? Inwieweit werden Lehrer dazu ermächtigt, sich authentisch an solchen grundsätzlichen pädagogischen Fragen zu beteiligen wie zum Beispiel, wozu Schulen da sind und wie man Lehren und Lernen mit dieser Vision verbinden kann? (S. 312)

Auf einer politischen Ebene spiegeln sich die hier beschriebenen spezifischen Probleme in der wachsenden Sorge um die Bildungsgerechtigkeit und die wirtschaftliche Leistungsfähigkeit wider. Die Umstrukturierungsbewegung legt (wie sie zumindest erklärt) wieder mehr Gewicht auf die Bildung und Erziehung *aller* Schüler, »vor allem solcher, deren Bedürfnissen in der Vergangenheit unzureichend entsprochen wurde«, und will die Schule so reorganisieren, daß sie diesem Zweck gerecht wird (Murphy, 1991, S. 60). Armut, vor allem bei Kindern und Frauen, Rassismus, Drogenmißbrauch und erschreckende soziale und persönliche Probleme machen die Forderung nach Gleichheit und Spitzenleistung mit jedem Tag ernster und dringlicher (Hodgkinson, 1991).

Mir geht es jedoch nicht darum, diese Fragen auf der institutionellen Ebene anzugehen – jedenfalls vorläufig nicht. Der Grundbaustein ist die innere Einstellung und Zielsetzung des *einzelnen* Lehrers. »Zeig mir einen guten Lehrer, und ich zeig dir ein moralisches Anliegen.« An der erziehungswissenschaftlichen Fakultät der Universität Toronto haben wir kürzlich eine Untersuchung über die Motive durchgeführt, die Lehramtsstudenten zu ihrer Berufswahl veranlassen. Für Studenten mit abgeschlossenem vierjährigem Grundstudium bieten wir ein einjähriges Aufbauprogramm an. Bei den Teilnehmern handelt es sich um eine besonders auserlesene Gruppe, denn der Lehrerberuf ist in Ontario heiß begehrt. 1992/93 kamen 7000 Bewerber auf 1100 Stellen. Wir wählen die Teilnehmer anhand von zwei gleichwertigen Zulassungskriterien aus – nach dem Notendurchschnitt und nach einem Bewerber-»Profil«, das Aufschluß über die Erfahrung und über die Motive für die Berufswahl geben soll. Da großes Gewicht auf Erfahrung gelegt wird, beträgt das Durchschnittsalter der Teilnehmer 29 Jahre. Für eine kleinere Studie trafen wir eine Zufallsauswahl von 20 Prozent unter den Studenten, die 1991/92 an diesem Programm teilnahmen (Stiegelbauer, 1992). Wir werteten die schriftlichen Lebensläufe aus und untersuchten, welche Angaben die Lehramtsstudenten darüber gemacht hatten, »warum sie Lehrer werden wollen«. Der Wunsch, etwas zu verändern, war das am häufigsten genannte Motiv, wie die folgenden Zitate zeigen:

> Ich hoffe, daß meine Bemühungen, zusammen mit den Bemühungen anderer guter Lehrer, dazu beitragen, eine bessere Gesellschaft zu schaffen. Ich interessiere mich für Kinder und dafür, wie Kinder lernen.

> Bildung und Erziehung sind wichtige Faktoren, die über die Lebensqualität jedes einzelnen und über die Zukunft der Gesamtgesellschaft entscheiden.

> In keinem anderen Beruf hat man so viele Möglichkeiten, positiven Einfluß auf die Gesamtentwicklung eines Kindes zu nehmen.
>
> Ich möchte positive Veränderungen im Leben der Schüler bewirken.
>
> Ich habe schon immer gedacht, daß ich meine Bestimmung erfüllt hätte ... wenn ich in eine Klasse gehen und das Leben eines einzigen Schülers positiv beeinflussen könnte.

Natürlich sind reine Absichtserklärungen immer mit Vorsicht zu genießen. Man kann diese Äußerungen nicht automatisch für bare Münze nehmen (obwohl wir dieses Motiv in unserer täglichen Arbeit mit Lehramtsstudenten immer wieder bestätigt finden). Außerdem hat jede Generation andere Motive, wenn sie den Lehrerberuf ergreift. Aber ich behaupte, daß die Erklärungen einen wahren Kern enthalten. Sehr viele Lehrer entscheiden sich für diesen Beruf, weil sie einen nützlichen Beitrag leisten möchten – weil sie etwas verändern wollen!

Was dann später daraus wird – bei der Ausbildung, beim Start in den Beruf und im Laufe des gesamten Arbeitslebens –, steht auf einem anderen Blatt. Wer keine oder eingeschränkte ethische Zielsetzungen verfolgt, wird nie aufgefordert, sein Engagement unter Beweis zu stellen. Wer über ein moralisches Potential verfügt, wie wenig geordnet auch immer, wird nicht gefördert. Und wer ein klares moralisches Anliegen hat, muß mit erheblichen Widerständen rechnen.

Hargreaves und Tucker (1991) greifen diese Thematik in ihrer Abhandlung über Lehrer und schlechtes Gewissen auf und berufen sich u. a. Davies (1989, S. 49): »Im Zentrum des Schuldgefühls steht die Enttäuschung über die eigene Person, das Gefühl, versagt zu haben und einem persönlichen Ideal, einer selbstgesetzten Norm oder Verpflichtung nicht gerecht geworden zu sein.« Hargreaves und Tucker (1991) weisen auch darauf hin, daß bestimmte Aspekte des ethisch begründeten Erziehungsauftrags wie das persönliche Engagement mitunter zu eng gefaßt werden. Sie argumentieren, daß mehr dazugehört als das persönliche Interesse und der zwischenmenschliche Austausch: »Engagement ... bringt sowohl soziale und moralische als auch zwischenmenschliche Verpflichtungen mit sich« (S. 12).

Die Argumentation ist ein wenig subtil, lassen Sie es mich deshalb direkter sagen. Wenn der persönliche Einsatz für Veränderungen auf die zwischenmenschliche Ebene und die Lernstoffvermittlung beschränkt bleibt, wird er zu nichts führen. Es muß eine weiterer Aspekt hinzukommen. Das Bedürfnis, etwas zu verändern, muß neu formuliert und ausdrücklich in allgemeinere soziale und ethische Begriffe gefaßt werden. Wir müssen uns darüber klar werden, daß man auf der zwischenmenschlichen Ebene nur etwas bewegen kann, wenn man das Problem und die Lösung weiter faßt. Diese erweiterte Definition muß die äußeren Bedingungen des Lehrens (wie eine »kooperative Schule«, Kapitel 4) ebenso miteinschließen wie die Fähigkeiten und Aktionen, die für diese Einflußnahme erforderlich wären. Ohne diese zusätzliche und breitere Perspektive werden die besten Lehrer als Märtyrer enden. Kurz, das persönliche Engagement muß mit einer umfassenderen öffentlichen und gesellschaftlichen Zielsetzung verbunden werden, und letztere muß, wenn sie zu konkreten Ergebnissen führen soll, von sachkundigen Mittlern des Wandels vorangetrieben werden.

Damit kommen wir zum übergreifenden Thema dieses Kapitels: *Lehrer sind Vermittler des Bildungswandels und des gesellschaftlichen Fortschritts.* Das ist nicht so hochtrabend, wie es klingt. Ich habe schon darauf hingewiesen, daß die Lehrer bereits auf dem besten Wege sind und ihr Ziel, etwas zu verändern, schon jetzt im kleinen Rahmen verwirklichen. Und gesamtgesellschaftlich betrachtet haben sie immerhin das Ziel erreicht, daß sie in einem Strudel ständiger Reformerwartungen stehen. Aber die Pädagogen müssen nicht nur ihren ethisch begründeten Erziehungsauftrag deutlicher machen (und dadurch unmißverständlich zum Ausdruck bringen, was ihre Aufgabe ist), sie müssen auch das Handwerkszeug für einen nachhaltigen Wandel erwerben. Engagement und Kompetenz, Gleichheit und Spitzenleistung, soziale und wirtschaftliche Entwicklung sind bei dieser Unternehmung natürliche Verbündete.

Change Agentry – die Vermittlung des Wandels

Zu diesem Thema habe ich weiter unten noch mehr zu sagen. Vorab will ich zunächst mit wenigen Worten skizzieren, welche Eigenschaften der einzelne für ein solches Projekt mitbringen muß. In den weiteren Kapiteln dieses Buches befasse ich mich mit der Frage, wie man diese Eigenschaften intensiver fördern kann und welche Voraussetzungen erfüllt sein müssen, damit man sie weiterentwickeln und erhalten kann.

Nach meiner Definition bedeutet Change Agentry, daß man sich das Wesen des Wandels und des Wandlungsprozesses bewußt macht. Kenner des Wandels wissen, daß er nie ganz berechenbar und flüchtig ist. Sie befassen sich ausdrücklich mit der Suche nach neuen Erkenntnissen und Fähigkeiten, durch die sie den Veränderungsprozeß besser bewältigen und immer mehr Elemente so beeinflussen können, daß angestrebte Ziele erreicht werden. Außerdem sind sie immer offen für neue Ziele, die sich möglicherweise im Verlauf des Prozesses ergeben. In Kapitel 3 werde ich erläutern, wie komplex der Veränderungsprozeß ist, und einige der Einsichten und Lehren, die sich aus der neuen Einstellung ergeben, ausführlich beschreiben. In diesem Stadium stellt sich jedoch zunächst die Frage, welche Konzeptionen und Fähigkeiten ein engagierter Lehrer mitbringen sollte, damit er ein effektiverer Mittler des Wandels werden kann.

Meiner Ansicht nach gibt es vier Fähigkeiten, die als produktive Grundlage für den Aufbau einer größeren Veränderungskapazität erforderlich sind: die Entwicklung einer persönlichen Vision, ein ständiges Nachfragen, das individuelle Streben nach Meisterschaft (Personal Mastery) und die Zusammenarbeit mit anderen. Jedes dieser Elemente hat ein Gegenstück auf institutioneller Ebene: die gemeinsame Visionsentwicklung; organisatorische Strukturen, Normen und Methoden eines permanenten Nachfragens; Organisationsentwicklung und Know-how; und eine kooperative Arbeitsumwelt (Kapitel 4).

Aus Gründen, die ich später noch ausführlicher darlegen werde, brauchen wir diesen doppelten Ansatz und müssen gleichzeitig an der individuellen und der institutionellen Entwicklung arbeiten. Beide bedingen und verstärken sich gegenseitig. Wenn die Entwicklung in bestimmten Situationen nicht harmonisch verläuft, muß man an den beiden Ansätzen getrennt arbeiten und nach Verknüpfungsmöglichkeiten suchen.

Man muß vom einzelnen Pädagogen ausgehen, weil die Bemühungen vieler einzelner Beteiligter den Veränderungsdruck verstärken. Jeder Lehrer kann sein eigenes Handeln bis zu einem gewissen Grad selbst steuern (mehr als es zur Zeit der Fall ist), denn hier geht es um seine eigenen Motive und Fähigkeiten. Außerdem führt die individuelle Arbeit an den vier Fähigkeiten unweigerlich dazu, daß die Bemühungen sich in vielfacher Hinsicht überschneiden. Es geht nicht darum, Führungskräfte in Change Agents zu verwandeln (mehr dazu später), sondern um eine grundsätzlichere Botschaft: *Jeder einzelne Pädagoge muß bestrebt sein, ein erfolgreicher Mittler des Wandels zu werden.*

Ich beginne bei der Vision des einzelnen, weil sie Hand in Hand mit der ethisch begründeten Zielsetzung geht, wenn er mit den Kräften des Wandels ringt. Die von allen geteilte, gemeinsame Vision ist auf lange Sicht sehr wichtig, aber zunächst muß man selbst irgend etwas haben, das man teilen kann. Sich eine fremde Vision auszuborgen ist keine gute Idee. Die Arbeit an der Vision bedeutet, daß man gründlich erforscht und sich selbst klarmacht, warum man Lehrer geworden ist. Eine aufschlußreiche Ausgangsfrage lautet: »Was möchte ich persönlich durch meine Arbeit bewirken?« Die meisten von uns werden es wenig reizvoll finden, etwas aus dem Nichts zu erschaffen. Die Motive sind da, aber möglicherweise durch andere Anforderungen und jahrelange Vernachlässigung in Vergessenheit geraten oder, beim angehenden Lehrer, noch nicht voll entwickelt. Es ist an der Zeit, sie hervorzuholen und in den Vordergrund zu rücken. Eine Vision ist weder ein Vorrecht von Führungskräften noch ein weit hergeholtes Konzept. Sie entsteht, wenn wir ernsthaft über unsere Motive nachdenken und klar ausformulieren, was wir als Pädagogen eigentlich wollen. »Eine Vision zwingt uns«, wie Peter Block (1992) sagt, »in bezug auf unsere Zukunft Stellung zu beziehen« (S. 116). Sie ist Ausdruck unserer Enttäuschung über die Gegenwart: »Mit der Formulierung einer Vision über unsere Zukunft kommen unsere Zweifel über unser Unternehmen und seine Organisation zutage« (S. 118). Tatsächlich sind wir durch die Vision auch gezwungen, die Zweifel an uns selbst und unserem eigenen Verhalten ans Licht zu holen.

Block, der sich mit Organisationen im allgemeinen befaßt, stellt fest: »Wir alle suchen einen wirklichen Sinn in unserer Arbeit, wollen unseren Kunden von echtem Nutzen sein, andere Menschen gut behandeln und etwas von unserer Integrität bewahren« (S. 135). Lehrer üben, wie gesagt, einen Beruf aus, der sich »ganz von selbst« dafür anbietet, an einer Vision und Sinnsuche zu arbeiten, denn um nichts anderes geht es im Grunde beim Lehren.

Lassen Sie mich abschließend einige Punkte festhalten. Erstens kann man gar nicht oft genug betonen, daß die Vision des einzelnen die Grundlage für alles andere bildet. Sie kommt von innen, sie verleiht unserer Arbeit Sinn, und sie besteht unabhängig von der jeweiligen Organisation oder Gruppe, der wir zufällig angehören.

Zweitens: Die eigene Vision des Lehrers bleibt zu häufig implizit und latent. Sie wird oft negativ ausgedrückt (was man loswerden oder verhindern möchte) oder zu eng über die Mittel definiert (mehr Zeit, kleinere Klassen). Wir brauchen auch die Antriebskraft eines Ideals. Die Lehrer müssen sich nicht in Arroganz wälzen, um zu erkennen, daß sie in einer strategisch günstigen Position sind. Sie müssen ihren ethisch begründeten

Erziehungsauftrag mit stetig wachsendem Können und Geschick verfolgen und ihre Aufgaben auf einer höheren Ebene ansiedeln, als sie es derzeit tun.

Drittens: Wenn das Projekt erst einmal in Gang gekommen ist, dann ist die persönliche Zielbestimmung nicht mehr so privat, wie sie aussieht. Insbesondere in Berufen mit ethischem Anspruch wie dem des Lehrers wird man feststellen, daß man immer mehr Gleichgesinnte findet, je häufiger man sich traut, die eigene Vision deutlich zum Ausdruck zu bringen. Man wird die Erfahrung machen, daß sich die Vorstellungen der anderen zu einem großen Teil mit den eigenen überschneiden. Gute Ideen fließen zusammen, wenn man miteinander spricht und zusammenarbeitet. Der einzelne wird entdecken, daß die eigenen Ziele in gemeinsame soziale Ziele zu übertragen sind. Man darf nicht vergessen, daß die Formulierung des persönlichen Zwecks nichts Egozentrisches ist, sondern soziale Dimensionen hat, genauso wie eine effektive Zusammenarbeit oder die Erziehung der Kinder zu besseren Bürgern.

Viertens sollte der Lehrer seine persönliche Vision so kraftvoll vertreten und vorantreiben, daß sie schließlich zur Verbesserung sozialer und gesellschaftlicher Verhältnisse beiträgt. In der Beziehung zwischen Lehrer und Schüler ist dies ohnehin der Fall. Wenn wir uns klar machen, daß es bei der Erziehung letztendlich um *gesellschaftliche Verbesserungen* geht, gewinnt die Vision an Einfluß und Bedeutung und verlangt nach umfassenderen Maßnahmen.

In Erweiterung des vorangehenden Punktes ist fünftens auch die Erkenntnis nötig, daß die persönliche Vision des Lehrers ein *Veränderungsziel* ist. Gardner (1964, S. 72) zitiert Petrarca:

> Mit Bürger meine ich natürlich einen, der die bestehende Ordnung liebt; denn wer täglich Veränderungen fordert, ist ein Rebell und Verräter, der mit der gebührenden Härte bestraft werden sollte ...

Heute ist der Lehrer, der für den *Status quo* oder dessen Bewahrung arbeitet, der Verräter. Ein zielbewußter Wandel ist die neue Norm des Lehrens geworden. Seit über dreißig Jahren dreht sich das pädagogische Denken und Handeln um Veränderungen. Wir sollten jetzt endlich erkennen, daß Lehrer vor allem Mittler des geistigen Wandels in der Gesellschaft sind – eine Rolle, die sie offen und energisch anstreben müssen.

Paradoxerweise führt die persönliche Vision schließlich auch zum organisatorischen Wandel. Wo die persönliche Vision fehlt, wird sie durch Denkschablonen und einen kontinuierlichen Strom fragmentierter, flüchtiger Innovationen ersetzt. Die unkritische Akzeptanz von Innovationen läßt sich mit dem Satz zusammenfassen: Je mehr sich alles verändert, desto mehr bleibt alles, wie es ist. Je mehr Menschen ihre persönliche Vision entwickeln, desto größer wird das Potential für tiefgreifende Veränderungen:

> Die Kultur ändert sich in vielen kleinen Schritten und nicht durch Verkündungen aus dem Vorstandszimmer. Wenn wir darauf warten, daß das Topmanagement die von uns gewünschte Veränderung herbeiführt, dann haben wir nicht ganz verstanden. Wenn sich unsere Hoffnung auf irgendeine Veränderung erfüllen soll, dann müssen wir dorthin führen (Block, 1992, S. 109).

Alle vier erforderlichen Fähigkeiten für die Change Agentry sind eng miteinander verbunden und verstärken sich gegenseitig. Die zweite Fähigkeit – eine kritische Nachfrage – bedeutet, daß die Formulierung und die Darstellung des persönlichen Zwecks nichts Statisches sind, sondern eine nie endende Suche. Einer der Autoren des neuen Paradigmas, Richard Pascale (1991), bringt es treffend zum Ausdruck: »Die entscheidende Aktivität, unser Paradigma auf dem neuesten Stand zu halten, ist, es permanent *in Frage zu stellen, es laufend zu überprüfen*. Sie ist der Motor der Vitalität und Selbsterneuerung des Unternehmens« (S. 15). Bei Stacey heißt es dazu: »Eine erfolgreiche, innovative Organisation braucht Teams, die spontan zu komplexem Lernen fähig sind. Da in unklaren Situationen niemand weiß, was die Gruppe zu lernen versucht, muß der Lernprozeß ohne klar formulierte Lernziele oder Lernmethoden einsetzen« (S. 112).

Nur durch ein unablässiges Forschen und Fragen kann man von Anfang an die persönliche Vision formen. Auch wenn diese von innen kommt, muß sie doch durch Informationen, Ideen, Probleme und andere Aspekte von außen lebendig gehalten werden. Der Anfänger kann noch keine klaren Zielvorstellungen haben, weil er einfach zu wenig Erfahrung mit der Vielfalt und den unterschiedlichen Bedürfnissen der Schüler und mit den Möglichkeiten und Schwierigkeiten bei praktischen Verbesserungen hat. Entscheidend ist die Einübung von Verhaltensweisen, die sich durch »Neugier, Experimentierfreudigkeit und Vielfalt« auszeichnen (ebd.). Zu den Strategien, die dafür zur Zeit zur Verfügung stehen, gehören gründliches Nachdenken über die Arbeit, private Tagebücher, Methoden der Aktionsforschung und die innovative Zusammenarbeit mit Mentoren und Kollegen (siehe Fullan und Hargreaves, 1991). »Kritische Nachfrage« bedeutet, daß man die Grundsätze, Gewohnheiten und Methoden eines *ununterbrochenen Lernens* verinnerlicht.

Für den angehenden Lehrer ist das Lernen besonders wichtig, weil es das Fundament für seine weitere Entwicklung legt. Aber es geht um mehr als das – ein lebenslanges Nachforschen und Fragen ist eine notwendige Grundhaltung, weil sich auch unsere Gesellschaft ständig verändert. Abgesehen davon, daß unsere erste Einschätzung vermutlich ohnehin nie ganz zutreffend ist, brauchen wir die Kontrollen und Ausgleichsmechanismen einer ständigen Überprüfung, weil in veränderlichen Zeiten die Gefahr besteht, daß unsere ursprünglichen mentalen Landkarten »das Gelände nicht mehr richtig wiedergeben« (Pascale, 1991, S. 15). Wir müssen also Mechanismen schaffen, die uns veranlassen, unsere mentalen Landkarten ständig zu überprüfen und auf den neuesten Stand zu bringen. Für Pascale ist die Frage die Antwort: »Was wir suchen, ist nicht einfach ein neues ›Management-Paradigma der neunziger Jahre‹, sondern eine Form des Denkens, die sich fortlaufend dem nächsten Paradigma und dem übernächsten und wieder dem nächsten ... öffnet« (S. 359). Was könnte da näher liegen als ein kompetentes Veränderungsmanagement?

Zu der Wechselbeziehung zwischen den ersten beiden Fähigkeiten – persönliche Vision und kritische Nachfrage – gehört auch die Fähigkeit, die eigenen Wertvorstellungen gleichzeitig *zu formulieren und zu erweitern*. Die Genese des Wandels ergibt sich aus dieser dynamischen Spannung.

Das Streben nach persönlicher Meisterschaft (Personal Mastery) ist ein weiterer entscheidender Aspekt. Man muß sich in neue Ideen und Fähigkeiten hinein*leben*, nicht nur hinein*denken*. Es liegt auf der Hand, daß man sein Metier beherrschen und über das nötige Know-how verfügen muß, wenn man etwas bewirken will. Aber Meisterschaft und Kompetenz sind auch *Mittel* (nicht nur Ergebnisse) für ein tieferes Verständnis. Wer zu neuer Meisterschaft gelangt, wird neue Denkansätze entwickeln und umgekehrt. Personal Mastery ist also eng mit der Entwicklung der Vision und einem stetigen Nachfragen verknüpft, wie der folgende Auszug aus Senge (1996) deutlich macht:

> Personal Mastery geht über Kompetenz und Fachwissen hinaus, auch wenn sie in Kompetenz und Fachwissen gründet. Sie reicht über geistige Entfaltung oder Öffnung hinaus, auch wenn sie geistiges Wachstum voraussetzt. Personal Mastery bedeutet, daß man an das Leben herangeht wie an ein schöpferisches Werk und daß man eine kreative im Gegensatz zu einer reaktiven Lebensauffassung vertritt ...
>
> Wenn Personal Mastery zu einer Disziplin wird – zu einer Aktivität, die wir in unser Leben integrieren –, umfaßt sie zwei grundsätzliche Verhaltensweisen. Erstens klärt man immer wieder aufs neue, was einem wirklich wichtig ist (Zweck und Vision). Häufig verwenden wir so viel Zeit auf die Bewältigung von Problemen, die entlang des Weges auftauchen, daß wir ganz vergessen, warum wir überhaupt auf diesem Weg sind. Das Ergebnis ist, daß wir nur eine sehr

> vage oder falsche Vorstellung davon haben, was uns wirklich wichtig ist.
>
> Zweitens lernt man kontinuierlich, die gegenwärtige Realität deutlicher wahrzunehmen . . . Die Parallelität von Vision (was wir wollen) und klarem Bild der gegenwärtigen Realität (wo wir sind, gemessen an dem, was wir wollen) erzeugt das, was wir als »kreative Spannung« bezeichnen: eine Kraft, die die beiden zusammenbringen will, weil jede Spannung von Natur aus nach Auflösung strebt. Personal Mastery bedeutet im wesentlichen, daß wir lernen, wie wir diese kreative Spannung in unserem Leben schaffen und erhalten können (S. 173–174).

Man weiß seit langem, daß Erfahrung und Know-how entscheidend für einen erfolgreichen Wandel sind; insofern ist es erstaunlich, wie wenig Aufmerksamkeit wir abgesehen von vereinzelten Workshops und unzusammenhängenden Trainingsmaßnahmen darauf verwenden. Meisterschaft erfordert eine gründliche Lehrerausbildung und kontinuierliche Fortbildung durch das gesamte Arbeitsleben hindurch, aber aus Sicht einer umfassenden Change Agentry gehört noch wesentlich mehr dazu.

Das Streben nach Meisterschaft ist ein Lernverhalten, das unser gesamtes Handeln durchdringt. Es reicht nicht aus, daß wir neuen Ideen ausgesetzt werden. Es ist nicht genug, die neuen Ideen zu befürworten, wir müssen auch wissen, wo sie einzuordnen sind und wie man sie praktisch anwendet.

Block (1992) beschreibt das Ziel so:

> Wir sollten so viel wie möglich über unsere Tätigkeit lernen. Wenn Sie Ihre Tätigkeit besser als jemand anderes beherrschen, oder sogar noch besser, als Sie es für möglich hielten, dann ziehen Sie daraus Stolz und Befriedigung (S. 99).

Bekannt ist auch, daß die Mischung aus kritischer Nachfrage, Lernen und Meisterschaft mit Angst verbunden ist: »Fast immer waren unsere wichtigsten Lernsituationen auch Streßsituationen. Mit Streß verbundene Themen machen uns auf unsere noch versteckten Möglichkeiten aufmerksam« (ebd. S. 201). Mit anderen Worten, es ist sehr wichtig für das Lernen, daß wir die Fähigkeit entwickeln, feste Überzeugungen in Frage zu stellen, Risiken einzugehen und uns auf das Unbekannte einzulassen. Wir können bei den Dingen, die wir ausprobieren, selektiv vorgehen (im Unterschied zur wahllosen Akzeptanz jeder Veränderung), aber wir müssen bei der Erforschung ausgewählter neuer Ideen mehr Geduld aufbringen. Wir müssen uns mehr Zeit nehmen, damit wir sie besser verstehen, und außerdem über die langfristigen Folgen nachdenken, bevor wir unsere Schlüsse ziehen.

Rosenholtz (1989) stellte fest, daß Lehrer in Schulen, die sich durch diese »lernfördernden Gewohnheiten« auszeichneten, nicht nur mehr lernten und effektiver handelten, sondern auch mehr Selbstvertrauen entwickelten. Je öfter man sich mit dem Unbekannten auseinandersetzt, desto besser versteht man, daß allen kreativen Durchbrüchen Phasen vorausgehen, in denen verschwommene Vorstellungen, Verwirrung, Fragen, Bewährungsproben und Streß vorherrschen, auf die dann Phasen der Hochstimmung und des wachsenden Selbstvertrauens folgen, wenn man gezielte Veränderungen anstrebt oder ungewollte Veränderungen meistert.

Zurück zu Senge (1996):

> Menschen mit einem hohen Grad an Personal Mastery leben, um zu lernen ... Personal Mastery ist nichts, das man besitzt. Es ist ein Prozeß. Es ist eine lebenslange Disziplin. Menschen mit einem hohen Grad an Personal Mastery sind sich ihrer eigenen Unwissenheit, Inkompetenz und Schwächen deutlich bewußt, und sie verfügen über ein starkes Selbstvertrauen. Ein Paradox? Nur für jene, die nicht erkennen, daß »der Weg das Ziel ist« (S. 175).

Das Streben nach Personal Mastery, sowohl im Hinblick auf spezifische Innovationen als auch im Sinne einer individuellen Verhaltensweise, ist unabdingbar für durchgreifende Veränderungen. Man braucht neue Kenntnisse und Fähigkeiten, um Innovationen besser zu verstehen und zu beurteilen und um effektiv zu handeln.

Der vierte Faktor ist die Zusammenarbeit. Abgesehen von der weitreichenden Wirkung der Zusammenarbeit, auf die ich in späteren Kapiteln eingehen werde, ist sie auch sehr wichtig für das individuelle Lernen (Fullan und Hargreaves, 1991). Wenn man für sich allein lernt, sind dem Lernvermögen Grenzen gesetzt. Die Fähigkeit zur Zusammenarbeit – im kleinen und im großen Rahmen – wird mehr und mehr zu einer Grundanforderung unserer Gesellschaft. Solange der einzelne eine offene (das heißt fragende) Haltung bewahrt, ergänzen sich individuelle Stärken und Zusammenarbeit auf ideale Weise – tatsächlich wird eine Zusammenarbeit ohne individuelle Stärken mehr Form als Inhalt sein. Das individuelle und das gemeinsame Streben nach Meisterschaft bestärken sich in lernenden Organisationen gegenseitig. Der Mensch braucht andere Menschen, um zu lernen und effektiv zu handeln.

Zusammenarbeit im kleinen Rahmen erfordert die Bereitschaft und Fähigkeit zum Aufbau fruchtbarer Beziehungen mit Mentoren und Kollegen, zur Teambildung und vieles andere mehr. Im größeren Rahmen gehört dazu die Fähigkeit, in einer Organisation zu arbeiten, die institutionsübergreifende Partnerschaften eingeht; das können Bündnisse zwischen Schulamtsbezirk, Universität, Schul-Gemeinschaft und Wirtschaftsorganisationen sein oder auch internationale Partnerschaften mit Einzelpersonen und Organisationen aus anderen Ländern und Gesellschaftsformen.

Kurz, wer zu einem Mittler gesellschaftlicher Veränderungen werden will, ist auf die Zusammenarbeit und die Gemeinschaft angewiesen, weil er nur dadurch die notwendigen Kenntnisse erwerben und ständig erweitern kann.

Alles in allem brauchen wir fachkundige Change Agents, weil Veränderungsprozesse ungleichmäßig vorangehen und weil man, wie ich noch zeigen werde, nie ganz genau vorhersagen kann, in welche Richtung sie sich entwickeln werden. Chaos im wissenschaftlichen Sinn ist keine Unordnung, sondern ein Prozeß, in dem sich Widersprüche und komplexe Zusammenhänge entfalten und zu bestimmten Mustern verbinden (siehe Gleick, 1988; Stacey, 1992; Wheatley, 1992, dt. 1997).

Wissenschaftler bezeichnen die Kräfte, die chaotische Zustände in wiederkehrende Muster zwingen, als *fremde Anziehungskräfte* (*strange attractors*). Eine ethisch begründete Zielsetzung gehört zu diesen *fremden Anziehungskräften* des Veränderungsprozesses, weil die Suche nach einem Sinn mit ihrer ganz eigenen Kraft dazu beitragen kann, die entstehenden komplexen Phänomene einzuordnen. Diese Kräfte steuern den Prozeß nicht (weil er nicht steuerbar ist), sie nutzen ihn zum eigenen Vorteil. Ohne ethisch begründete Zielsetzung gewinnen Ziellosigkeit und Fragmentierung die Oberhand. Ohne sachkundige Vermittlung des Wandels bleibt die innere Zielsetzung auf der Strecke. Beide stehen in einer dynamischen Wechselbeziehung zueinander, nicht nur weil sie aufeinander angewiesen sind, sondern weil sie sich im buchstäblichen Sinn gegenseitig *definieren* (und neu definieren), während sie sich wechselseitig beeinflussen.

Ich habe ausgeführt, daß die ethisch begründete Zielsetzung und die Vermittlung des Wandels keineswegs ein ungleiches Paar bilden, sondern im Gegenteil vermählt werden sollten, weil sie ideale Partner sind. Sie sorgen dafür, daß der andere aufrichtig bleibt. Sie stärken sich gegenseitig und vervollkommnen den anderen. Außerdem ist ihre Verbindung insofern fruchtbar, als beide eine eingebaute Fähigkeit zur Selbstkorrektur haben und immer wieder neu festlegen, was getan werden muß. Sie bringen nicht nur etwas zuwege, sie bringen das *Richtige* zuwege.

Außerdem habe ich behauptet, daß ein ethisch begründeter Ansatz und die Vermittlung des Wandels für sich genommen, aber vor allem in Kombination, die großen unerschlossenen Ressourcen für gesellschaftliche Veränderungen sind. Wir müssen sie deutlich zum Ausdruck bringen und zum wesentlichen Bestandteil unserer eigenen und gemeinsamen Planung machen. Wir müssen anfangen, die Anforderungen und Konsequenzen, wie sie ein ethisch begründeter Erziehungsauftrag umfaßt, im großen Maßstab anzuwenden. Dazu brauchen wir die Kräfte der Change Agentry, und wir müssen noch sehr viel über die Schwierigkeiten und Umwege bei Veränderungsprozessen lernen.

Kapitel 3
Der Veränderungsprozeß als »chaotisches System«

Ein erfolgreicher Bildungswandel liegt irgendwo in der Mitte zwischen übertriebener Kontrolle und Chaos (Pascale, 1991). Es gibt einige sehr einleuchtende Gründe, weshalb Kontrollstrategien nicht funktionieren können. Vor allem ist der Veränderungsprozeß ein unkontrollierbares, komplexes System und in mehrfacher Hinsicht »nicht vorhersehbar« (Stacey, 1992). Folglich müssen wir bessere Denk- und Handlungsansätze für den Umgang mit Vorgängen entwickeln, die ihrem Wesen nach unberechenbar sind.

Inwiefern sind Veränderungen komplex? Nehmen Sie eine beliebige bildungspolitische Maßnahme oder Problematik und erstellen Sie eine Liste von allen Einflüssen, die auf das Ergebnis einwirken könnten und die man im Auge behalten müßte, um eine echte Veränderung zu bewirken. Beziehen Sie in Ihre Überlegungen mit ein, daß ungeplante Faktoren unvermeidlich sind – die Regierungspolitik verändert sich oder wird ständig neu festgelegt, einflußreiche Politiker treten ab, wichtige Kontaktpersonen übernehmen andere Posten, eine neue Technologie wird erfunden, die Einwanderung nimmt zu, eine Rezession verringert die verfügbaren Ressourcen, ein erbitterter Streit bricht aus und so weiter. Bedenken Sie schließlich auch, daß alle neuen Variablen in der Gleichung – also eben diese unvorhersehbaren, aber unvermeidlichen Störfaktoren – zehn weitere indirekte Konsequenzen nach sich ziehen, die wiederum hundert weitere Reaktionen auslösen, und so weiter.

Wenn Sie den vorstehenden Absatz realistisch durchdenken, gibt es nur einen Schluß: »Es ist unmöglich, jemals alle Wechselwirkungen zu erfassen« (Senge, 1996, S. 343). Ein Teilnehmer von Senges Seminaren rief aus, nachdem er versucht hatte, alle komplexen Zusammenhänge eines bestimmten Problems darzustellen:

> »Mein ganzes Leben lang hab ich angenommen, daß irgendwo irgend jemand die Antwort auf dieses Problem kennt. Ich dachte, Politiker wüßten, was zu tun sei, lehnten es aber aus politischen Gründen oder aus Habgier ab, die erforderlichen Maßnahmen zu ergreifen. Aber jetzt erkenne ich, daß niemand die Antwort weiß. Nicht wir, nicht die, niemand« (ebd.).

Senge unterscheidet zwischen »Detailkomplexität« und »dynamischer Komplexität«. Zur ersteren gehört, daß man alle Variablen ermittelt, die die Lösung eines Problems beeinflussen könnten. Schon das wäre ungeheuer schwierig für eine Einzelperson oder eine einzelne Gruppe. Aber die Detailkomplexität entspricht nicht der Realität. Die wahre Heimat des Wandels ist die dynamische Komplexität, bei der »›Ursache und Wirkung‹ räumlich und zeitlich weit auseinanderliegen und bei der naheliegende Interventionen nicht zu den erwarteten Ergebnissen führen« (ebd. S. 440), weil ständig neue, »ungeplante« Faktoren ins Spiel kommen. Wie Dorothy im *Zauberer von Oz* müssen wir immer wieder feststellen: »Ich hab das unbestimmte Gefühl, daß wir nicht mehr in Kansas sind.« Mit anderen Worten, Komplexität, Dynamik und Unvorhersagbarkeit sind nicht nur Hindernisse, die uns in die Quere kommen. Sie sind das Normale!

Stacey (1992) geht sogar noch einen Schritt weiter. Da Veränderungen in dynamisch komplexen Situationen nicht linear verlaufen, können wir den Prozeß nie präzise vorhersagen oder steuern:

> Während Senge zu dem Schluß kommt, daß Ursache und Wirkung in komplexen Systemen weit auseinanderliegen und deshalb schwer aufzuspüren sind, komme ich zu dem Schluß, daß die Verbindung zwischen Ursache und Wirkung überhaupt verschwindet und daher unmöglich aufzuspüren ist (S. 78).

Stacey folgert:

> Die langfristige Zukunft solcher Organisationen ist absolut unvorhersehbar, weil die Verbindungen zwischen spezifischen Aktionen und spezifischen Ergebnissen im Dickicht des Detailgeschehens verlorengehen. Wir können nur behaupten, etwas gezielt herbeigeführt zu haben, wenn wir beweisen können, daß ein Zusammenhang zwischen unserer konkreten Aktivität und dem konkret erreichten Zustand besteht. Mit anderen Worten, wir müssen belegen können, daß das, was wir erreicht haben, nicht größtenteils vom Zufall bewirkt wurde. Da das unmöglich ist, solange wir in einem chaotischen System operieren, folgt daraus, daß erfolgreiche menschliche Organisationen nicht die Verwirklichung einer gemeinsamen Absicht sein können, die lange vor der Aktion gefaßt wurde. Der Erfolg hängt vielmehr davon ab, wie gut wir die Muster erkennen, die sich im Laufe der Aktivitäten entfalten, mit denen wir auf die Wahrnehmung wechselnder Problemagenden reagieren (S. 124).

All das bedeutet letztlich, daß ein erfolgreicher Wandel gleichbedeutend ist mit dem »unablässigen Streben nach Erkenntnis, in dem Wissen, daß es keine endgültige Antwort gibt« (ebd. S. 282). Der wahre Hebel für Veränderungen ist nach Senge:

- die Wahrnehmung von Wechselbeziehungen statt linearer Ursache-Wirkung-Ketten und
- die Wahrnehmung von Veränderungsprozessen statt von Schnappschüssen (Senge, 1996, S. 94).

Das Ziel ist also, daß wir uns angewöhnen, Veränderungsprozesse im Bildungswesen als dynamisch komplexe Phänomene wahrzunehmen, die sich immer wieder überschneiden. Wenn wir eine nichtlineare, systemische Sprache entwickeln, verändert sich allmählich auch unsere Wahrnehmung von Veränderungen:

Das Unterbewußtsein wird auf subtile Weise darauf umtrainiert, die Daten kreisförmig statt linear zu strukturieren. Wir stellen fest, daß wir überall Feedbackprozesse und Systemarchetypen »sehen«. Es entwickelt sich eine neue Grundlage für das Denken. Ein Hebel wird umgelegt, so ähnlich wie beim Lernen einer Fremdsprache. Wir beginnen, in der neuen Sprache zu träumen oder spontan in ihren Begriffen und Konstrukten zu denken. Wenn das beim Systemdenken geschieht, werden wir – wie ein Manager es ausdrückte – »kreisfit fürs Leben« (ebd. S. 442).

Hört sich kompliziert an? Ja. Unpraktikabel? Nein. Dieser Ansatz ist weitaus praktikabler als die herkömmlichen Methoden, mit denen wir Veränderungen einführen, und sei es nur, weil letztere nicht funktionieren. Tatsächlich werden komplexe Probleme durch falsche Lösungen in aller Regel schlimmer (schlimmer, als wenn man überhaupt nichts unternommen hätte).

Und wie sieht diese neue Sprache aus, die wir entwickeln sollen, um die Kräfte des Wandels zu bändigen? Die folgende Liste enthält acht Grundlektionen, die sich aus dem neuen Paradigma eines dynamischen Wandels ergeben. Gemessen an der herkömmlichen Interpretation des Wandels ist jede in gewisser Weise paradox und überraschend. Diese Lektionen bilden ein Ganzes, weil keine für sich allein genommen nützlich wäre. Jede Lektion muß sich die Erkenntnisse der anderen sieben zunutze machen.

Das neue Paradigma des Wandels: Die acht Grundlektionen

Erste Lektion: Sie können nicht vorschreiben, was wichtig ist. (Je komplexer der Wandel, desto weniger läßt er sich erzwingen.)

Zweite Lektion: Der Wandel ist eine Reise und kein festgelegter Plan. (Veränderungen verlaufen nicht linear, stecken voller Unwägbarkeiten und Abenteuer und sind manchmal tückisch.)

Dritte Lektion: Probleme sind unsere Freunde. (Probleme sind unvermeidlich, und ohne sie gibt es kein Lernen.)

Vierte Lektion: Vision und strategische Planung haben Zeit bis später. (Verfrühte Visionen und Pläne machen blind.)

Fünfte Lektion: Ansprüche des einzelnen und der Gruppe müssen sich die Waage halten. (Es gibt keine einseitigen Lösungen zugunsten der Isolation oder des Gruppendenkens.)

Sechste Lektion: Weder Zentralisierung noch Dezentralisierung bringen den gewünschten Erfolg. (Sowohl »Topdown«- als auch »Bottom-up«-Strategien sind notwendig.)

Siebte Lektion: Besonders wichtig ist die Verbindung mit dem weiteren Umfeld. (Die besten Organisationen lernen sowohl extern als auch intern.)

Achte Lektion: Jeder ist ein Change Agent. (Der Wandel ist zu wichtig, als daß wir ihn den Experten überlassen dürften; die Schärfung der eigenen Wahrnehmung und das Streben nach persönlicher Meisterschaft bieten den besten Schutz.)

Erste Lektion:
Sie können nicht vorschreiben, was wichtig ist
(Je komplexer der Wandel, desto weniger läßt er sich erzwingen.)

Vorschriften sind wichtig. Politische Entscheidungsträger haben die Pflicht, Ziele festzulegen, Normen aufzustellen und die Einhaltung zu überwachen. Aber wenn man eine bestimmte Art von Zielen erreichen will – in diesem Fall wichtige Bildungsziele –, kann man nicht vorschreiben, was wichtig ist, weil es bei komplexen Veränderungszielen in erster Linie auf Fertigkeiten, kreatives Denken und engagiertes Handeln ankommt (McLaughlin, 1990). Vorschriften reichen nicht aus, und je mehr man versucht, sie zu spezifizieren, desto mehr schränkt man die Ziele und die Mittel ein. Lehrer sind keine Techniker.

Genauer gesagt, sind Vorschriften immer dann ein wirksames Instrument, wenn (1) die angeordneten Veränderungen ohne Nachdenken und ohne besondere Fähigkeiten umzusetzen sind und (2) wenn man die Umsetzung durch eine strenge und ständige Kontrolle überwachen kann. Man kann zum Beispiel anordnen, daß die Züchtigung mit dem Riemen verboten ist, oder per Erlaß eine allgemeine Umsatzsteuer für Alkohol oder Benzin einführen. Für diese Art von Veränderungen braucht man keine besonderen Fähigkeiten. Vorausgesetzt, die Einhaltung der Vorschrift wird streng überwacht, kann man solche Veränderungen erfolgreich durchsetzen.

Sogar im relativ simplen Fall der Detailkomplexität (im Gegensatz zur dynamischen Komplexität) erfordern fast alle wertvollen schulischen Veränderungen neue (1) Fähigkeiten, (2) Verhaltensweisen, (3) Überzeugungen oder Erkenntnisse (Fullan, 1991). Denken Sie nur an: Computer im gesamten Curriculum; Denkweisen und Problemlösefähigkeiten von Lehrern; die Erziehung zu staatsbürgerlicher Verantwortung und zu Teamwork; die Integration von sonderpädagogischen Maßnahmen in den normalen Unterricht; den Umgang mit einer multikulturellen Schülerschaft und mit Rassismus; die Integration von Hilfsangeboten durch die Zusammenarbeit mit anderen gesellschaftlichen Einrichtungen; das individuelle Eingehen auf jeden Schüler; kooperatives Lernen; die Überwachung der Schülerleistungen. Damit es in all diesen Fällen zu produktiven Veränderungen kommt, braucht man Erfahrung, Können, Engagement, Motivation, Überzeugungen und Einsichten und ein spontanes Urteilsvermögen. Wenn es eine Hauptregel für den Wandel im menschlichen Dasein gibt, ist es die, daß man Menschen nicht zu geistigen Veränderungen *zwingen* kann. Man kann sie nicht dazu zwingen, anders zu denken oder neue Fähigkeiten zu entwickeln.

Marris (1975) beschreibt das so:

> Wenn Personen, die über Veränderungen entscheiden, sich so verhalten, als müßten sie ihre Entscheidungen nur erklären, und dann, falls ihre Erklärungen nicht sofort akzeptiert werden, den Widerstand achselzuckend als Unwissenheit oder Vorurteil abtun, bringen sie damit eine tiefe Menschenverachtung zum Ausdruck. Denn die Reformer haben diese Veränderungen bereits in ihre Zwecke aufgenommen und eine für sie selbst plausible Neuformulierung erarbeitet, vielleicht in Monaten oder Jahren der Analyse und Debatte. Wer anderen die Möglichkeit verwehrt, dasselbe zu tun, behandelt sie wie Marionetten, die an den Fäden seiner persönlichen Vorstellungen baumeln (S. 166).

Zusätzlich zur Einführung von immer mehr staatlich verordneten Aufgaben geht man im Bildungswesen generell davon aus, daß immer mehr Innovationen notwendig sind. Die Schulen reagieren häufig impulsiv und unbedacht auf diese Erwartungen, indem sie sich Hals über Kopf in die neueste Modewelle stürzen (Lokales Management; »Peer-Coaching« und »Mentoring«; Umbau, Kooperatives Lernen etc.). Es tut dem potentiellen Wert bestimmter Innovationen keinen Abbruch, wenn man feststellt, daß ihre Wirkung begrenzt sein wird, solange es nicht zu einem grundlegenden Wandel der Denk- und Handlungsweisen kommt. Das Hauptproblem im öffentlichen Bildungswesen ist in Wirklichkeit nicht der Widerstand gegen Veränderungen, sondern die Flut von spontanen, bruchstückhaften Innovationen, die aufgrund einer unkritischen und oberflächlichen Betrachtungsweise verordnet und akzeptiert werden.

Pascale (1991) sagt uns, was dabei herauskommt: »Es dürfte nicht überraschen, daß leicht erworbene Ideen auch leicht beiseite gelegt werden« (S. 23). Wenn eine wertvolle neue Idee irgendeine Wirkung haben soll, muß man sie gründlich erforschen und die Fähigkeiten und das Engagement entwickeln, die für ihre erfolgreiche Umsetzung erforderlich sind.

Diese Dinge kann man nicht verordnen. Man kann sie nur auf einem einzigen Wege erreichen: Man muß Bedingungen schaffen, die Menschen dazu befähigen und motivieren, über persönliche und gemeinsame Visionen nachzudenken; und man muß ihnen die Möglichkeit geben, ihre Fähigkeiten durch ständige Übung zu vervollkommnen. Je mehr Veränderungen man verordnet, desto mehr werden Modeerscheinungen um sich greifen und desto mehr wird sich die Ansicht durchsetzen, daß Veränderungen müßig und marginal für den wahren Zweck des Lehrens sind. Je »enger« man die verordneten Bildungsaufträge faßt, desto mehr schränkt man die pädagogischen Ziele und Mittel ein und folglich auch ihre Wirkung.

Die erste Lektion besagt, daß der Prüfstein eines produktiven Wandels darin besteht, ob Einzelpersonen und Gruppen ihr Wissen und Können im Hinblick auf neue Lösungsansätze erweitern. Dazu sind Vorschriften nicht geeignet, weil sie diese substantiellen Veränderungen nicht bewirken können, weder im Hinblick auf einzelne Maßnahmen und schon gar nicht im Hinblick auf die umfassenderen Ziele, die sich aus dem ethisch begründeten Erziehungsauftrag und der Realität der dynamischen Komplexität ergeben. Mit Vorschriften kann man Kleinigkeiten verändern, aber sie haben keinen Einfluß auf das, was wirklich von Bedeutung ist. Menschen werden und können sich nicht auf Befehl verändern, wenn es um einen komplexen Wandel geht. Erfolgreiche Change Agents sind weder begeisterte Befürworter noch vehemente Gegner von Vorschriften. Sie nutzen sie als bloße Hilfsmittel, um ihr Handeln zu überprüfen.

Zweite Lektion:
Der Wandel ist eine Reise und kein festgelegter Plan.

(Veränderungen verlaufen nicht linear, stecken voller Unwägbarkeiten und Abenteuer und sind manchmal tückisch.)

Ich habe in diesem Kapitel bereits ausgeführt, daß ein dynamisch komplexer Wandel ein nie endendes Projekt ist. Es gibt noch einen weiteren Grund, weshalb man nicht vorschreiben kann, was wirklich wichtig ist: Man weiß erst, was wirklich wichtig ist, wenn man die Reise angetreten hat. Wenn Veränderungen bedeuten würden, daß man einzelne gut durchdachte und erprobte Innovationen einführt, jeweils nur eine auf einmal, dann könnte man alles vielleicht genauer planen. Aber Schulamtsbezirke und Schulen sind mit einem verwirrenden Aufgebot unterschiedlichster Innovationen und Verfahren beschäftigt, die alle gleichzeitig umgesetzt werden müssen. Außerdem sind Umbaureformen so facettenreich und komplex, daß man nie im voraus wissen kann, welche Lösung für eine bestimmte Situation angemessen ist. Wenn man versucht, einer komplexen Situation mit komplexen Umsetzungsplänen zu begegnen, kommt der Prozeß plump und schwerfällig in Gang und läuft meist in die falsche Richtung.

Ich denke dabei an eine von McMahon und Wallace (1992) beschriebene Schule in England, die sich mit viel Elan auf ihren Schulentwicklungsplan stürzte. Die Beteiligten hatten viel Erfahrung mit Planungsprozessen, arbeiteten gut zusammen und setzten sich engagiert für den gemeinsam entwickelten Plan ein. Trotzdem stießen sie auf mehrere unerwartete Hindernisse: Anberaumte Schulungssitzungen mußten verschoben werden, weil es zu Verzögerungen in der Aufstellung landesweiter Richtlinien kam; ein Trainingsprojekt mußte aufgegeben werden, weil der Lehrer, der es leiten sollte, nach sechs Wochen das Handtuch warf und weil man erst nach mehreren Monaten einen Ersatz fand. Die Schulleiterin wurde schwanger, und man mußte nach einer geeigneten Stellvertreterin suchen. Von staatlicher Seite wurden einige unerwartete Neuerungen eingeführt, die man umsetzen mußte – und so weiter und so weiter. Ich denke dabei auch an eine Gruppe, mit der wir in einer kanadischen Küstenregion zusammenarbeiteten. Sie definierte Wandel als »sowas wie eine geplante Reise in unbekannte Gewässer mit einem undichten Boot und einer meuternden Besatzung«.

Eine Reise in das teils Bekannte, teils Unbekannte scheint also eine passende Metapher zu sein. Wie wir noch sehen werden, wird diese Lektion von vielen anderen Lektionen gestützt und verstärkt. Sogar gutentwickelte Innovationen sind für den, der zum erstenmal damit zu tun hat, Reisen ins Ungewisse. Da es um Kenntnisse und Fähigkeiten geht, die niemandem in den Schoß fallen, kann es nicht anders sein. Andere komplexere Reformen bringen sogar noch größere Unsicherheiten mit sich, weil man ehrgeizigere Ziele verfolgt, aber vor allem weil man nie im voraus weiß, wie die Sache ausgehen wird. »Wenn man fremde Länder bereisen will«, meint Stacey (1992), »kann man Weg und Ziel immer erst auf der Reise selbst entdecken.« Da Veränderungen nicht vorhersagbar sind, »liegt der Schlüssel zum Erfolg im kreativen Tun: Man muß neue Landkarten entwerfen« (S. 1).

In ungewissen Situationen sind Lernen, Streß, Schwierigkeiten und Angst *intrinsische* Merkmale aller Veränderungsprozesse, insbesondere in den Anfangsstadien. Es ist leicht nachzuvollziehen, warum eine risikofreudige Gesamtstimmung so wichtig ist. Die Leute werden sich erst dann auf etwas Ungewisses einlassen, wenn sie und andere anerkennen, daß Schwierigkeiten ein natürlicher Bestandteil jedes Veränderungsszenarios sind. Aber wenn sich keiner auf das Unbekannte einläßt, wird auch kein bedeutungsvoller Wandel eintreten (siehe Lektion 3 – Probleme sind unsere Freunde).

Wir wissen, daß am Anfang mit Sicherheit Probleme auftauchen. Das Tückische ist, daß spätere Stufen genauso unvorhersehbar sind. Kein Zweifel: Wenn die Sache schließlich von Erfolg gekrönt wird, sind wir wieder obenauf, geraten in Ekstase über die eigene Leistung und erleben Momente tiefster Befriedigung und höchsten Glücks. Wenn man ein höheres Ziel verfolgt und ein versierter Change Agent ist (Kapitel 2), sind Erfolge wahrscheinlicher als Niederlagen. Aber manchmal wird alles schlimmer und nicht besser, obwohl wir alles richtig machen. Und manchmal wird es besser, obwohl wir Fehler machen. Da die dynamische Komplexität immer für (angenehme und böse) Überraschungen gut ist, spielt das Glück eine gewisse Rolle. Das »Pech« hängt immer damit zusammen, wie wir mit diesen unerwarteten Ereignissen umgehen, und nicht damit, daß wir sie vielleicht hätten verhindern können. Manchmal sind diese Ereignisse ungeheuer enttäuschend und peinlich, und wir können nicht das Geringste dagegen tun. Aber wer lernt, sein inneres Erleben zu steuern, während er mit den positiven und negativen Kräften des Wandels ringt, kann seine Lebensqualität selbst bestimmen (Csikszentmihalyi 1992). Ein erfolgreicher Bildungswandel ist wie ein erfolgreiches Leben – eine Reise, die erst mit dem Tod endet.

Dritte Lektion:
Probleme sind unsere Freunde

(Probleme sind unvermeidlich, aber es ist tröstlich zu wissen, daß man ohne sie nicht lernen oder erfolgreich sein kann.)

Aus fast allem, was ich bislang gesagt habe, folgt, daß eine *kritische Nachfrage* ganz wichtig ist. Probleme sind endemisch bei jeder ernsthaften Veränderungsbemühung, ob als Teil der Bemühung selbst oder in Form ungeplanter äußerer Kräfte. Probleme sind eine Grundvoraussetzung für Lernprozesse, aber damit man die *richtigen* Dinge lernt, muß die Fähigkeit zum ständigen Nachfragen hinzukommen.

Es mag merkwürdig klingen, daß Probleme unsere Freunde sein sollen, aber wir können nur dann effektiv auf komplexe Situationen reagieren, wenn wir aktiv nach den echten Problemen suchen, die tatsächlich schwer zu lösen sind, und uns offen damit auseinandersetzen. Probleme sind unsere Freunde, weil die Entwicklung kreativer Lösungen davon abhängt, daß wir uns in die Probleme vertiefen und sie gründlich erforschen. Die Schwierigkeiten sind der Weg, auf dem wir zu einem tieferen Wandel und zu tieferer Befriedigung gelangen. In diesem Sinne »begrüßt« eine erfolgreiche Organisation Probleme und weicht ihnen nicht aus.

Allzu häufig werden auftauchende Probleme bei Veränderungen übersehen, geleugnet oder als Gelegenheit für Abwehr und Schuldzuweisungen benutzt. Eine erfolgreiche Umsetzung von schulischen Veränderungen ist wesentlich wahrscheinlicher, wenn man Probleme als ganz normale, natürliche Phänomene betrachtet und von sich aus nach ihnen Ausschau hält. Nur wenn wir den Problemen nachspüren, können wir erkennen, was wir als nächstes tun müssen, um unser derzeitiges Ziel zu erreichen. Man muß Probleme ernst nehmen und darf sie nicht dem »Widerstand«, der »Unwissenheit« oder »Verbohrtheit« der anderen zuschreiben. Zu einem erfolgreichen Veränderungsmanagement gehört, daß man Techniken für die Problemsuche wie etwa »Kummerkästen« einführt und daß man die Entscheidungen, die man zur Problemlösung getroffen hat, aufmerksam verfolgt und regelmäßig bespricht. Da sich die Umstände und der Kontext ständig wandeln, manchmal auf überraschende Weise, ist ein ständiges Nachfragen und Überprüfen besonders wichtig. Nach Pascale ist ein permanentes Infragestellen »der Motor der Vitalität und Selbsterneuerung des Unternehmens« (S. 15).

Louis und Miles (1990) stellten fest, daß für die am wenigsten erfolgreichen Schulen in ihrer Studie eine »oberflächliche Problembewältigung« typisch war (sie blieben untätig, neigten zu Verschleppungstaktiken und zur Nachlässigkeit oder reagierten mit verstärktem Druck); im Gegensatz dazu versuchten die erfolgreichen Schulen, den Dingen auf den Grund zu gehen; sie forschten nach den tieferen Ursachen der Probleme und ergriffen gezielte Maßnahmen wie zum Beispiel umfassende Personalveränderungen, fortgesetztes Training, Umgestaltung von Programmen und ähnliches. Die erfolgreichen Schulen hatten nicht weniger Probleme als andere Schulen – sie gingen nur besser damit um. Wenn es keine Probleme gibt, kann man schon fast vermuten, daß die Bemühungen halbherzig sind. Ein glatter, reibungsloser Verlauf der ersten Stadien einer Veränderungsbemühung ist ein sicheres Zeichen dafür, daß ein echter, substantieller Wandel durch oberflächliche oder banale Neuerungen ersetzt wird. Später, wenn die ersten Schritte erfolgreich gemeistert wurden, können scheinbar mühelose Anstrengungen zu unglaublichen Höchstleistungen führen. Es gibt keinen besseren Anschub für die Selbstachtung und keinen besseren Ansporn zu noch höheren Leistungen als hart errungene Erfolge.

Das Ausweichen vor echten Problemen wirkt erfolgreichen Veränderungen entgegen, weil Durchbrüche davon abhängen, daß man sich diesen Problemen stellt. Senge (1996) schildert den negativen Fall plastisch:

> Teams in der Geschäftswelt verbringen häufig viel Zeit mit Revierkämpfen, vermeiden alles, was sie persönlich in ein schlechtes Licht bringen könnte, und geben vor, daß alle Teammitglieder »wie ein Mann« hinter der gemeinsamen Strategie stehen – mit anderen Worten, sie bewahren den *Anschein* eines zusammenhängenden Teams. Um dieses Bild aufrechtzuerhalten, versuchen sie, Unstimmigkeiten von vornherein abzuwürgen: Wer ernsthafte Vorbehalte hat, tut sie nicht öffentlich kund; die gemeinsamen Entscheidungen sind meist verwässerte Kompromisse, die keinem weh tun oder die Position einer Einzelperson widerspiegeln, die der Gruppe aufgedrückt wurde. Wenn es tatsächlich zu Meinungsverschiedenheiten kommt, werden sie für gewöhnlich in Form von Schuldzuweisungen oder polemischen Angriffen ausgetragen; das verhindert, daß die Teammitglieder gemeinsam die tieferliegenden Unterschiede in bezug auf ihre jeweiligen Annahmen und Erfahrungen entdecken und etwas daraus lernen können (S. 36f.).

Probleme sind unsere Freunde, oder anders ausgedrückt – *Ohne Konflikte keine erfolgreiche Veränderungsbemühung*:

> Die Leute gelangen nicht zu neuen Einsichten, wenn sich ihre Gespräche durch Ausgewogenheit, Einigkeit und Jasagertum auszeichnen. Das gleiche gilt, wenn ihre Gespräche das gefährlich instabile Gleichgewicht eines Grundsatzstreits oder der vollständigen Problemvermeidung anneh-

men. Menschen im Gespräch beflügeln sich gegenseitig in ihrem Denken, wenn sie argumentieren und unterschiedlicher Meinung sind – wenn sie streiten, verwirrt sind und nach neuen Perspektiven suchen –, und dennoch bereit bleiben, miteinander zu reden und einander zuzuhören (Stacey, 1992, S. 120).

Die beste Methode, mit der Verwirrung umzugehen, besteht nach Saul (1992, S. 535) darin, daß man »diese Verwirrung steigert, indem man so lange unbequeme Fragen stellt, bis man die Ursache der Schwierigkeiten aufgedeckt hat«. Aber wir tun das Gegenteil, wenn wir auf Binsenweisheiten beharren oder Konflikte unter den Teppich kehren.

Allmählich beginnt sich ein Muster abzuzeichnen. Ein substantieller Wandel umfaßt komplexe Prozesse, und diese komplexen Prozesse sind von Natur aus reich an Problemen. Eine offene, kritisch fragende Einstellung ist entscheidend, wenn man Probleme lösen will. Wandel ist Lernen. Pascale (1991) faßt zusammen, weshalb Probleme unsere Weggefährten sind:

> Das Leben hält sich nicht an eine geradlinige Logik. Es entspricht mehr einer kurvenförmigen Logik, die die Natur der Dinge verändert und sie oft in ihr Gegenteil verkehrt. Probleme sind also nicht nur momentane Schwierigkeiten, mit denen man sich befassen muß und die dann beiseite geschoben werden. In jedes Problem tieferen Einblick zu gewinnen gleicht einem Workshop über die Natur von Organisationen und ist ein Vehikel für persönliches Wachstum. Das bedeutet eine Verlagerung: wir müssen den *Prozeß* des Aufspürens von Lösungen schätzen – mit den Unstimmigkeiten jonglieren, die in sinnvollen Lösungen stecken (S. 354f.).

Kurz, Probleme sind unsere Freunde, aber nur, wenn wir uns aus eigenem Antrieb mit ihnen auseinandersetzen.

Vierte Lektion:
Vision und strategische Planung haben Zeit bis später
(Verfrühte Visionen und Pläne machen blind.)

Visionen sind notwendig für den Erfolg, aber es gibt kaum einen Begriff, der im Hinblick auf Veränderungen so häufig mißverstanden und falsch gehandhabt wird wie die Vision. Visionen haben Zeit bis später, und zwar aus zwei Gründen: Erstens braucht man unter den Bedingungen einer dynamischen Komplexität sehr viel Erfahrung im Nachdenken, bevor man eine plausible Vision entwickeln kann. Die Vision ist eher ein Produkt als eine Vorläufer des Handelns. Auch dann bleibt sie immer etwas Provisorisches. Zweitens muß sich die *gemeinsame* Vision, die unabdingbar für den Erfolg ist, aus der dynamischen Interaktion von Mitgliedern und Führungskräften ergeben. Das erfordert Geduld und kann nur gelingen, wenn der Entwicklungsprozeß bei einer Vision in gewisser Weise offen bleibt. Wenn man sich mit den Visionen Zeit läßt, bedeutet das aber nicht, daß man nicht daran arbeitet. Im Gegenteil. Die Vision wird an Echtheit gewinnen, wenn man eine voreilige Festlegung vermeidet.

Visionen kommen später, weil der Verschmelzungsprozeß von persönlichen und gemeinsamen Visionen nicht von heute auf morgen zu bewältigen ist. Senge bietet eine aufschlußreiche Erörterung des Spannungsverhältnisses, das zwischen individuellen und kollektiven Idealen besteht:

> Eine gemeinsame Vision ist lebenswichtig für eine lernende Organisation, weil sie den Schwerpunkt und die Energie für das Lernen liefert. Während adaptives Lernen auch ohne Vision möglich ist, ist ein schöpferisches Lernen nur möglich, wenn Menschen nach etwas streben, das ihnen wahrhaft am Herzen liegt. Tatsächlich ist die ganze Idee des generativen Lernens – »die Ausweitung unserer schöpferischen Kraft« – abstrakt und bedeutungslos, solange die Menschen sich nicht für eine Vision begeistern, die sie unbedingt verwirklichen möchten.

> Heute ist »Vision« ein vertrauter Begriff in Führungsetagen. Aber wenn man genauer hinschaut, stellt man fest, daß es sich bei den meisten Visionen um die Vision eines einzelnen (oder einer einzelnen Gruppe) handelt, die der Organisation aufgepfropft wird. Solche Visionen stoßen bestenfalls auf Einwilligung, aber sie wecken kein Engagement. Eine gemeinsame Vision ist eine Vision, der sich viele Menschen wahrhaft verschrieben haben, weil sie ihre eigene persönliche Vision widerspiegelt (1996, S. 252).

Und:

> Eine Organisation, die gemeinsame Visionen aufbauen will, ermutigt ihre Mitglieder dazu, ihre persönlichen Visionen zu entwickeln. Wenn Menschen keine eigene Vision haben, können sie sich nur für die Vision eines anderen »vertraglich verpflichten«. Das Ergebnis ist lediglich eine Einwilligung, nicht Engagement. Wenn sich dagegen Menschen zusammenschließen, die eine klare Vorstellung von ihrer persönlichen Richtung haben, können sie eine machtvolle Synergie erzeugen, um ihr individuelles/gemeinsames Ziel zu verwirklichen (S. 258).

Aber das alte und grundfalsche Paradigma wird weiterhin verbreitet, wie zum Beispiel in den Empfehlungen, die Beckhard und Pritchard (1992) für einen visionsgesteuerten Wandel geben. Die Autoren beschreiben vier wichtige Schritte: Man müsse eine Vision entwickeln und festlegen, für ihre Verbreitung sorgen, das Engagement für die Vision fördern und schließlich durch eine entsprechende Organisation darauf hinwirken, daß die Menschen in Einklang mit der Vision handeln können (S. 25). Das ist falsch!

Beer, Eisenstat und Spector (1990) kommen in ihrer Untersuchung von 26 Betrieben, die sie über einen Zeitraum von 5 Jahren beobachteten, zum gegenteiligen Schluß:

Veränderungsbemühungen, die damit beginnen, daß man Programme entwickelt, um die Kultur oder die Menschenführung im Unternehmen zu ändern, verlaufen im Sande, sogar wenn sie vom Top-Management unterstützt werden (S. 6).

Beim programmatischen Ansatz wird häufig irrtümlich unterstellt, daß Missionserklärungen oder Trainingsprogramme, mit denen man die Mitarbeiter zu einem Umdenken bewegen will, auch konkrete Verhaltensveränderungen am Arbeitsplatz auslösen. Im Gegensatz dazu zeigen unsere Ergebnisse, daß neue Verhaltensmuster durch die Interaktion am Arbeitsplatz erlernt werden (S. 150).

Stacey (1992), der diese Gedanken weiter ausführt, beginnt mit einer kritischen Betrachtung des visionsorientierten Modells und der damit verbundenen Empfehlungen:

> ... wir sollen eine Vision vom angestrebten künftigen Zustand entwickeln, andere dazu überreden, ebenfalls daran zu glauben, und werden dann, wenn unsere Informationen richtig sind, in der Lage sein, diese Vision gemeinsam zu verwirklichen. Nach dieser Sichtweise läuft die Aktivität des Top-Managements darauf hinaus, daß es sich um eine Voraussage des künftigen Geschehens bemüht. Die Manager bereiten Prognosen vor und gehen übers Wochenende in Klausur, um Visionen und Missionen zu formulieren. Sie entwerfen umfassende Überzeugungs- und Propagandaprogramme für einen Wandel der Kultur. Diese Maßnahmen sollen dazu führen, daß sich alle Organisationsmitglieder der neuen Vision anschließen. Aber wenn die Überzeugung, auf der diese Aktivitäten beruhen, unbegründet ist, haben die Manager ihre Zeit verschwendet und wahrscheinlich versäumt, das zu tun, was für den Erfolg wirklich wichtig gewesen wäre (S. 125).

Außerdem:

> Wer auf Visionen baut, bestärkt Abhängigkeits- und Konformitätsstrukturen und damit eine Kultur, die einer inno-

vativen Führung entgegenwirkt, weil sie ein kritisches Nachfragen und komplexes Lernen verhindert (S. 139).

Erinnern wir uns an den Hinweis von Stacey, daß der Erfolg davon abhängt, »wie gut wir die Muster erkennen, die sich im Laufe der Aktivitäten entfalten, mit denen wir auf die Wahrnehmung wechselnder Problemagenden reagieren« (S. 124). Stacey kommt zu dem Schluß:

> Der dynamisch-systemische Ansatz veranlaßt Manager also dazu, ihr Denken nicht an der früheren, von Zielen und Visionen repräsentierten Intention auszurichten, sondern an sich ständig weiterentwickelnden Agenden von Problemen, Hoffnungen, Herausforderungen und individuellen Absichten. Der Schlüssel zur sich abzeichnenden Strategie liegt darin, wie effektiv die Manager in einer Organisation solche Problemagenden entwickeln und bewältigen.
>
> Diese Perspektive führt zu einer neuen Definition der Unternehmensabsicht. Die Intention ist nicht mehr, daß man etwas relativ Bekanntes und Feststehendes sichert, sondern daß man entdeckt, was man wie und warum erreichen will. Diese Intention ergibt sich nicht aus dem, was Manager voraussehen, sondern aus dem, was sie erlebt haben und jetzt begreifen. Die Intention ist, kreativ zu sein und das, was kommt, zu bewältigen; die Intention ist nicht, einen ganz bestimmten künftigen Zustand zu erreichen (S. 146).

Kurz, die entscheidende Frage ist nicht, ob Visionen wichtig sind, sondern *wie* man sie in Anbetracht der Komplexität des Wandels gestalten und immer wieder neu gestalten kann. Visionen werden vorzeitig zu Grabe getragen, wenn sie abstrakte Gebilde des Management sind, die nur auf dem Papier bestehen, wenn sie statisch oder sogar falsch sind und wenn sie versuchen, den Mitarbeitern einen unechten Konsens aufzuzwingen und damit die Entfaltung persönlicher Visionen eher unterdrücken als fördern.

Andererseits können Visionen auch dann sterben oder im Keim erstickt werden, wenn gleich am Anfang zu viele Menschen beteiligt sind, wenn Führungskräfte nicht für ihre Überzeugungen einstehen, wenn ein fundiertes Nachfragen und Handeln durch ein eher oberflächliches Gerede verdrängt wird. Ein weiteres Paradoxon: Der Versuch, alle an Bord zu holen, bevor man mit dem Handeln loslegt, muß fehlschlagen, weil keine Verbindung zur Realität der dynamischen Komplexität besteht. Das rückt den Begriff Teilhabe in die richtige Perspektive. Man kann keine Teilhabe an der Vision erlangen, *bevor* man etwas Neues gelernt hat.

Der Besitz oder die innere Teilhabe entsteht durch den Lernprozeß, der sich aus dem vollen Engagement für die Lösung der Probleme ergibt. In diesem Sinne ist die Teilhabe im Verlauf eines erfolgreichen Veränderungsprozesses stärker als zu Beginn, und am Ende noch stärker als in der Mitte oder am Anfang. Dieser Besitz ist sowohl ein Prozeß als auch ein Zustand. Die Behauptung, daß der Besitz einer Vision von entscheidender Bedeutung ist, ist nur unter der Voraussetzung richtig, daß man weiß, wie man diesen Besitz erwirbt.

Das wirft auch Zweifel am Konzept der strategischen Planung auf. Es ist ein Fehler, zu viel Zeit und Energie in die Vorausplanung zu stecken, sogar wenn diese Planung am Grundsatz der Flexibilität ausgerichtet ist. Am Anfang von komplexen Veränderungsprozessen sind Partizipation, sorgfältige Bedarfsschätzungen und formale strategische Pläne unangebracht. Louis und Miles (1990) bezeichnen dies als evolutionären Ansatz:

> Der evolutionäre Ansatz geht von der Voraussetzung aus, daß die Umwelt sowohl innerhalb als auch außerhalb von Organisationen häufig chaotisch ist. Kein spezifischer Plan kann längere Zeit gültig bleiben, weil er entweder durch wechselnde äußere Einflüsse seine Aktualität einbüßt oder weil innerhalb der Organisation Unstimmigkeiten über die Prioritäten entstehen. Dennoch besteht kein Grund zu der Annahme, daß man sich am besten auf eine passive Planung verlegt und die Entscheidungen allmählich wachsen läßt.

> Vielmehr kann die Organisation zwischen unterschiedlichen Anstrengungen hin- und herwechseln – einmal einen normativen Konsens über ihre Entwicklungsmöglichkeiten anstreben, dann wieder Strategien zur Erreichung dieser Ziele planen oder auch dezentralisierte, kleine Experimente durchführen, um die Kreativität aller Mitglieder in die Veränderungsbemühung miteinzubeziehen... Die Strategie wird als ein flexibles Werkzeug betrachtet und weniger als halb-permanente Ausweitung der Mission (S. 193).

Die Entwicklung einer authentischen gemeinsamen Vision hängt von den Fähigkeiten der Change Agentry ab: persönliche Visionsentwicklung durch die innere ethische Zielsetzung, kritische Nachfrage, Meisterschaft und Zusammenarbeit (Kapitel 2). Die gemeinsame Entwicklung einer Vision ist »ein Verstärkungsprozeß, in dem Klarheit, Begeisterung, Kommunikation und Engagement stetig anwachsen« (Senge, 1996, S. 277). Wenn Menschen reden, experimentieren, fragen, erneut experimentieren – und all das gemeinsam – , dann erwerben sie neue Fähigkeiten, ihre Ideen gewinnen an Klarheit, und ihr gemeinsames Engagement nimmt zu. *Ein produktiver Wandel ist zu einem großen Teil ein Prozeß der Mobilisierung und positiven Infizierung.*

Wenn wir den Verlauf einer größeren Organisationsreform zu einer linearen Kette verkürzen, empfiehlt sich also die Sequenz »Fertig! Feuern! Zielen!«. »Fertig« ist wichtig: Man braucht eine ungefähre Vorstellung davon, in welche Richtung der Prozeß laufen soll, aber es ist verheerend, wenn man sich in Visionen, Absichtserklärungen und strategische Pläne verrennt, bevor man genug über die dynamische Realität weiß. »Feuern« heißt Handeln und Nachfragen in den Bereichen, wo Fähigkeiten, Klarheit und Lernen gefördert werden. »Zielen« ist die Herausbildung neuer Überzeugungen, die Formulierung von Absichts- und Visionserklärungen und die Konzentration auf die strategische Planung. Vision und strategische Planung kommen später; wenn überhaupt, gehören sie zum *dritten Schritt*, nicht zum ersten.

Bei unseren Bemühungen um eine Reform der Lehrerausbildung in Toronto haben wir in den letzten fünf Jahren einige Erfahrungen mit dieser Abfolge gesammelt. Als wir 1988 anfingen, haben wir es bewußt vermieden, uns sofort in eine großangelegte strategische Planung zu stürzen oder eine weitere Projektgruppe einzurichten. Statt dessen haben wir mit einigen wenigen »Fertig«-Prinzipien begonnen: Wir haben uns bemüht, einige Voraussetzungen für eine kontinuierliche Lehrerbildung zu schaffen, Lehrerentwicklung und Schulentwicklung zu verbinden, uns für einige feldorientierte Programme engagiert, an Partnerschaften mit Schulen gearbeitet und uns bemüht, unsere Ansätze systematisch zu überprüfen und zu hinterfragen. Die Phase des »Feuerns« lief dergestalt ab, daß wir einige praktische Pilotprojekte mit unterschiedlichen Teams aus Fakultätsmitgliedern und Lehrerstudenten in Gang brachten und in handlungsorientierte Bündnisse wie das Learning Consortium eintraten (siehe Kapitel 5 und 6). Gegen Ende des dritten Jahres waren wir bereit, unser Ziel anzuvisieren, indem wir ein Strategisches Planungskomitee einsetzten und einen externen Berater einstellten, der den Prozeß gemeinsam mit dem Komitee und der Fakultät als Ganzer unterstützen sollte. In einer Klausurberatung der ganzen Fakultät entwickelten wir gemeinsam mit Studentenvertretern genauere Zielvorstellungen, die auf den Erfahrungen in den Pilotprojekten und anderen Ansätzen aufbauten. Ich bin überzeugt, daß wir durch diese Reihenfolge weit mehr Klarheit gewonnen haben (das Ziel), als es möglich gewesen wäre, wenn wir mit einer (zwangsläufig) abstrakten und/oder teilweise festgelegten Absichtserklärung und strategischen Planung begonnen hätten. Es gibt immer noch Debatten und ungelöste Fragen, aber wenn wir in neue Phasen eintreten, werden wir (jetzt) von der gemeinsamen Vision geleitet und können Veränderungen mit weit größerer Zielstrebigkeit verfolgen, weil uns das Ziel klarer vor Augen steht (siehe Kapitel 6).

Die Thorah Elementary School im Nordosten von Toronto, ein Mitglied in unserem Lernkonsortium, ist ein weiteres überzeugendes Beispiel. Die Veränderung fing klein an (zunächst waren der Rektor und zwei Vertreter des 23köpfigen Lehrerkollegiums beteiligt), aber innerhalb von drei Jahren verwandelte sich die Kultur in der Schule von einer individualistischen in eine äußerst kooperative: Am Anfang dieses Erfolges stand keine bestimmte Vision, sondern das Hinarbeiten auf die gemeinsame Vision, die sich aus dem gemeinsamen Handeln entwickelte (Fullan, 1992).

Auch Pascale (1991) fängt diese Fertig-Feuern-Zielen-Sequenz ein, wenn er beschreibt, wie Ford in den achtziger Jahren eine Absichts- und Grundsatzerklärung verfaßte, die von der gesamten Belegschaft getragen wurde:

> Rückblickend ist die breite Zustimmung zu dieser Erklärung hauptsächlich darauf zurückzuführen, daß die Prinzipien schon mehrere Jahre vor ihrer Verkündung in die Tat umgesetzt wurden. Die meisten Unternehmen verkünden entsprechende Erklärungen auf dem umgekehrten Wege, weshalb das Ganze dann oft als bloßes PR-Getue abgetan wird (S. 226–227).

Charismatische Führungskräfte mit hochfliegenden Zielen und eine voreilige strategische Planung machen blind, weil sie »uns von unseren eigenen Möglichkeiten ablenken« (ebd., S. 358). Beim neuen Paradigma des Wandels werden die Organisationen ihre herkömmlichen Annahmen über Vision und Planung aufgeben müssen. Dadurch werden sie zu tieferen und wirkungsvolleren gemeinsamen Visionen kommen, die jeden Tag aufs neue zu engagiertem Handeln anregen. Aber dieser Halteplatz ist, wie wir gesehen haben, nur vorübergehend. Die machtvollsten gemeinsamen Visionen sind solche, die Ansätze für weitere kreative Lernprozesse enthalten und zulassen, daß sich die individuelle und die gemeinsame Entwicklung immer in einem dynamischen Spannungsverhältnis befinden. Es ist ganz wichtig, daß man diese Spannung erträgt, ja, begrüßt und Werte und Mechanismen schafft, die sie ständig neu erzeugen.

Das Ringen mit den Kräften des Wandels ist eine nie endende Suche nach neuen kreativen Möglichkeiten, um mit von Natur aus kontroversen Faktoren umzugehen – davon wird in Lektion 5 die Rede sein.

Fünfte Lektion:
Ansprüche des einzelnen und der Gruppe müssen sich die Waage halten.
(Es gibt keine einseitigen Lösungen zugunsten der Isolation oder des Gruppendenkens.)

Ein produktiver Bildungswandel hat auch damit zu tun, daß man ständig versucht, die Isolation zu überwinden, ohne sich dem Gruppendenken zu beugen. Paradoxe liefern die Saat für ein Lernen unter den Bedingungen einer dynamischen Komplexität:

> Paradoxe sind hilfreich bei der Formulierung polarer Gegensätze. Für ein echtes Paradox sind zwei Faktoren von wesentlicher Bedeutung ...
>
> Es ist nützlich, eine Unterscheidung zwischen zwei Typen von Problemen zu treffen: *konvergierenden* (etwa Einnahmen und Ausgaben im Gleichgewicht zu halten), die mit ganz bestimmten, der Logik zugänglichen quantifizierbaren Problemen zu tun haben, sowie *divergierenden* (wie man die Abteilung Fertigung reorganisiert), die nicht quantifizierbar oder verifizierbar und keiner einzelnen Lösung zugänglich sind. Wer ein konvergierendes Problem löst, der beseitigt es. Daran ist nichts auszusetzen. Divergierende Probleme jedoch können nicht dauernd eliminiert werden und ziehen Nutzen aus dem »Seitwärtsdenken«, das ein Paradoxon in Gang bringt (Pascale, 1991, S. 149–150).

Kaum ein menschliches Paradoxon ist weiter verbreitet als die kreative Spannung zwischen individueller und kollektiver

Entwicklung. Wie bei allen derartigen Widersprüchen gibt es keine einseitigen Lösungen. Das wird deutlich, wenn man das Problem der Isolation gründlicher unter die Lupe nimmt.

Die Lehrtätigkeit ist lange Zeit als »einsamer Beruf« bezeichnet worden, und zwar immer mit abschätzigem Unterton. Die berufliche Isolation der Lehrer begrenzt ihren Zugang zu neuen Ideen und besseren Lösungen, lenkt den Streß nach innen, wo er gärt und sich anstaut, führt dazu, daß Erfolge nicht gewürdigt und anerkannt werden, und fördert den Bestand und Fortbestand eines inkompetenten Verhaltens zum Nachteil der Schüler, der Kollegen und der Lehrer selbst. Die Isolation erzeugt zwar nicht zwangsläufig eine konservative Einstellung und Widerstand gegenüber Innovationen, trägt aber entscheidend dazu bei (Lortie, 1975).

Isolation und Rückzug haben vielfältige Ursachen. Häufig erscheinen sie als persönliche Schwächen, die in Form von Wettbewerbsdenken, Abwehr von Kritik und einer Neigung zum Horten von Ressourcen zum Ausdruck kommen. Aber der Mensch ist ein Produkt seiner Umwelt, und wenn die Lehrer so häufig isoliert sind, müssen wir uns fragen, warum unsere Schulen diesen Zustand offenbar auch noch zusätzlich fördern.

Die Isolation ist ein Problem, weil sie die Möglichkeiten der kritischen Nachfrage und des Lernens begrenzt. Bei der Suche nach Lösungen kann sich der Lehrer nur auf seine eigenen Erfahrungen stützen. Für komplexe Veränderungen braucht man viele kluge Köpfe, die gemeinsam nach neuen Erkenntnissen streben und sich für ein gezieltes gemeinsames Handeln engagieren. Konosuke Matsushita, der Gründer von Matsushita Electric Ltd., meint dazu:

> Wir wissen inzwischen, daß das Wirtschaftsleben heute komplex und schwierig und das Überleben von Firmen in einer zunehmend unvorhersehbaren Umwelt gefährdet ist. Dieses Umfeld ist so sehr von Wettbewerb und Gefahren belastet, daß die fortschreitende Existenz der Unternehmen von der täglichen Mobilisierung jedes einzelnen Gramms Intelligenz abhängt (zitiert nach Pascale, 1991, S. 35).

Bildungsprobleme sind noch wesentlich komplexer, und wir wissen inzwischen, daß kooperative, »lernfördernde« Schulen erfolgreicher sind als andere, die weiterhin an den isolationistischen Lehrtraditionen festhalten (Rosenholtz, 1989; Fullan und Hargreaves, 1991). Und was fangen wir mit dieser Erkenntnis an? Wir strapazieren eine gute Idee zu sehr. Zusammenarbeit wird als etwas uneingeschränkt Positives gepriesen. Partizipatorisches Management vor Ort ist die Antwort auf alle Probleme. Mentoring und Peer-Coaching sind ein Muß. Das ist sowohl richtig als auch falsch. Wenn man die Zusammenarbeit auf die Spitze treibt, führt sie zum »Gruppendenken« – zur unkritischen Konformität, zur gedankenlosen Akzeptanz von neuesten Modeerscheinungen und zur Unterdrückung individueller Meinungsunterschiede (CRM Films, 1991). Eine Gruppe kann zusammenarbeiten, um etwas Falsches oder etwas Richtiges zu tun. Und wenn man zu eng zusammenarbeitet, kann man Warnsignale übersehen und Lernchancen verpassen.

Bei der Bemühung um mehr Zusammenarbeit sollten wir die »gute Seite« des Individualismus nicht aus den Augen verlieren. Die Fähigkeit zum unabhängigen Denken und Handeln wird für eine Bildungsreform dringend gebraucht (Fullan und Hargreaves, 1991). Vielfalt sorgt für frischen Wind, und Querdenker am Rande der Gruppe liefern häufig die besten Ideen. Intuition, Nachdenklichkeit und die Fähigkeit zum Alleinsein sind unter den Bedingungen eines konstanten Wandels sehr wichtig. Auch das Alleinsein gehört zu den Strategien, mit denen wir Veränderungen bewältigen. Storr (1988) zitiert in diesem Zusammenhang Wordsworth:

> Wenn uns die Hast der Welt zu lange Zeit
> Von unserm beßren Selbst entfremdet hat
> Und wir, von ihrem Treiben angeekelt
> Und ihrer Freuden müde, mutlos werden,
> O wie belebend ist die Einsamkeit!
>
> (Prelude, dt. von H. Fischer)

Gruppen sind anfälliger für Modeerscheinungen als Einzelpersönlichkeiten. Doris Lessing beschreibt den Gruppendruck sehr anschaulich in »Gefängnisse, in denen wir freiwillig leben« (1989):

> Menschen, die viele Gruppen erlebt haben, die vielleicht ihr eigenes Verhalten beobachtet haben, werden zustimmen, daß es die schwierigste Sache der Welt ist, sich gegen die eigene Gruppe, eine Gruppe von Gleichgesinnten, zu stellen. Für viele Menschen ist es eine der unangenehmsten Erinnerungen, daß sie »schwarz ist weiß« gesagt haben, weil andere Leute es sagen (S. 169).

Wenn Modeerscheinungen und schlecht durchdachte Innovationen florieren (und den Wandel in Verruf bringen, weil sie unweigerlich scheitern), so hauptsächlich weil Intuition und Erfahrung unterdrückt werden, ob durch die Gruppe oder durch den einzelnen selbst. Doris Lessing drückt das so aus: »Ich glaube, daß langfristig immer das Individuum den Ton angibt und über die tatsächliche Entwicklung der Gesellschaft entscheidet« (S. 192).

Was die Schattenseite des Gruppendenkens betrifft, so reicht es nicht aus, daß man einfach versucht, die Gefahren einer übertriebenen Konformität zu vermeiden. Unter den Bedingungen einer dynamischen Komplexität können Personen, die unterschiedliche Standpunkte vertreten, neu auftauchende Probleme häufig früher erkennen als Gruppen, die aus gleichgesinnten, eng verbundenen Mitgliedern bestehen. Dazu Pascale (1991):

> Meinungsverschiedenheiten können das Aktionsspektrum oder die Optionen einer Organisation erweitern, weil sie neue Gesichtspunkte aufbringen, Ungleichgewichte und Anpassungen fördern. Tatsächlich gibt es ein wohlbekanntes Gesetz der Kybernetik – das Gesetz der notwendigen Vielfalt. Es besagt folgendes: Jedes System, das sich einer Umwelt anpaßt, muß zu diesem Zweck Vielfalt in seine in-

> ternen Kontrollen einbeziehen. Verringert man die interne Vielfalt, dann kann das System es nicht mehr mit der äußeren Vielfalt aufnehmen. Jede innovative Organisation muß in ihre internen Prozesse Vielfalt einbauen (S. 15–16).

Demnach ist eine eng verbundene, gemeinsame Kultur nicht unbedingt ein erstrebenswertes Ziel:

> Aus der Perspektive dynamischer Systeme ist die Kultur ein nie endender Entfaltungsvorgang. Welche kulturellen und philosophischen Wertvorstellungen von einer Gruppe geteilt werden, ergibt sich aus den individuellen persönlichen Überzeugungen im Laufe eines Lernprozesses, der sich über viele Jahre aufbaut. Und wenn der Lernprozeß weiterlaufen soll, wenn das Unternehmen weiterhin innovativ bleiben will, muß das Infragestellen und nicht das Teilen der kulturellen Werte im Vordergrund stehen. Aus der dynamisch-systemischen Perspektive wird deutlich, daß man Gegenkulturen fördern muß, damit man starke Tendenzen zur Konformität und zu einem zu engen kulturellen Zusammenhalt überwinden kann (Stacey, 1992, S. 145).

Kulturen, die sich durch einen besonders starken oder besonders schwachen Zusammenhalt auszeichnen, sind gleichermaßen unzulänglich, weil sie zur Entstehung von Grenzen führen, die jeweils zu eng oder zu weit gesteckt sind (Stacey, 1992). Ein gewisses Maß an kultureller Vielfalt ist erforderlich, damit man den *Status quo* angesichts sich ständig wandelnder und kontroverser äußerer Bedingungen überprüfen kann. Canon und Honda stellen zum Beispiel einige Manager aus externen Organisationen ein, »mit dem ausdrücklichen Ziel, starke Gegenkulturen zu schaffen« (Stacey, 1992, S. 198).

Aus diesen Gründen ist ein gesunder Respekt vor der Einzelpersönlichkeit und vor persönlichen Visionen eine Quelle der Erneuerung in erkundungsorientierten Organisationen. Wenn die Zukunft nicht vorhersehbar ist und das Umfeld sich auf unberechenbare Weise verändert, sind Quellen der Vielfalt genauso wichtig wie Fälle von Übereinstimmung. Da Konflikte (wenn sie richtig gehandhabt werden) so wichtig für einen produktiven Wandel sind (das heißt, weil Probleme unsere Freunde sind), wird eine Gruppe, die einen Konflikt als Gelegenheit zum Lernen betrachtet und ihm nicht ausweicht oder ihn zur Festigung eigener Positionen benutzt, am erfolgreichsten sein. Es gibt kein institutionelles Lernen ohne individuelles Lernen, und es gibt kein Lernen in Gruppen ohne Konfliktverarbeitung.

Man kann das Gruppendenken jedoch auch überkompensieren, indem man das Individuum glorifiziert, die Autonomie überbetont und Energien in unzusammenhängende Einzelbemühungen steckt. Damit schließt sich der Kreis – Isolation ist schlecht, Gruppendominanz ist noch schlechter. Das Entscheidende ist, daß wir vom Entweder-Oder zum Sowohl-als-Auch übergehen und die gleichzeitige Existenz von Gegensätzen – von Individualität und Kollegialität – respektieren.

Sechste Lektion:
Weder Zentralisierung noch Dezentralisierung bringen den gewünschten Erfolg.

(Sowohl »Top-down«- als auch »Bottom-up«-Strategien sind notwendig.)

Zentralisierung führt leicht zu übertriebener Kontrolle, Dezentralisierung zum Chaos. Wir wissen seit Jahrzehnten, daß Top-down-Strategien wertlos sind (man kann nicht vorschreiben, was wichtig ist). Führungskräfte versuchen es trotzdem immer wieder, weil sie keine Alternative sehen und auf schnelle Ergebnisse aus sind (durch äußeren Druck und aus eigenem Ehrgeiz). Dezentrale Ansätze wie ein lokales Management scheitern ebenfalls, weil die Gruppen zu sehr mit Führungsaufgaben beschäftigt sind und häufig unsicher werden, wenn sie sich selbst überlassen sind (siehe Kapitel 4 und 5, und Fullan, 1991, S. 200–209). Sogar wenn sie kurzfristig erfolgreich sind, können sie den Erfolg nur bewahren, wenn sie darauf achten, was im Zentrum geschieht, und umgekehrt. Pascale (1991) beschreibt das am Beispiel von Ford so:

> Ein Wandel gedeiht, wenn man in der Klemme sitzt. Besteht oben Konsens und wird von unten Druck spürbar, dann bewegt sich etwas. Zwar gab es an der Unternehmensspitze keinen Konsens darüber, was genau bei Ford getan werden sollte. Doch stimmten viele leitende Manager nach ihrem Besuch in Japan darin überein, daß die Probleme in der Arbeitsweise der Organisation zu suchen seien. An sich hätte das noch nicht zu handfesten Reaktionen führen müssen, hätte nicht die Basis auf Veränderungen gedrängt (S. 171–172).

Viele reformwillige Führungskräfte mußten feststellen, daß Kontrolle von oben eine Illusion ist. Niemand kann komplexe Organisationen von oben steuern. Die Schlüsselfrage (oder genauer gesagt die ständige Streitfrage) ist nach Senge (1996, S. 349), »wie man Kontrolle erlangt, ohne zu kontrollieren«. Er fährt fort:

> Während traditionelle Unternehmen Managementsysteme erfordern, die das Verhalten der Mitarbeiter kontrollieren, investieren lernende Unternehmen in die Qualität des Denkens, in die Fähigkeit zur Reflexion und zum Team-Lernen, in den Aufbau gemeinsamer Visionen und in die gemeinsame Erkenntnis von komplexen Unternehmensfragen. Es sind diese Fähigkeiten, die der lernenden Organisation eine stärkere dezentrale Kontrolle *und* eine bessere Koordination ermöglichen werden als ihren hierarchischen Vorgängern (S. 351).

Genauso falsch ist es, wenn lokale Einheiten, auch wenn sie in dezentralen Strukturen operieren, nicht darauf achten, was im Zentrum geschieht (siehe Lektion 7). Zum Beispiel muß die Entwicklung von Schulen und Schulamtsbezirken koordiniert werden. Es ist möglich, daß einzelne Schulen unabhängig von ihren Bezirken ein hohes Maß an Kooperation entwickeln, aber sie können unter diesen Bedingungen nicht kooperativ *bleiben*. Personalbewegungen, Transfers, Auswahl- und Beförderungskriterien, politische Zwänge, Budgetentscheidungen, einschließlich Entscheidungen über Personalressourcen, fordern alle ihren Tribut von Schulen, wenn die Beziehung nicht koordiniert wird.

Anders ausgedrückt, die Zentrale und die lokalen Einheiten *brauchen einander*. Es bringt nichts, wenn man eine Chefetage durch eine andere ersetzt. Was wir brauchen, ist eine neue, wechselseitige Beziehung, in der beide Seiten Druck ausüben, sich gegenseitig Unterstützung gewähren und ständig Verhandlungen führen. Es läuft darauf hinaus, daß der Einfluß gleichzeitig von oben nach unten und von unten nach oben verlaufen muß. Individuen und Gruppen, die mit diesem Widerspruch nicht umgehen können, werden zwischen den Mahlsteinen des Wandels zerrieben.

Siebte Lektion:
Besonders wichtig ist die Verbindung mit dem weiteren Umfeld.

(Die besten Organisationen lernen sowohl intern als auch extern)

Viele Organisationen bemühen sich sehr um ihre innere Entwicklung, versäumen es aber, eine aktive Lernorientierung gegenüber der Außenwelt beizubehalten. Dieser fatale Fehler ist so alt wie die Evolution. Smith (1984) macht diese aufschlußreiche Beobachtung:

> Eine gesellschaftliche Wesenheit (etwa eine Organisation), die über sich selbst nachdenken soll, muß über ein System verfügen, das außer ihr selbst auch den Kontext repräsentiert, in den sie eingebettet ist. An dieser Stelle tritt das Ungleichgewicht auf den Plan. Ein gesellschaftliches System,

> das Paradoxe fördert und Ungleichgewichte begünstigt (z. B. Variationen zuläßt und entgegengesetzte Standpunkte vereint), hat eine größere Chance zur Selbsterkenntnis (als Nebenprodukt kontinuierlicher Überprüfung seiner Thesen und des Ausbalancierens seiner internen Spannungen). Das wiederum macht es ziemlich wahrscheinlich, daß es des Kontextes gewahr wird, in dem es tätig ist (zitiert nach Pascale, 1991, S. 148–149).

Dynamische Komplexität bedeutet, daß die Außenwelt in ständiger Bewegung ist. Wenn Lehrer und Schulen irgend etwas bewirken wollen, müssen zwei Dinge geschehen: Erstens muß die individuelle ethische Zielsetzung mit einem umfassenderen gesellschaftlichen Ziel verknüpft werden. Ein Lehrer muß sich nach wie vor bemühen, das Leben des einzelnen Schülers günstig zu beeinflussen, aber er muß sich auch für umfassende Veränderungen des Schulsystems engagieren. Nur so kann er die Arbeitsbedingungen schaffen, die allen Schülern die effektivsten Lernmöglichkeiten bieten. Die Lehrer müssen nach Gelegenheiten suchen, sich mit anderen zu verbünden. Sie müssen erkennen, daß sie Teil einer größeren Bewegung sind, die durch ihre Arbeit mit Schülern und Eltern eine lernende Gesellschaft schaffen will. Es ist möglich, ja notwendig, daß Lehrer lokal handeln, während sie gleichzeitig ihre Aufgabe auf einer höheren Ebene konzeptualisieren.

Zweitens: Wenn eine Organisation erfolgreich gedeihen soll, muß sie sich aktiv auf ihr Umfeld einlassen und Stellung zu aktuellen Fragen beziehen. Sie muß sich ins politische Geschehen einmischen und staatliche Maßnahmen aufgreifen, wenn auch nicht notwendigerweise buchstabengetreu umsetzen, wenn sie sich vor nachteiligen Auswirkungen schützen will. Vor allem wissen lernende Organisationen, daß Erwartungen und Spannungen in ihrem Umfeld den Keim für künftige Entwicklungen in sich tragen. »Da draußen« wachsen weit mehr Ideen als »hier drinnen« (siehe Kapitel 5). Erfolgreiche Organisationen haben ein ausgeprägtes Gespür dafür, wie man die Anforderungen einer sich ständig wandelnden Außenwelt zum eigenen Vorteil nutzt und positiv beeinflußt. Sie behandeln ihre Innen- und Außenwelt mit dem gleichen Respekt. Daß wir »unseren Zusammenhang mit der Welt« erkennen und diese Erkenntnis weitergeben, ist eine wichtige innere Zielsetzung und eine Lehr- und Lernmöglichkeit allerersten Ranges.

Achte Lektion:
Jeder ist ein Change Agent.
(Der Wandel ist zu wichtig, als daß wir ihn den Experten überlassen dürften.)

Es gibt zwei Hauptgründe, warum *jeder Mensch*, der gemeinsam mit anderen an dem Ziel ständiger Verbesserungen arbeitet, ein Change Agent mit einer ethisch begründeten, inneren Zielsetzung werden muß. Erstens können wir die Verantwortung nicht anderen überlassen, weil es für einen einzelnen Menschen wie gesagt unmöglich ist, die Gesamtheit des Wandels in dynamisch komplexen Systemen zu begreifen. Der zweite und viel wichtigere Grund ist, daß die Voraussetzungen für das neue Paradigma des Wandels nicht von höheren Chargen geschaffen werden können, die allein vor sich hinwursteln. Anders ausgedrückt, jeder einzelne Lehrer muß sich für den Aufbau einer Organisation verantwortlich fühlen, die zu einem individuellen und kollektiven Nachfragen und zu einer kontinuierlichen Selbsterneuerung fähig ist, weil sich andernfalls nichts ändern wird.

Die Führungspersönlichkeiten in der heutigen Gesellschaft verdanken ihren Aufstieg einem System, das von den Gesetzen des alten Paradigmas beherrscht wird. Deshalb ist es unwahrscheinlich, daß diese Anführer die erforderliche Geisteshaltung und Sensibilität mitbringen, die für radikale Veränderungen erforderlich sind. Saul (1992) stellt die These auf, daß die »Aufklärung« mittlerweile entartet sei, weil man den gesunden Menschenverstand und den moralischen Anspruch über Bord geworfen hat:

> Vernunftgeleitete Förderung der Effektivität führt allzu häufig zur Ineffizienz. Sie konzentriert sich darauf, wie bestimmte Dinge getan werden, und verliert aus den Augen, warum sie getan werden. Sie rechnet Kosten aus, ohne die wahren Kosten zu begreifen. Diese Obsession mit einer linearen Effizienz ist eine der Ursachen für unsere nicht enden wollende Wirtschaftskrise... Das Schlimmste ist, daß sie in der Lage ist, der Demokratie ihre besondere Stärke zu rauben, nämlich die Fähigkeit zum unkonventionellen Handeln, genauso wie sie dem einzelnen die Stärke seiner nichtlinearen Vitalität nimmt ... Ist es nicht fast unvermeidlich, daß sich eine Gesellschaft, die nach Struktur, nach Sachkenntnis und nach Antworten strebt, zu einer Koalition von professionellen Eliten entwickelt? Und ist es nicht genauso unvermeidlich, daß der einzelne Bürger nur noch als ernsthafte Behinderung der Effizienz betrachtet wird? (Saul, 1992, S. 582–583)

Nur wenn jeder einzelne sich selbständig bemüht, sein Umfeld zu ändern, besteht eine Chance auf tiefgreifende Veränderungen. Das »System« wird und kann uns keine Gefälligkeiten erweisen. Das Bildungssystem macht sich höchstens selbst den Garaus, weil es im Grunde auf die Bewahrung des *Status quo* angelegt ist, während die Gesellschaft große Reformen von ihm erwartet. Wenn Lehrer und andere Erzieher irgend etwas bewirken wollen (und das ist das Motiv, das die besten von ihnen antreibt), reicht die ethische begründete Zielsetzung allein nicht aus. Sie braucht eine Antriebskraft, und das sind einzelne, erfahrene Change Agents, die auf Veränderungen in ihrem Umfeld drängen und sich mit anderen gleichgesinnten Einzelpersonen und Gruppen zusammentun. Sie müssen die »kritische Masse« bilden, die notwendig ist, um stetige Verbesserungen zu bewirken.

Schlußfolgerung

Es gibt aufregende, aber keine bequemen Positionen im ständigen Ringen mit den Kräften des Wandels, weil man einerseits immer gegen ein Übermaß an Kontrolle und andererseits immer gegen das Chaos ankämpfen muß. Das wiederkehrende Muster, das alle acht Lektionen über den dynamischen Wandel verbindet, bezieht sich auf die Fähigkeit, mit extremen Gegensätzen fertig zu werden: Man muß auf Veränderungen drängen und gleichzeitig das individuelle Lernen in Ruhe reifen lassen; sich für eine Reise ins Ungewisse rüsten; Probleme als Quelle kreativer Lösungen sehen; eine Vision entwickeln, ohne sich davon blenden zu lassen; den Wert des einzelnen und den Wert der Gruppe erkennen; die Kräfte der Zentralisierung und Dezentralisierung verbinden; nach internem Zusammenhalt streben, aber nach außen orientiert bleiben; den fachkundigen Umgang mit dem individuellen Wandel als Weg zum systemischen Wandel begreifen.

Fazit dieser Analyse ist, daß in dem derzeitigen Kampf zwischen staatlicher Zuständigkeit und lokaler Autonomie *beide Seiten* recht haben. Der Erfolg hängt davon ab, inwieweit jede Seite die jeweils andere als notwendige Kraft für einen erfolgreichen Bildungswandel akzeptiert oder zumindest bereitwillig toleriert. Dazu ist es sehr wichtig, daß man alle acht Lektionen lernt und erkennt, daß sie in dynamischer Wechselbeziehung stehen.*

Wie ungeheuer komplex der Veränderungsprozeß ist, wird klar, wenn man sich bewußtmacht, daß es die *Kombination* von einzelnen Menschen und gesellschaftlichen Institutionen ist, die etwas in Bewegung bringt. Lehrer spielen eine entscheidende Rolle bei der Schaffung lernender Gesellschaften, die *per definitionem* komplex sind. Entwicklung bedeutet, »die eigenen Entwicklungsmöglichkeiten ständig zu erweitern und immer mehr Verbindungen unter ganz verschiedenen

* Ich bin Matt Miles zu Dank verpflichtet, der mehrere dieser Lektionen entwickelt hat (siehe Fullan und Miles, 1992).

Umweltbedingungen zu knüpfen« (Land und Jarman, 1992, S. 30). Innere Verbindungen (in sich selbst, innerhalb der eigenen Organisation) und externe Verbindungen (zu anderen und zum Umfeld) müssen in einem dynamischen Wechselspiel nebeneinander bestehen.

Da das Ausmaß der Komplexität in unserer Gesellschaft rapide zunimmt, ist es absolut unabdingbar für den Erfolg, daß wir die Fähigkeit entwickeln, polare Gegensätze wenn möglich zu vereinen und wenn nötig ihre Ko-Existenz für unsere Arbeit zu nutzen. Anfangen muß man bei sich selbst, aber von der aktiven Bemühung um den Aufbau lernender Organisationen profitieren beide – der einzelne und die Gruppe.

Kapitel 4
Die Schule als lernende Organisation

Bislang ist die Schule noch keine lernende Organisation. Unregelmäßige Veränderungswellen, episodische Projekte, fragmentierte Anstrengungen und eine chronische Arbeitsüberlastung sind an den meisten Schulen die Regel. Die überwältige Mehrheit der Veränderungsbemühungen verläuft im Sande, weil man die vereinten Kräfte eines ethisch begründeten Erziehungsauftrags und einer sachkundigen Vermittlung des Wandels nicht erkennt und nicht nutzt. Im folgenden möchte ich näher erläutern, wie die Situation des einzelnen Schülers aussieht, warum Reformbemühungen scheitern, was wir aus Teilerfolgen lernen können und welche Veränderungen in der Arbeit der Lehrer und Schulleiter erforderlich sind, damit sich die Schule von einer bürokratischen Organisation zu einer florierenden Lerngemeinschaft wandeln kann.

Kindliche Entwicklung und Bildungswesen

Das Problem geht natürlich weit über die Schule hinaus, und deshalb sind die in Kapitel 5 beschriebenen Übereinkünfte und Partnerschaften so wichtig. Die lernende Organisation muß lebhafte Kontakte mit ihrem Umfeld pflegen, wenn sie eine Überlebenschance haben soll. Vor welchen Problemen steht die Schule, und wie sehen die neuen Bildungsziele für Kinder in einer lernenden Gesellschaft aus?

Hodgkinson (1991) zeichnet ein bestürzendes Bild vom Ausmaß des Problems in den USA:

> Bei einem Drittel der Vorschulkinder ist ein Schulversagen aufgrund von Armut, Vernachlässigung, Krankheit, sozialer

Benachteiligung und mangelnder Fürsorge durch Erwachsene vorprogrammiert (S. 10).

Fast ein Viertel (23 Prozent) der Kinder (bis zum Alter von 5 Jahren) lebt unterhalb der Armutsgrenze; mehr als 80 Prozent der eine Million Straftäter in den USA haben die High School ohne Abschluß abgebrochen (ebd.).

Das Canadian Institute of Advanced Research (CIAR) stützt sich bei seinem Human Development Project auf Studien, die belegen, daß »ein starker wechselseitiger Austausch zwischen dem Nerven- und dem Immunsystem besteht, der von der Qualität der Lebensumstände und Erfahrungen beeinflußt wird« (CIAR, 1992, S. 1). Vor allem bestimmte Unterschiede in der frühen Entwicklung können ein Kind dazu prädisponieren, mehr oder weniger effektive Bewältigungsstrategien im späteren Leben zu entwickeln: geringe Selbstachtung; geringe kognitive Kompetenz; Unfähigkeit, mit Streß umzugehen; Schwierigkeiten beim Aufbau von zwischenmenschlichen Beziehungen im Privat- und Berufsleben. Tatsächlich gibt es immer mehr Hinweise darauf, daß die Qualität der Beziehungen in Kindheit und Jugend signifikante Auswirkungen auf die seelische und körperliche Gesundheit im Erwachsenenleben hat (ebd.). Zu ähnlichen Ergebnissen kommen Offord, Boyle und Racine (1991), die berichten, daß in Ontario über 18 Prozent der Kinder zwischen 4 und 16 Jahren unter einer oder mehreren psychischen Störungen leiden. Sie stellen fest, daß »Kinder mit psychischen Problemen nicht nur unter belastenden Symptomen und Verhaltensweisen leiden, sondern weiterreichende Beeinträchtigungen erleben, (zum Beispiel) Schwierigkeiten haben, soziale Kontakte zu knüpfen oder den schulischen Anforderungen gerecht zu werden« (S. 17). Und: »Erste Schwierigkeiten in der Kindheit können den Auftakt … zu lebenslang anhaltenden schweren psychosozialen Problemen bilden« (ebd.).

Es liegt auf der Hand, daß die Schule diese Probleme nicht allein lösen kann, aber sie muß sich selbst als Teil der Lösung begreifen. In diesem Zusammenhang sind einige neuere Forschungsansätze und Experimente über den Sinn und Zweck der Schule sehr aufschlußreich. Die umfassendste Behandlung des Themas bietet Howard Gardner in seinem Buch *Der ungeschulte Kopf* (1993). Er beschreibt mit knappen Worten, was er für das grundlegende Bildungsziel hält, nämlich »daß pädagogische Einrichtungen die größtmögliche Bandbreite von Schülern erreichen« und eine »Erziehung zum Verständnis« bieten. Damit meint er:

> Eine ausreichende Anzahl von Hilfen in Form von Begriffen, Grundlagen oder Fähigkeiten, um sie bei neuen Problemen und Situationen anzuwenden und zu entscheiden, wann das Können, über das man im Augenblick verfügt, ausreicht und wo man neue Fähigkeiten oder Kenntnisse braucht (S. 33).

Gardner präsentiert eine erdrückende Beweislast dafür, daß die heutige Schule schlecht auf die Entwicklung von Verhaltensweisen und Fähigkeiten eingestellt ist, die ein fortgesetztes Lernen auf seiten der Schüler fördern. Er weist darauf hin, daß ein »großer Teil des Stoffs, der in Schulen angeboten wird, den Schülern fremd oder sogar unsinnig vorkommt« (S. 188–189). Wie Gardner eindrucksvoll belegt, geht das derzeitige Curriculum in Lesen und Schreiben, Naturwissenschaften, Sozial- und Geisteswissenschaften und Kunst – das gesamte Spektrum – überhaupt nicht auf die falschen Grundvorstellungen von Schülern ein und somit völlig an dem Ziel vorbei, eine »Erziehung zum Verständnis« zu vermitteln.

Einen ähnlichen Ansatz verfolgt auch Sizer mit seiner Coalition of Essential Schools und in seinem vorgeschlagenen Szenario für eine Schule der Zukunft, der sogenannten *Horace's School*. Im Mittelpunkt steht die Frage, wie man dazu beitragen kann, daß »jeder Schüler lernt, seinen Kopf zu benutzen« (Sizer, 1992, S. 60). Zahlreiche Schulen in den USA haben sich diesem Netzwerk angeschlossen; alle bemühen sich um einen Umbau, der an den neun Grundprinzipien der

Koalition ausgerichtet ist (siehe auch Prestine, 1993; und Wasley, 1991). Ein zentrales Anliegen ist wie bei Gardner, daß Schüler ein Wissen erwerben, das sie für die Problemlösung in realen Situationen anwenden können. »Ausstellungen« von abgeschlossenen Arbeiten sind das Hauptvehikel des Lernens und geben den Schülern Gelegenheit, ihre Kenntnisse zu demonstrieren. Hier ein hypothetisches Beispiel für eine solche Aufgabe:

> Eure Gruppe, bestehend aus fünf Schülern, soll die Steuererklärung (Internal Revenue Service Form 1040) für fünf Familien ausfüllen. Jedes Gruppenmitglied füllt den Antrag für jeweils eine Familie aus. Ihr könnt gemeinsam arbeiten, euch gegenseitig helfen. Aber jeder muß das Formular für »seine« Familie selbständig ausfüllen.
>
> Beigefügt sind die vollständigen Finanzbelege für die Familie, die dir zugeteilt ist, einschließlich der Steuererklärung des letzten Jahres. Außerdem findest du ein leeres Formular 1040 nebst Anlagen und entsprechendes Informationsmaterial von der Steuerbehörde.
>
> Für diese Aufgabe habt ihr vier Wochen Zeit. Euer Ergebnis wird von einem externen Experten und von einem Mitschüler »geprüft«. Jeder muß die finanzielle Situation »seiner« Familie erklären und den von ihm eingereichten Antrag 1040 verteidigen.
>
> Jeder von euch übernimmt die Rolle eines »Ko-Steuerprüfers« für die Steuererklärung, die ein Schüler aus einer anderen Gruppe eingereicht hat. Jeder wird aufgefordert, ein Urteil über diese Steuererklärung abzugeben.
>
> Viel Glück! Wenn eure Steuererklärung falsch ist – oder die Steuerklärung irgendeiner der fünf Familien in eurer Gruppe –, könntet ihr euch eine Menge Ärger mit den Behörden einhandeln! (Sizer, 1992, S. 48)

Die Förderung des Gemeinschaftsgefühls und der Teamfähigkeit von Schülern ist ein zentraler Grundsatz aller Vorschläge, die darauf abzielen, Schulen zu lernenden Organisationen zu machen – von Gardners »Lehrlingswesen« und »Kindermuseum« bis zu Sizers Maxime, daß Lehrerteams die konkrete Aufgabe haben sollten, eine Lerngemeinschaft mit bestimmten Schülergruppen zu bilden. Effektives Lernen ist ein Spiegel effektiven Lebens:

> Der Alltag erfordert Zusammenarbeit, das gemeinsame Lösen von Problemen ... Es ist sehr wichtig, daß man lernt, mit anderen auszukommen, erfolgreich in einer Gruppe zu arbeiten. Wir wissen aus Erfahrung und aus wissenschaftlichen Studien, daß der individuelle Lernprozeß durch gemeinsame Anstrengungen gefördert wird. Der lebhafte Austausch von Ideen, die Notwendigkeit, den eigenen Standpunkt verständlich darzulegen, und die Suche nach vertretbaren Kompromissen und Lösungen sind in sich lehrreich (ebd. S. 89, siehe auch Schrage, 1990).

Sogar in den knappen Worten, mit denen das Conference Board von Kanada kürzlich »die drei Grundfähigkeiten des Arbeitslebens« beschrieb, kommen diese Tendenzen sehr deutlich zum Ausdruck. Alle Unternehmen, so die Definition, brauchen

- Mitarbeiter, die in der Lage sind, ein Leben lang zu *kommunizieren, zu denken* und zu *lernen;*
- Mitarbeiter, die *positive Einstellungen und Verhaltensweisen, Verantwortungsgefühl und Anpassungsfähigkeit* zeigen;
- Mitarbeiter, die *zur Zusammenarbeit* fähig sind (McLaughlin, 1992, S. 3).

Sarason (1990) erörtert das »übergreifende Ziel« in der Arbeit mit Schülern:

> Sollte es nicht unser Ziel sein, alles, was die Schule für unsere Kinder tut, an dem Kriterium zu messen, ob wir das Be-

> dürfnis fördern, mehr über sich selbst, über andere und über die Welt zu lernen, an sämtlichen Ideen und Möglichkeiten teilzuhaben und das Leben als nie endende intellektuelle und persönliche Suche nach Sinn und Erkenntnis zu betrachten? (S. 163)

Aus dieser kurzen Beschreibung der Zielsetzung, der die Erziehung und Bildung unserer Kinder dienen sollte, ergeben sich drei weitreichende Schlußfolgerungen. Zum einen erkennen wir, daß die Aufgabe ungeheuer komplex ist. Sie ist komplex auf der Ebene der pädagogischen Inhalte – wir brauchen effektive Methoden für die Erzeugung und Bewertung von Lernprozessen in einem Umfeld, das sich durch Vielfalt und einen konstanten Wandel auszeichnet. Unter diesen Bedingungen – unter den Bedingungen einer dynamischen Komplexität – ist das Unterrichten ein Beruf, der sich durch eine intrinsische und nie endende Ungewißheit auszeichnet (Cohen und Spillane, 1992; McDonald, 1992). Noch komplexer ist die Aufgabe auf der Ebene der Reformpolitik: Hier kann einem wahrhaft schwindlig werden, wenn man an all die unvermeidlichen Konflikte und Meinungsverschiedenheiten denkt, ganz zu schweigen von der notwendigen Koordination persönlicher und organisatorischer Aktivitäten, die für einen Fortschritt erforderlich sind.

Zweitens stehen wir vor einem doppelten *gesellschaftlichen* Problem: Unsere Schulen sind als lernende Organisationen unzulänglich, und das gleiche gilt für Einrichtungen und Institutionen außerhalb der Schule (Familien, Sozialbehörden, Wirtschaftsorganisationen, höhere Bildungsanstalten, Regierungen) (siehe Goodlad, 1992). Dabei geht es weniger um Schuldzuschreibungen als vielmehr darum, daß wir uns das gewaltige Ausmaß des Problems klarmachen – es ist buchstäblich nicht lösbar – und daß wir erkennen, wie lebenswichtig über die Schule hinausreichende Bündnisse und Partnerschaften sind, wenn wir wirklich vorankommen wollen (siehe Kapitel 5).

Der dritte und von Bildungsreformern leider häufig mißachtete Punkt ist: Man kann Schüler nicht zu einem permanenten Lernen und zu einer erfolgreichen Zusammenarbeit bewegen, solange die Lehrer nicht selbst über diese Eigenschaften verfügen (Sarason, 1990). Das hat nichts damit zu tun, daß wir den Lehrern die Arbeit versüßen wollen. Es ist einfach nicht möglich, den ethisch begründeten Erziehungsauftrag zu realisieren – das Leben der Schüler positiv zu beeinflussen –, ohne daß eine entsprechende Entwicklung bei den Lehrern vor sich geht.

Außerdem sind viele neue Bildungsziele für die Schüler – Zielstrebigkeit, regelmäßige, kompetente Nachfrage, die Fähigkeit zur Zusammenarbeit und zum Umgang mit Veränderungen – identisch mit den Eigenschaften, die zu einer versierten Change Agentry gehören. In der heutigen Gesellschaft sind diese Fähigkeiten sowohl ein Mittel als auch ein Zweck der Bildung, solange sie mit einer ethisch begründeten Zielsetzung verknüpft sind. Die Lehrer müssen lernen, erfolgreich mit Veränderungen umzugehen, damit ihre Schüler es lernen können; und die Schüler müssen es lernen, damit die Gesellschaft es lernt.

Warum Reformbemühungen scheitern

Bildungsreformen schlagen hauptsächlich aus zwei Gründen fehl: Zum einen sind die Probleme komplex und hartnäckig. Es ist schwer, sich wirksame Lösungen einfallen zu lassen, und noch schwerer, sie tatsächlich in die Praxis umzusetzen. Der zweite Grund ist, daß die verwendeten Strategien nicht die Dinge in Angriff nehmen, die wirklich wichtig wären. Sie sind weder auf eine grundlegende Unterrichtsreform noch auf die damit verbundene Entwicklung einer neuen pädagogischen Teamkultur ausgerichtet.

Ein schlagendes Beispiel für dieses Problem ist die von der Anne E. Casey-Stiftung finanzierte New Futures-Initiative zur Restrukturierung städtischer Schulen in den USA (Wehlage, Smith und Lipman, 1992). Diese Initiative ist folgendermaßen vorgegangen:

- Die Stiftung verteilte über einen Zeitraum von fünf Jahren 40 Millionen Dollar an vier mittelgroße Städte und stellte darüber hinaus technische Unterstützung zur Verfügung, mit dem »Ziel, das Leben und die Chancen von gefährdeten Kindern und Jugendlichen substantiell zu verbessern« (S. 55). Die vier ausgewählten Kommunen waren Dayton, Ohio; Little Rock, Arkansas; Pittsburgh, Pennsylvania; und Savannah, Georgia.
- Die ausgewählten Gemeinden wurden aufgefordert, eine Kooperative aus Familien, Schulen, Unternehmen, sozialen Diensten und Stadtverwaltung zu bilden. Die Kooperative sollte kommunale Programme zugunsten gefährdeter Jugendlicher koordinieren.
- Jede der vier Gemeinden erhielt finanzielle Mittel für die Durchführung einer Basisstudie, mit der ermittelt werden sollte, ob die bestehenden pädagogischen und sozialen Einrichtungen ausreichend seien.
- Jede Stadt mußte ein System für den Umgang mit Einzelfällen schaffen. Dieses Managementsystem hatte drei Aufgaben: »Es sollte (a) einzelnen besonders gefährdeten Schülern einen erwachsenen Betreuer zur Seite stellen, der sie während der Hauptschulzeit, wenn nicht länger, unterstützen konnte; (b) Zugang zu einem breiten Spektrum an sozialen Einrichtungen innerhalb der Kommune eröffnen; (c) die Kooperative laufend über die Probleme der Jugendlichen und der für sie zuständigen Einrichtungen informieren« (S. 56).
- Jede Stadt »mußte ein Management-Informationssystem (MIS) entwickeln, das den Status der Schüler anhand von zehn Kriterien bewertete« (S. 56), einschließlich Leistung, regelmäßige Anwesenheit, Schulabbrüche, Lehrstellensituation u. ä.

Außerdem übernahm die Stiftung eigene Aufgaben im laufenden Projekt, erarbeitete Richtlinien und stellte fachliche Unterstützung bereit. Im Leitfaden der Stiftung wurde die Aufgabe folgendermaßen beschrieben:

Wir verstehen die Entwicklung der New Futures Collaborative als langfristigen, allmählichen Prozeß, der einige grundlegende Veränderungen auf instititutioneller Ebene bewirken soll, zum Beispiel im Hinblick auf Probleme der Schüler, die Planung von Hilfsangeboten, die Zuteilung finanzieller Mittel und die gegenseitige Zusammenarbeit. Es ist ein ehrgeiziger Plan von nie dagewesener breiter Zielsetzung und Komplexität (Zitiert nach Wehlage et al., 1992, S. 56).

Fünf »langfristige Strukturreformen« wurden ermittelt:

1. Der Umbau sollte zu mehr Autonomie bei der Errichtung von Schulen führen, zu einem lokalen Management und zu mehr Entscheidungsfreiheit für den einzelnen Lehrer. Dadurch sollten die Pädagogen von staatlichen Weisungen und ihren lähmenden Auswirkungen befreit werden.
2. Den Lehrern sollte mehr Flexibilität bei der Planung und bei der Gruppierung der Schüler erlaubt sein, damit sie die Leistungen von gefährdeten Schülern durch positive äußere Bedingungen und innovative Lehrpläne steigern können.
3. Durch den Umbau sollten die Schulen besser auf die Bedürfnisse der Schüler reagieren können, und zwar durch verschiedene Formen des individualisierten Unterrichts und durch die Abschaffung von »schnellen« und »langsamen« Leistungskursen. Außerdem wurden die Schulen dazu ermutigt, Erfolgs- und Leistungsanreize für Kinder in den bestehenden unteren Leistungsgruppen zu bieten.
4. Die Schulen sollten ein umfassendes Training oder andere Maßnahmen der Personalförderung anbieten, um die Lehrer bei ihrer Arbeit mit gefährdeten Schülern zu unterstützen.
5. In Übereinstimmung mit dem allgemeinen Grundsatz von New Futures wurde großer Wert darauf gelegt, daß die Schulen nach Möglichkeiten der Zusammenarbeit und Maßnahmenkoordinierung mit anderen Institutionen öffentlicher und privater Art suchten, um auf diese Weise das Potential bestehender Ressourcen zu vervielfachen.

Wehlage et al. (1992) berichten, inwieweit es New Futures gelungen ist, die angestrebten Veränderungen in den ersten drei Jahren (1988–91) des insgesamt fünf Jahre umfassenden Programms zu realisieren. In jeder Stadt variierten die speziellen Aktivitäten je nach lokaler Planung. In Dayton wurden die beiden beteiligten Schulen zum Beispiel in Schüler-Lehrer-Gruppen umstrukturiert: Dazu gehörte eine tägliche Beratungsphase für Schüler, ein erweitertes Freizeitangebot, neue Leistungsanreize für Schüler, ein »über das Wesentliche hinausreichender« Lehrplan und interdisziplinäre Unterrichtseinheiten, ferner eine gemeinsame Tagesplanung der Lehrer; außerdem wurden »Fall-Manager« für alle Schüler eingesetzt.

Wehlage und seine Mitarbeiter kommen zu folgendem Schluß, auch wenn sie einräumen, daß es sich nur um ein Zwischenergebnis nach drei Jahren Projekterfahrung handelt:

> Obwohl man den Eindruck hat, daß New Futures fundamentale Veränderungen einführte, und obwohl enorme Anstrengungen in diese Veränderungen investiert wurden, haben wir festgestellt, daß die Interventionen zum überwiegenden Teil keinen grundlegenden Wandel bewirkten. Man kann vielmehr sagen, daß sie einen eher ergänzenden Charakter hatten, d. h. sie hatten keinen Einfluß auf die Grundeinstellung und Arbeitsweise der Schule (S. 66).

Von den insgesamt 23 Programmkomponenten, aus denen sich die Veränderungen in den vier Städten zusammensetzten, wurden 16 als »wirkungslos« im Hinblick auf den Unterricht beurteilt, fünf Ansätze hatten eine »minimale«, einer »leichte« und nur einer »substantielle« Wirkung. Das Urteil der Autoren: »New Futures hat keine verheißungsvollen Veränderungen im eigentlichen Lernstoff der Schüler angestoßen. Das Programm hat so gut wie keine grundlegenden Veränderungen, weder im Lernstoff noch in der Geisteshaltung ... der Schulen ausgelöst« (S. 73).

Die angestrebten Strukturveränderungen führten auch nicht zu besseren Arbeitsbeziehungen zwischen den Lehrern (geschweige denn zwischen den Lehrern und externen gesellschaftlichen Institutionen):

> Die Lehrer waren unsicher, wie sie die neuen Möglichkeiten der Zusammenarbeit nutzen sollten. Die meisten waren daran gewöhnt, allein in getrennten Klassen zu arbeiten, und hatten wenig oder keine Erfahrung damit, wie man in der Schule gemeinsam an Gruppenprojekten arbeitet. Der bloße Umstand, daß die Lehrer mehr Zeit für Begegnungen hatten, ... war keine Garantie dafür, daß sie auch wußten, wie sie gemeinsam an einem anregenderen Lehrplan und besseren Leistungen bei den Schülern arbeiten konnten (Wehlage et al. 1992, S. 76).

Ich habe nicht die Absicht, gerade diese Initiative besonders madig zu machen. Sie ist beeindruckend in ihrem Ehrgeiz und vorbildlich in ihrem Engagement für einen fortschreitenden Evaluations- und Feedbackprozeß. Es ist durchaus möglich, daß sie doch noch substantielle Veränderungen bewirkt, zumal der Ansatz ständig verbessert und korrigiert wird. Aber die bisherige Entwicklung bestätigt zweierlei Erkenntnisse: Zum einen ist es immer ein hartes Stück Arbeit, grundlegende Veränderungen zu bewirken, sogar wenn reiche Ressourcen zur Verfügung stehen, wenn sich eine Vielzahl von wichtigen Partnern beteiligt und wenn man sich auf einige ausgewählte Schulen beschränkt (zwei in Dayton, vier in Little Rock, zwei in Pittsburgh und drei in Savannah). Bemerkenswert ist auch, daß sich diese Initiative auf zahlreiche Freiwillige stützen konnte und daß man ausgesprochen flexibel an den Einzelheiten der Reform arbeitete. Es handelte sich nicht um eine von außen aufgezwungene bundesstaatliche oder landesweite Curriculumreform. Wie wir noch sehen werden, ist man bei solchen Ansätzen sogar noch schlechter dran, falls man es versäumt, neue Lernansätze und neue Lehrerrollen zu entwickeln.

Zum anderen ist die härteste Nuß, die es zu knacken gilt, das Lernen, also Veränderungen in der Unterrichtspraxis und der Unterrichtskultur, die zu engeren Beziehungen und einer verstärkten Kooperation zwischen Schülern, Lehrern und anderen potentiellen Partnern führen. Anders ausgedrückt: *Ein Umbau ist kein Umdenken* – eine Tatsache, die durch andere Reformbemühungen immer häufiger bestätigt wird. Die Veränderung formaler Strukturen ist nicht das gleiche wie eine Veränderung von Normen, Verhaltensweisen, Fähigkeiten und Überzeugungen.

Taylor und Teddlie (1992) kommen in ihrer Studie über das Ausmaß des Unterrichtswandels in einem »Schulamtsbezirk, der weithin als Vorbild für einen erfolgreichen Umbau gilt« (S. 4), zu ähnlichen Ergebnissen. Sie haben verschiedene Klassen in 33 Schulen untersucht (16 Klassen in Musterschulen, die ein lokales Schulmanagement eingeführt hatten (SBM: Schoolbased Management) und 17 Klassen in Schulen desselben Schulamtbezirks, die nicht am Pilotprogramm beteiligt waren). Taylor und Teddlie stellten fest, daß die Lehrer in den Musterschulen zwar tatsächlich von einer stärkeren Beteiligung an Entscheidungsprozessen berichteten, aber die Autoren entdeckten *keine* Unterschiede in den angewendeten Unterrichtsstrategien. (Ein vom Lehrer gesteuerter Unterricht mit geringer Einbeziehung der Schüler war in beiden untersuchten Schultypen die Regel.) Außerdem gab es kaum Hinweise auf eine Zusammenarbeit zwischen den Lehrern. Nur in zwei der 33 Schulen wurde von einer umfangreichen Kooperation berichtet, und in beiden Fällen handelte es sich *nicht* um Pilotschulen. Taylor und Teddlie schreiben:

> Die Lehrer in dieser Studie haben ihre Arbeitsweise nicht verändert ... trotz verstärkter Beteiligung an Entscheidungsprozessen wurde weder die übliche Isolierung aufgehoben, noch wurden die Lehrer zur Zusammenarbeit mit Kollegen befähigt (S. 10).

Auch sonst lieferten die Beobachtungen keine Hinweise darauf, daß sich die Unterrichtsatmosphäre oder die Lernaktivitäten der Schüler gewandelt hätten. Trotz eindrucksvoller

Beteuerungen und des nach Ansicht der Autoren »aufrichtigen Wunsches, die Lehrtätigkeit entscheidend zu verbessern«, erschien »die Hauptaufgabe der Schule wie ein untergeordnetes Anhängsel des SBM-Projekts« (S. 19). Auch hier erwiesen sich also substantielle Veränderungen der Didaktik (Unterrichtsstrategien und Beurteilung der Schüler) und der Zusammenarbeit der Lehrer an Unterrichtsmethoden als trügerisch. Wie die Autoren anmerken, wären diese Ergebnisse nicht so bemerkenswert, wenn die Studie nicht in einem Schulamtsbezirk stattgefunden hätte, »der landesweit als führend in der Umsetzung von Restrukturierungsreformen gilt« (S. 16). Auch Hallinger, Murphy und Hausman (1991) stellten fest, daß die Lehrer und Schulleiter in ihrer Untersuchung leidenschaftliche Verfechter eines Umbaus waren, aber »keinen Zusammenhang zwischen neuen Führungsstrukturen und dem Prozeß des Lehrens und Lernens herstellten«.

Zu praktisch gleichlautenden Ergebnissen kommt Weiss (1992) in seiner Studie über die gemeinsame Entscheidungsfindung (SDM – shared decision-making) an zwölf High Schools in elf US-Bundesstaaten (die Hälfte wurde ausgewählt, weil sie SDM eingeführt hatte; die andere Hälfte wurde auf traditionelle Art vom Rektor geleitet). Weiss stellte fest, daß die Lehrer an SDM-Schulen häufiger angaben, am Entscheidungsprozeß beteiligt zu sein (also an der Zusammenstellung von Komitees, an Verfahrensfragen etc.), aber:

> Die SDM-Schulen schenkten bestimmten Curriculum-Problemen nicht mehr Beachtung als traditionell geführte Schulen; didaktische Fragen und die Probleme einzelner Schüler spielten in beiden Schulformen eine untergeordnete Rolle (S. 2).

Ähnliche Ergebnisse zeitigte auch der Chicago Reform Act von 1989. Im wesentlichen verlagerte dieses Gesetz die Verantwortung vom Central Board of Education auf die Local School Councils (LSCs) der 540 staatlichen Schulen der Stadt und schrieb vor, daß jede Schule Reformpläne entwickelte

(SIPs – School Improvement Plans). Die LSCs setzen sich aus elf oder zwölf Mitgliedern zusammen (sechs Elternvertreter, zwei Lehrer, zwei Gemeindevertreter, der Schulleiter – und bei High Schools ein Schülervertreter). Nach Easton (1991, S. 41) berichteten die meisten Grundschullehrer, daß »sich ihre Unterrichtsmethoden durch die Schulreform nicht verändert hätten und auch durch die SIPs nicht ändern würden«.

Damit soll nicht gesagt sein, daß die Beteiligung an Entscheidungsprozessen etwas Schlechtes wäre. Der springende Punkt ist, daß dieser Ansatz am eigentlichen Problem vorbeigeht – an der ethischen Motivation des Lehrplans und des Unterrichts.

Ich möchte nochmals darauf hinweisen, daß ich wohlweislich Beispiele ausgewählt habe, in denen Lehrer und andere Beteiligte auf lokaler Ebene erheblichen Spielraum hatten, um den Wandel zu gestalten. Es versteht sich eigentlich von selbst, hat sich aber leider noch nicht herumgesprochen, daß bei Top-down-Reformstrategien praktisch keine Aussicht besteht, zu den eigentlichen Problemen vorzustoßen. Top-down-Reformen beruhen auf einer bestimmten Theorie über die Herbeiführung von Veränderungen. Nach dieser impliziten (und falschen) Theorie, die von Sarason (1990) treffend beschrieben wird, kann man

> Veränderungen bewirken, indem man eine neue Bildungspolitik verkündet, neue Gesetze erläßt, neue Leistungsstandards festsetzt, eine Umbruch- oder Aufbruchstimmung erzeugt oder alle genannten Maßnahmen kombiniert (S. 123).

Diese »fehlerhaften Landkarten des Wandels« sind sowohl in Top-down- als auch in Bottom-up-Theorien sehr verbreitet (Fullan und Miles, 1992). Corbett und Wilson (1990) ermittelten in ihrer Studie über die Auswirkung von bundesstaatlichen Testverfahren mehrere unbeabsichtigte Konsequenzen; dazu gehörte zum Beispiel, daß die Aufmerksamkeit und Energie von grundlegenden Reformen der Schulstruktur und Unterrichtspraxis abgelenkt wurde und daß die für eine Reform notwendige Motivation, Arbeitsmoral und kollegiale Zusammenarbeit der Lehrer abnahm. Corbett und Wilson ziehen folgendes Fazit: »Wenn die typische Reaktion auf bundesstaatliche Testverfahren bei erfahrenen Pädagogen durch Arbeitsmethoden charakterisiert ist, die sogar nach Ansicht der Pädagogen einer Verbesserung des Lernens auf lange Sicht entgegenwirken, dann haben wir es mit einem ›Problem der inneren Einstellung‹ zu tun« (S. 321; siehe auch Shepard, 1991; Wise, 1988).

Bezeichnend ist auch das notorische Problem der »Ergänzonitis« und »Projektitis«: Die jüngste Innovation wird kritiklos übernommen, ohne daß man ihre Stärken und Schwächen sorgfältig überprüft oder sich Gedanken darüber macht, wie und ob sie in den bestehenden Kontext integriert werden kann. Baker, Curtis und Benenson (1991) geben ein Beispiel:

> Ein Schulinspektor besucht eine große Fortbildungstagung und hört dort einen Vortrag von Madeline Hunter. Er kehrt mit der Überzeugung zurück, daß man mit ihrem Ansatz die Unterrichtsprobleme im Schulamtsbezirk lösen kann, und leitet sofort alles Nötige in die Wege, damit jeder in der Hunter-Lehrmethode unterwiesen wird. Nachdem die Lehrer mehr über Hunters »wissenschaftliche« Methoden erfahren haben, wollen sie über die philosophischen und pädagogischen Prämissen diskutieren, aber die verantwortlichen Innovatoren und Administratoren tun dieses Ansinnen als »unwissenschaftlich« ab. Die nachdenklichen Lehrer, die Fragen und Zweifel geäußert haben, werden als »Widerständler« abgestempelt und ihre Haltung als »unkooperativ« gebrandmarkt. Die Schule tritt nun keineswegs in einen Dialog über die Möglichkeiten eines verbesserten Unterrichts ein, sondern der Hunter-Reformplan wird zum Anlaß genommen, die Lehrer in mindestens drei Parteien zu spalten: die Gläubigen, die Widerständler und die Unentschlossenen. Der Schulinspektor macht sich anscheinend keine Gedanken über solche geringfügigen Probleme wie einen Konflikt in der Lehrerschaft. Er ist stolz, daß

dank seiner Bemühungen ein konkreter Plan vorliegt, den er der lokalen Schulbehörde präsentieren kann (S. 12).

Baker et al. folgern:

Für diese Lehrer stellt sich der geplante Wandel nicht als kumulative Entwicklung einer umfassenden Strategie dar. Vielmehr erscheint er ihnen als »eine verdammte Nerverei nach der anderen«. Der geplante Wandel wird zur Obsession der Schulleitung, die weiterhin am System herumbastelt. Für die Lehrer beschränkt sich der Wandel immer mehr auf die Frage, wie sie am besten mit dem Faible des Chefs für pädagogische Modewellen umgehen (S. 13).

Wir haben bereits gesehen, daß eine standortgebundene Planung oder Schulplanung, die sich erklärtermaßen der Bekämpfung von oberflächlichen *ad hoc*-Innovationen verschrieben hat, diesen Zweck nicht erfüllt, zumindest nicht in ihrer derzeitigen Form. Wie schwierig eine lokale Planung ist, die in einem nationalen Kontext angesiedelt ist, belegen auch Untersuchungen von Wissenschaftlern der University of Bristol. Wallace (1991) berichtet über Initiativen von örtlichen Schulbehörden (LEAs – Local Education Authorities), die anordneten, daß jede Schule lokale Entwicklungspläne erarbeiten sollte. Wallace untersuchte zwei Grundschulen und zwei weiterführende Schulen bei ihren Bemühungen um die jährlichen »Entwicklungspläne«; diese wurden von der lokalen Verwaltungsbehörde im Zusammenhang mit einem staatlich verordneten Lehrplan und damit verbundenen Initiativen wie Fortbildungszuschüssen vom Ministerium für Erziehung und Forschung gefordert (DES, Department of Education and Science, heute Department of Education, DFE):

Der erklärte Grund für die Einführung der Reformpläne war erstens, daß man den Schulen helfen wollte, ihre Arbeit mit wichtigen staatlichen Reformen und LEA-Initiativen zu koordinieren; zweitens sollten sie den verschiedenen Inter-

> essengruppen auf Schul- und LEA-Ebene einen Fokus bieten; drittens wollte man Rahmenrichtlinien ausgeben, an denen sich die Vertreter der Schulämter und höherer Bildungsanstalten bei ihrer unterstützenden Arbeit orientieren konnten; und viertens kam man damit einer Forderung des Erziehungsministeriums nach, das die Bezahlung von Fortbildungsmaßnahmen an die Bedingung knüpfte, daß die Schulen einen Entwicklungsplan für die praktische Umsetzung des staatlichen Curriculums vorlegten. Obwohl also der Entwicklungsplan eigentlich als ein Instrument zur Unterstützung der Schulen gedacht war, stellte er doch gleichzeitig eine Reaktion auf die staatlicherseits bestehenden Forderungen dar, daß jede Schule einen Plan für die Umsetzung des landesweiten Curriculums vorlegen sollte und daß die Schulämter ihrer Verpflichtung zur Personalförderung und Weiterbildung nachkommen mußten (Wallace, 1991, S. 392).

Kurz, Wallace stellte fest, daß der geforderte Prozeß der Entwicklungsplanung an der komplexen Realität der Schulen vorbeiging. Er kommt zu dem Schluß:

> Der Entwicklungsplan bedeutete zusätzliche Arbeit, die für eine bessere Planung in den vier Schulen von begrenztem Wert war. Die Schulen kamen der Verpflichtung nach, stützten sich aber bei ihrer praktischen Arbeit weiterhin auf weniger formale Planungsprozesse. Das gab den Rektoren Zeit und Spielraum, um selbst zu bestimmen, wie sie externe Innovationen so umsetzen konnten, daß sie mit ihren eigenen Überzeugungen und Werten und denen ihrer Unterstützer in Einklang standen. Die Ko-Existenz des Entwicklungsplans und dieser weniger formalen Planungsprozesse führte nicht zu Konflikten. Die Aktivitäten, die mit der Erstellung des Entwicklungsplans für die Schulämter verbunden waren, und die Aktivitäten der flexiblen Planung liefen relativ unabhängig voneinander ab.

Mit dem Niedergang der Schulämter (LEAs) in Großbritannien zugunsten einer Regierungspolitik, die ein lokales Schulmanagement vorschreibt (LMS – Local Management of Schools), wird die wichtige Rolle und die Problematik einer standortbezogenen Schulentwicklungsplanung noch deutlicher hervortreten.

Das Wissenschaftlerteam aus Bristol veranschaulicht einige Probleme am Beispiel dreier Schulen (McMahon und Wallace, 1992). So schildern sie einen Fall, in dem die Rektorin und das Lehrerkollegium vom Wert der Entwicklungsplanung überzeugt waren und sich gut in der Methodik auskannten. Gemeinsam entwickelten sie einen Aktionsplan und setzten sich sehr engagiert für die Umsetzung ein. Trotzdem waren sie gezwungen, verschiedene Maßnahmen zu ergreifen, die im Plan nicht vorgesehen waren, weil mehrere unvorhergesehene Ereignisse eintraten, und zwar sowohl intern (z. B. Personalveränderungen) als auch extern (z. B. Änderungen oder Verzögerungen bei staatlichen Maßnahmen).

Mit anderen Worten, Veränderungen sind nicht nur komplex, sondern umfassen auch immer unvorhergesehene Ereignisse (siehe Kapitel 3).

Eine Studie von Berends (1992) über eine im ganzen Land nominierte Auswahl von 123 restrukturierten Schulen in den USA ergab, daß nur 28 von ihnen (23 Prozent) tatsächlich in umfassender Form bei den vier entscheidenden Bereichen angesetzt hatten – bei den Erfahrungen der Schüler, bei der Unterrichtsbefähigung der Lehrer, bei der Leitung und bei der Koordinierung der Schulgemeinschaft.

Berends resümiert:

> Da die hier angewendeten Kriterien für einen umfassenden Umbau als minimal betrachtet werden können und da der Prozentsatz von umfassend umstrukturierten Schulen auf einer Auswahl von *nominierten* Schulen beruht, verrät die Tatsache, daß nur 28 Schulen den Eindruck eines umfassenden Umbaus vermittelten, wie selten schulische Umstrukturierungen gelingen (S. 11–12).

Ich ziehe mehrere Schlußfolgerungen aus dem Scheitern der Reformen:

- Trotz höchst augenfälliger Reformprojekte ist die Wahrscheinlichkeit eines schnell einsetzenden substantiellen Wandels gering. Tatsächlich haben grundlegende, dauerhafte Reformen möglicherweise wenig damit zu tun, ob man im Rampenlicht des Wandels steht. Anders ausgedrückt: Projekte mit weniger Tamtam sind möglicherweise erfolgreicher.
- Die geistige Einstellung zum Lehren und Lernen ist sehr schwer zu verändern, zum einen weil die Probleme hartnäckig sind, zum anderen weil die meisten Strategien nicht auf das Lehren und Lernen ausgerichtet sind.
- Eine Verbesserung des Lernens durch neue Lehransätze erfordert große Umschwünge in der Schulkultur und in den Beziehungen der Schule zu anderen Einrichtungen – ein unglaublich komplexes Unterfangen.
- Bei jedem Plan oder Projekt treten mit Sicherheit unvorhergesehene Ereignisse auf. Sie sind keine anomalen Störungen, sondern ein fester Bestandteil unserer dynamisch-komplexen Gesellschaft.

Diese Situation hat schlimme Auswirkungen, weil sie den ethisch begründeten Erziehungsauftrag untergräbt. Vieles spricht dafür, daß Lehrer, die ihren Erziehungsauftrag ernst nehmen, entweder dem Zynismus oder dem Burnout-Syndrom zum Opfer fallen. Es gibt zweifellos schlechte Lehrer, die grundsätzlich nicht für diese Tätigkeit geeignet sind. Aber zu einer dauerhaften Lösung gehört, daß wir den Beruf attraktiver machen und diejenigen Lehrer bei der Stange halten, die Freude an ihrem Beruf haben und kompetent genug sind, um das Leben ihrer Schüler in eine positive Richtung zu lenken (siehe Kapitel 6).

Farber (1991) hat sich ausführlich mit Forschungsergebnissen zum Thema Burnout und Streß bei amerikanischen Lehrern auseinandergesetzt. Er beschreibt die vernichtende Wirkung von anhaltendem Druck und Ärger. Der Burnout-Begriff hat in der Fachliteratur mehrere unterschiedliche Bedeutungen, bezieht sich aber unter anderem auf »hochmotivierte Mitarbeiter, die so lange mit doppelten Anstrengungen auf Streß reagieren, bis sie zusammenbrechen«, und auf »die Diskrepanz zwischen dem Input eines Mitarbeiters (was er in die Arbeit investiert) und dem Output (Befriedigung und Erfolgserlebnisse durch die Arbeit)« (S. 2). Farber bezweifelt, daß sich das Burnout-Syndrom im Regelfall aus einem enttäuschten Überengagement ergibt, und verweist dabei auf zahlreiche andere Studien. Seiner Ansicht nach ist es eher die anhaltende Unfähigkeit, irgend etwas zu verändern, die dazu führt, daß der einzelne seine Energien abzieht und »sein Engagement und den Glauben an den ethisch begründeten Erziehungsauftrag verliert« (Cherniss und Krantz, 1983, zitiert nach Farber, 1991, S. 17). Farber beschreibt am hypothetischen Fall von Rachel B., einer hochmotivierten Junglehrerin, wie ein solches Burnout-Syndrom entstehen könnte:

> Zuerst war sie überrascht, wie schwierig das Unterrichten war – es gab so viele Ablenkungen, Störungen des Unterrichts, Verhaltensprobleme und administrative Anforderungen. Sie hatte Pädagogik studiert und zwei Semester praktische Unterrichtserfahrung gesammelt, deshalb hatte sie nicht damit gerechnet, daß sie sich unvorbereitet oder unzulänglich fühlen würde. Sie fühlte sich zwar kompetent, wenn es um die Unterrichtsvorbereitung oder die eigentliche Arbeit mit den Schülern ging, hatte aber den Eindruck, daß sie keine Ahnung von der Organisation des Unterrichts hatte – ihre Erfahrungen hatte sie in Klassen gesammelt, die sich bereits nach festen Mustern verhielten. Außerdem fand sie es ungeheuer schwierig, mit den zahlreichen Erwachsenen in ihrer Umgebung zurechtzukommen – niemand hatte ihr beigebracht, wie man erfolgreich mit Verwaltungsbeamten umgeht oder Gespräche mit Eltern führt. Ihr Vorgesetzter war nicht sonderlich daran interessiert, solche »Beziehungsfragen« mit ihr zu erörtern, sondern konzentrierte sich lieber auf Stundenpläne, Curriculum-Vorschläge und

Fragen der Raumgestaltung (Schwarzes Brett, Sitzpläne, Dekoration). Sie hatte den Eindruck, daß seine Ratschläge alle gut gemeint waren, und viele waren auch durchaus hilfreich. Trotzdem fand sie es irgendwie demoralisierend, daß man sich ständig von allen Seiten in ihren Unterricht einmischte: Der Vorgesetzte ging ihre Stundenpläne durch; die Verwaltung entschied über die Lehrbücher, die sie verwenden durfte; der Schulleiter schrieb vor, in welchen Formationen ihre Schüler durch die Flure zu wandern hatten; man teilte ihr neue Schüler zu, obwohl die Klasse schon völlig überfüllt war; mehrmals am Tag platzten die Hilfslehrer mit Notizen und Ankündigungen herein; und unablässig mußte sie irgendwelche Formulare ausfüllen. Diese Seiten des Lehrerberufs waren ihr wohl im Studium entgangen.

Ihr war auch nie bewußt gewesen, wie wenig Zeit man hatte, um sich mit anderen Lehrern anzufreunden. Nach und nach lernte sie natürlich alle Kollegen kennen und fand viele sympathisch. Sie hatte auch das Gefühl, daß man sie als engagierte, eifrige, gut vorbereitete Lehrerin respektierte. Aber im Verlauf des Schultages hatte man im Grunde nur bcim Essen und in den Vorbereitungsphasen wirklich Gelegenheit, Kontakte mit den Kollegen zu pflegen oder von anderen zu lernen. Wie die meisten Lehrer an ihrer Schule verbrachte sie die Pausen schließlich allein, häufig in ihrem Klassenraum, wo sie sich entweder auf den Unterricht vorbereitete oder irgendwelche Formulare ausfüllte. Das Essen verlief zwar in angenehmer, freundlicher Atmosphäre, entsprach aber auch nicht ihren Vorstellungen oder Erwartungen von einer sich gegenseitig unterstützenden kollegialen Gemeinschaft. Sogar der Feierabend enttäuschte sie ein bißchen – ihr war nicht klar gewesen, daß viele Lehrer den Schulschluß genauso herbeisehnten wie die meisten Schüler und um Punkt 15 Uhr fluchtartig das Gebäude verließen.

Anfangs reagierte sie auf diese Überraschungen und Enttäuschungen, indem sie sich mit der Tatsache tröstete, daß ihre Arbeit, zumindest die eigentliche Unterrichtstätigkeit mit den Kindern, anregend und befriedigend war. Leider ließen diese Gefühle nach etwa einem Jahr nach. Schüler, die ihr anfangs als besondere Herausforderung erschienen waren, empfand sie jetzt nur noch als bedrohlich und aufsässig. Die Erfolge standen in keinem Verhältnis zu den Enttäuschungen. Die Unterrichtspläne, die sie zuerst als Möglichkeit kreativer Gestaltung betrachtet hatte, erschienen ihr jetzt als belastende, monotone und wenig nützliche Pflicht. Sie hatte das Gefühl, daß sowohl ihre Schüler als auch die Verwaltung ihre Gutmütigkeit und Großzügigkeit ausnutzten. Die »netten« Kinder in der Klasse – das waren sehr viele – schätzten und mochten sie, aber das war nicht genug. Alles in allem fühlte sie sich von zu vielen Schülern und von praktisch allen Eltern nicht genügend anerkannt. Obwohl die Verwaltung anscheinend mit ihrer Arbeit zufrieden war, hatte sie den Eindruck, daß man nur Lippenbekenntnisse ablegte, daß man sie nur schätzte, weil sie sehr viel arbeitete und keinen Ärger machte. Sogar ihre Freunde und Familienangehörigen erkannten in der Regel nicht an, wie schwierig der Lehrerberuf war und wieviel Kraft es sie kostete, gute Arbeit zu leisten.

Sie fing an, sich innerlich von ihrer Arbeit zu distanzieren – sie setzte sich weniger persönlich ein, nahm sich nicht mehr so viel vor und glaubte immer weniger daran, daß sie irgend etwas verändern konnte. Je stärker sie sich zurückzog, desto seltener wurden die Erfolgserlebnisse, die raren Momente, in denen sie berufliche Erfüllung fand. Und obwohl ihr der Verstand sagte, daß die Arbeit ihr immer weniger Befriedigung bieten werde, je weniger sie investierte, war sie bereit, diesen Preis zu zahlen und auf zusätzliche Erfolge zu verzichten. Im zweiten Jahr verwandelten sich diese Gefühle in Verzweiflung, und sie fing an, die Schüler und sich selbst zu verachten. Sie fragte sich immer öfter, warum sie Lehrerin geworden war. Obwohl sie andere Quellen der Zufriedenheit in ihrem Leben fand, konnte sie es nicht mehr ertragen, jeden Morgen zur Schule zu gehen.

> Sie entschloß sich, den Lehrerberuf an den Nagel zu hängen, und einen Posten in der Verwaltung zu suchen. Doch sogar diese Entscheidung war im Grunde nur eine Notlösung. Am liebsten hätte sie überhaupt nichts mehr mit Schule zu tun gehabt, aber sie war der Ansicht, daß sie keine anderen Talente oder Qualitäten vorzuweisen hatte, mit denen man Geld verdienen konnte (S. 17–19).

Das zur Zeit vorhandene ausgeprägte Interesse am Bildungswesen ist ein zweischneidiges Schwert. Einerseits tragen die hohen Erwartungen der Gesellschaft und der Pädagogen, die im Zentrum von Reformprojekten stehen, dazu bei, daß neue Lehrer mit großem Enthusiasmus und Engagement an den Start gehen. Andererseits sind hohe Erwartungen, für deren Erfüllung keine konkreten Mittel und Möglichkeiten zur Verfügung stehen, ein perfektes Burnout-Rezept. Fast alle Definitionen des Burnout gehen davon aus, daß es unter anderem durch ein Gefühl der »Vergeblichkeit« ausgelöst wird, durch

> ein Gefühl auf seiten der Fachkräfte, daß ihre Bemühungen, anderen zu helfen, wirkungslos verpufft sind, daß die Aufgabe endlos ist und daß die persönlichen Belohnungen für die Arbeit (im Sinne von Erfolg, Anerkennung, Beförderung oder Lob) ausgeblieben sind (S. 25).

Farber faßt den Burnout-Prozeß folgendermaßen zusammen:

1. Enthusiasmus und Engagement weichen
2. der Frustration und Wut, ausgelöst durch persönliche, arbeitsspezifische und gesellschaftliche Streßfaktoren, die ihrerseits wiederum
3. ein Gefühl der Vergeblichkeit erzeugen, das zur
4. Distanzierung vom Engagement und dann zu
5. erhöhter persönlicher Verletzlichkeit führt, mit multiplen körperlichen (Kopfschmerzen, Bluthochdruck usw.), kognitiven (»Die anderen sind schuld«; »Ich muß mich um mich selbst kümmern«) und emotionalen

(Reizbarkeit, Niedergeschlagenheit) Symptomen, die, wenn nichts dagegen unternommen wird,
6. immer weiter eskalieren, bis schließlich ein Gefühl der Leere und Gleichgültigkeit überhand nimmt (S. 35).

Es ist ein schlimmes Syndrom, denn viele Lehrer »gehen mit Enthusiasmus und Engagement an den Start, mit dem Gefühl, daß ihre Arbeit von hohem sozialen Wert ist und große persönliche Befriedigung bieten wird«; all das beginnt sich aufzulösen, »wenn die unvermeidlichen Schwierigkeiten im Lehrerberuf... mit persönlichen Problemen und Verletzlichkeiten ebenso wie mit sozialen Zwängen und Werten zusammenspielen, Enttäuschung auslösen und den einzelnen zu einer Neubewertung der beruflichen Möglichkeiten und seiner persönlichen Einsatzbereitschaft zwingen« (ebd., zu einer ähnlichen Schilderung der Situation in Kanada siehe Jevine und Zingle, 1992).

Da die meisten Reformansätze falsch konzipiert sind, nicht den Kern des Lehrens und Lernens in Angriff nehmen, sondern in Gestalt von oberflächlichen, unzusammenhängenden Modewellen auftreten, die regelmäßig im Sande verlaufen, verschlimmern sie die Situation, weil sie alle Lehrer, vor allem die besonders engagierten, entmutigen. Baker et al. (1991) berichten: »Wir haben häufig äußerst engagierte Lehrer kennengelernt, die sich von den neuen Reformplänen angewidert fühlten. Sie waren überzeugt, daß das ganze aufgeblasene Gerede über Verbesserungen wenig echte Substanz enthielt« (S. 11).

Eine Studie von Hart und Murphy (1990) über Lehrer am Anfang ihrer Berufslaufbahn verdeutlicht das Ausmaß des Problems. Sie untersuchten, wie Lehrer, die höchstens fünf Jahre Berufserfahrung hatten, auf die Auswirkungen einer vom Schulamtsbezirk eingeführten veränderten Beförderungsregelung reagierten. Die ausgewählten Lehrer wurden in drei Gruppen mit hoher, mittlerer und niedriger akademischer Qualifikation und Begabung eingeteilt (die Kriterien für die Einteilung waren die Durchschnittsnote des Hochschulabschlusses und eine Einschätzung des künftigen Potentials durch den Schulleiter). Die Ergebnisse von Hart und Murphy sind ebenso aufschlußreich wie beunruhigend. Sie stellten fest, daß Lehrer mit hohem Potential und hoher Qualifikation andere Kriterien heranziehen, wenn sie ihre Tätigkeit und den Lehrerberuf bewerten. So war für die hochqualifizierten und besonders vielversprechenden Lehrer bezeichnend,

1. daß sie relativ wenig Gewicht auf Sicherheit legten und eher nach beruflicher Weiterbildung, Erfolg im Hinblick auf die Schüler und Zugang zu Entscheidungs- und Leitungsbefugnissen strebten. Die hochqualifizierte Gruppe legte mehr Wert auf Arbeitsstrukturen, die auf die Bedürfnisse der Schüler ausgerichtet waren, als auf Vorschriften und Regeln.
2. Obwohl eine Erweiterung der Handlungs- und Entscheidungsfreiheit von allen Gruppen begrüßt wurde, sah die hochqualifizierte Gruppe darin in erster Linie eine Möglichkeit, die Schüler beim Lernen anzuleiten und zu beeinflussen, während die andere Gruppe darin eher ein berechenbares Sprungbrett für den eigenen beruflichen Aufstieg sah.
3. Der niedrige gesellschaftliche Status und das geringe Ansehen des Lehrerberufs war für die hochqualifizierte Gruppe eine Quelle der Unzufriedenheit.
4. Die Arbeitszufriedenheit war bei der hochqualifizierten Gruppe eindeutig abhängig von Arbeitsstrukturen, Anreizen, der Qualität des Lehrens und Lernens sowie von Leistungsergebnissen; Ungerechtigkeiten bei der Aufgabenverteilung und bei Belohnungsstrukturen wurden ebenso abgelehnt wie unausgegorene Projekte, die nur das Einkommen verbesserten.
5. Berufliche Entwicklungs- und Wachstumsmöglichkeiten durch die Übernahme von Leitungsaufgaben und durch neue Herausforderungen übten auf die hochqualifizierte Gruppe einen größeren Reiz aus als auf die Gruppen mit mittlerer und niedriger Qualifikation, die strukturierte Anleitung, Feedback und ein berufsbegleitendes Training vorzogen. Die Gruppe mit niedriger Qualifikation mochte die Sicherheit des Gehaltsstufensystems, das sich am Abschluß von Collegekursen und anderen vorhersagbaren Aktivitäten orientierte.

6. Die Mitglieder der hochqualifizierten Gruppe fühlten sich in ihren künftigen Berufsmöglichkeiten weniger eingeschränkt. Für sie war eher typisch, daß sie noch keine genauen Pläne gemacht hatten und weniger darüber nachdachten, den Lehrerberuf aufzugeben. Sie wollten engagiert dafür arbeiten, etwas Positives zu bewirken, aber nur, wenn die Schule entsprechend organisiert war. Unzufriedene Lehrer in den anderen Gruppen empfanden ihre Berufswahl häufiger als Sackgasse.

In weiteren Studien kommt Hart zu dem Ergebnis, daß hoch befähigte und vielversprechende Lehrer besonders stark unter unbefriedigenden Arbeitsbedingungen leiden und der Ansicht sind, daß unbeholfene Verbesserungsversuche alles nur noch schlimmer machen.

> Wenn Lehrer ihre neuen Aufgaben als banal oder als irrelevant für die wirklich wichtigen pädagogischen Aufgaben betrachten, ... bringen sie Verachtung für die neuen Arbeitskonzepte zum Ausdruck. Wenn sie den Eindruck haben, daß die neuen Aufgaben zur Unterrichtsqualität und zu wichtigen Lehr- und Lernaktivitäten beitragen, sind sie des Lobes voll (Hart, 1992, S. 25).

Kurzum, nur solche Reformanstrengungen, die auf Veränderungen des Lehrens und Lernens und auf eine Verbesserung der dazu erforderlichen Bedingungen abzielen, liefern immer wieder neuen Anreiz, den Erziehungsauftrag mit vollem Engagement auszuführen. Ungeschickte oder oberflächliche Reformbemühungen verringern das Engagement – sie verschlimmern die Situation.

Was wir aus Teilerfolgen lernen können

Obwohl es keine atemberaubenden Erfolge gibt, was in Anbetracht der nie endenden Komplexität des Wandels auch nicht zu erwarten ist, können wir einige Lehren aus derzeit zu beobachtenden Teilerfolgen ziehen und dadurch eine Vorstellung davon gewinnen, wie eine effektivere Bildungsorganisation der Zukunft aussehen könnte. Ich behaupte, daß diese Beispiele auf die zentrale Bedeutung des ethisch begründeten Erziehungsauftrages und der Change Agentry sowie auf ihre Rolle in den lernenden Organisationen von morgen verweisen. Ich möchte drei Beispiele vorstellen: (1) ein Umbauprojekt im US-Bundesstaat Maine; (2) eine Studie über einen Umbau in New York City; und (3) eine Untersuchung zum »Whole School Curriculum« für Schulen der Primarstufe in Großbritannien. Im letzten Abschnitt des Kapitels werde ich einige weitere Erfolgsgeschichten vorstellen, wenn ich die neuen Aufgaben von Lehrern und Schulleitern erörtere (siehe auch die in Kapitel 5 beschriebenen Beispiele erfolgreicher Partnerschaften).

Cox und DeFrees (1991) berichten über derzeit laufende Reformbemühungen an zehn Schulen in Maine, die an einem bundesweiten Umbauprogramm für Primary, Middle und High Schools teilnehmen. Diese Schulen haben beachtliche Fortschritte in vier Bereichen erzielt: in der Umorientierung von Schülererfahrungen; in Veränderungen des Lehrens und Lernens; in der Umgestaltung der Schule und in den Beziehungen zu Menschen und Institutionen außerhalb der Schule. Die Autoren betonen, daß es keinen Königsweg der Umstrukturierung gibt, daß man aber gewisse Gemeinsamkeiten bei allen zehn Projekten feststellen kann.

1. *Eine klare Vorstellung vom Zweck der Veränderungen.* Dazu gehört, daß man

- eine gemeinsame Vision von den Kenntnissen und den praktischen Fähigkeiten entwickelt, über die ein Schüler verfügen sollte;
- definiert, durch welche Lernerfolge bei den Schülern diese Vision verwirklicht wird;
- den Lehrplan entsprechend überarbeitet und anders gewichtet und außerdem das didaktische Repertoire erweitert;

- die Zensurenvergabe verändert und den Wissensstand der Schüler ermittelt, um Erkenntnisse für den nächsten Schritt zu gewinnen;
- sein fachliches Wissen und Können ständig durch *Learning by doing* und *Learning from doing* (Lernen am und durch den Arbeitsplatz) erweitert.

2. *Bemühung um einen organisatorischen und systemischen Wandel*

- Bei einem Umbau geht es vor allem um *Zeit* – man muß Zeit gewinnen, sich Zeit nehmen und die zur Verfügung stehende Zeit sinnvoller nutzen.
- Umbau bedeutet, daß man erste Ansatzpunkte für neue Ideen und Verfahren sucht, die Zusammenarbeit zwischen staatlichen und lokalen Ebenen verändert, neue Kontakte zwischen Schul- und Universitätsvertretern knüpft usw.
- Ein Umbau wirft Autoritätsprobleme auf: Was bedeutet es, wenn sich junge Leute ernsthafte Gedanken zu dieser Reform machen, wenn Lehrer Entscheidungen treffen, Administratoren sich erfolgreich für das Lernen einsetzen oder lokale Schulbehörden und Eltern sich kenntnisreich und selbständig am Bildungsprozeß beteiligen?

3. *Effektives Management des laufenden Veränderungsprozesses*

- Umbau bedeutet, daß man lernt, Veränderungsprozesse bei vielen Beteiligten und in vielen Handlungsbereichen zu managen und aufrechtzuerhalten.
- Ein Umbau ist keine geordnete und begrenzte Abfolge von einzelnen Schritten, sondern eher ein nicht ganz berechenbares, wechselhaftes und chaotisches Geschehen.
- Zum Umbau gehören Erwachsene in den Schulen und in der Gemeinschaft, die miteinander und mit den Schülern darüber diskutieren, was Lernen bedeutet, und sich dann mit vereinten Kräften um die Realisierung bemühen.
- Ein Umbau mit dem Ziel, allen Schülern Erfolg beim Lernen zu ermöglichen, nimmt viele Jahre in Anspruch. Man

muß beharrlich Veränderungen vornehmen, Ergebnisse bewerten und wenn nötig Fehler berichtigen.
- Bei einem Umbau entstehen mehr Fragen als Antworten.

4. *Nutzung zweckgebundener staatlicher Restrukturierungszuschüsse als Ansporn für Veränderungen*
- Professionelle Entwicklung; Zeit.
- Anreiz, um das Lernen zum Dreh- und Angelpunkt der Budgetverteilung zu machen.
- Anerkennung und Legitimierung.
- Möglichkeit zur Analyse und Reflexion (S. 29–36).

Zu ähnlichen Ergebnissen kommen Lieberman, Darling-Hammond und Zuckerman (1991). Sie beschreiben die ersten Erfahrungen, die man mit dem »Schools of Tomorrow ... Today«-Projekt an zwölf Schulen in New York City gemacht hat. Zu den positiven Resultaten dieses ST/T-Projekts gehörten:
- Konkrete Veränderungen im Lehrplan und in der Didaktik im Interesse der Schüler, Erweiterung von Aktivitäten außerhalb des Lehrplans und von Veranstaltungen, an denen Eltern und Schüler außerhalb des regulären Unterrichts teilnahmen, außerdem Einführung von effektiveren Ansätzen für bestimmte Aspekte des Schullebens wie Disziplin und Unterrichtsaufteilung.
- Neuer Schwung und Optimismus innerhalb der Lehrerschaft und häufig auch bei den Eltern, weil Probleme, die seit langer Zeit bestanden, endlich offen besprochen und in Angriff genommen wurden.
- Ermittlung und Mobilisierung von zuvor verborgenen Kräften, Talenten und gemeinsamen Idealen bei den Lehrern, die verstärkt nach Möglichkeiten suchten, um an gemeinsamen Zielen zu arbeiten.
- Stärkung von beruflichen Normen und institutionellen Verbesserungsfähigkeiten. Da die Lehrer gelernt hatten, zusammenzuarbeiten, erweiterten sie ihr fachliches Können und hatten mehr Zeit (vor und nach Schulstunden, in der Kantine und im Lehrerzimmer, während der Pausen und in

den Vorbereitungsstunden), um zu besprechen, wie man den Unterricht und die Leistungen der Schüler verbessern könnte (Lieberman et al., 1991, S. 35–6).

Die Autoren fassen zusammen, was man aus diesen Erfahrungen lernte. Die Lektionen klingen jetzt schon ganz vertraut:
- Konflikte sind ein notwendiger Bestandteil des Wandels.
- Neue Verhaltensweisen müssen erlernt werden.
- Teamgeist muß die gesamte Schule erfassen.
- Prozeß und Inhalt beeinflussen sich gegenseitig (gemeinsame Anstrengungen und fundierte Konzepte müssen sich ergänzen).
- Man muß sich Zeit für Veränderungen nehmen; das erhöht die Erfolgsaussichten.
- Eine große Vision aus kleinen Bausteinen kann Konsens und Fortschritte bewirken.
- Handhabbare Anfangsprojekte mit breiter Beteiligung und konkreten, sichtbaren Ergebnissen fördern den Umbauprozeß.
- Fachkundige Prozeßbegleiter sowie Schulungs- und Fortbildungsmaßnahmen sind für jeden erfolgreichen Umbau besonders wichtig (ebd., S. 36–8).

Eine Studie über eine schulübergreifende Curriculumentwicklung (Whole School Curriculum) in fünf Grundschulen in England gewährt uns einen tieferen Einblick in das Wesen des kollegialen Umgangs und der Prozesse, die damit verbunden sind, wenn man die Arbeit aller Mitarbeiter zu koordinieren versucht (Nias, Southworth und Campbell, 1992).

Grundschulen in England sind in der Regel relativ klein. Die fünf ausgewählten Schulen beschäftigten sechs bis elf Lehrer (für 150 bis 300 Schüler); zwei Schulen befanden sich im ländlichen Raum und drei in der Stadt; keine lag allerdings in einer Innenstadt. Insofern muß man vorsichtig mit Verallgemeinerungen sein. Aber da die fünf Schulen nach dem Kriterium ausgewählt wurden, wie engagiert sie insgesamt am Whole School Curriculum arbeiteten, bieten sie besonders gute Beispiele für die Dynamik der Zusammenarbeit und des Wandels.

Die von Nias und ihren Mitarbeitern erörterten Aspekte bestätigen und ergänzen unsere Erkenntnisse über die Schlüsselfaktoren, die für stetige Verbesserungen unabdingbar sind. Vier Themen treten in der Untersuchung von Nias et al. besonders deutlich hervor: (1) die zentrale Rolle von individuellen und gemeinsamen Lernprozessen bei den Lehrern; (2) der ganz allmähliche Wandel von Überzeugungen und Verhaltensweisen der Lehrer hin zu mehr Gemeinsamkeit und das Nebeneinander von Unabhängigkeit und Interdependenz – Konflikte sind etwas »Normales«; (3) die Erkenntnis, daß die Arbeitsbedingungen den Reformprozeß vorantreiben oder behindern, je nachdem ob sie ein kontinuierliches Lernen und die ständige Weiterentwicklung des Whole School Curriculum fördern oder nicht; (4) die Tatsache, daß Komplexität, Unvorhersagbarkeit und ständige Veränderungen sowohl in der Schule selbst als auch im externen politischen Umfeld unvermeidlich sind.

Der wichtigste und grundlegende Aspekt, den Nias et al. ausmachen konnten, ist das *Lernen bei den Lehrern*:

> Sowohl Lehrer als auch Schulleiter betrachteten die berufliche Weiterbildung als Schlüssel zur Curriculum-Entwicklung und als wichtigstes Instrument zur Verbesserung der Schülerausbildung. Obwohl sie im Lauf des Jahres auf interne und externe Veränderungszwänge reagierten, ging der Hauptimpetus für das Lernen von der in allen Schulen bestehenden Überzeugung aus, daß man die Praxis immer verbessern kann und daß folglich die professionelle Weiterentwicklung ein nie endender Prozeß, eine Lebensweise ist (ebd., S. 72).

Ferner heißt es:

> Lehrer, die ihren Arbeitsstil verbessern wollten, zeichneten sich durch folgende Überzeugungen aus: Sie räumten ein,

daß Verbesserungsmöglichkeiten bestanden, waren bereit, Selbstkritik zu üben und bessere Methoden zu übernehmen, innerhalb oder außerhalb der eigenen Schule, und sie waren gewillt, alles zu lernen, was gelernt werden mußte, um alles tun zu können, was getan werden mußte (ebd., S. 73).

Wichtig ist in diesem Zusammenhang, daß dieses persönliche Engagement für das Lernen in einer »Gemeinschaft von Lernenden« zum Ausdruck kam: Kollegen und Schulleiter erwarteten und bestärkten ein ständiges Lernen. Wie Nias et al. feststellen: »Die Lehrer beobachteten, wie ihre Kollegen lernten; das war ein zusätzlicher Ansporn, weil jeder erkannte, daß er nicht der einzige war, der etwas lernen mußte. Das Lernen wurde nicht als Zeichen der Unzulänglichkeit betrachtet, sondern als Chance, die eigenen Fähigkeiten zu erweitern. Der Wunsch, den Arbeitsstil zu verbessern, führte auch zu einer ständigen Suche nach ›guten Ideen‹, das heißt nach Ideen, die relevant für den Unterrichtsalltag waren« (ebd., S. 76). »Die Erfahrungen mit der Zusammenarbeit befähigten und ermutigten die Lehrer außerdem, ihr Denken und Handeln kritisch zu überprüfen« (ebd., S. 88).

Ein wichtiges Ergebnis war, daß dieses Klima der gegenseitigen Unterstützung, zusammen mit dem Engagement für ein gemeinsames Lernen, eine eher kritische als gleichgültige Haltung gegenüber Verbesserungen und eine eher große als geringe Risikobereitschaft erzeugte:

> Wenn diese Unterstützung vorhanden war, fühlte sich der einzelne ermutigt, Risiken einzugehen, etwas zu tun, was er vielleicht nie vorher getan hatte, weil er wußte, daß er das Ergebnis, ob Erfolg oder Mißerfolg, mit seinen Kollegen teilen konnte (ebd., S. 103)

Schließlich wurde dieses Engagement für das Lernen auch ständig durch das Vorbild und die Erwartungen der Schulleiter bestärkt:

> Da sich diese Schulleiter selbst das Lernen zur Gewohnheit gemacht hatten, schätzten sie es und waren bereit, zur Weiterbildung anderer beizutragen, insbesondere bei ihren Kollegen. Dies taten sie auf unterschiedliche Weise. Sie förderten die Interessen der Mitarbeiter und unterstützten sie von sich aus in ihren Bemühungen; sie hatten ein offenes Ohr für die Sorgen ihrer Kollegen, rieten ihnen zum Beispiel zu bestimmten Kursen, zum Besuch in anderen Schulen, empfahlen Gesprächspartner oder entsprechende Lektüre. Sie setzten selbst neue Entwicklungen in Gang und unterstützten die Initiativen anderer (ebd., S. 104).

Zum anderen *veränderten viele Lehrer durch die Zusammenarbeit im Laufe der Zeit ihre Standpunkte und ihren Arbeitsstil.* Dabei mußten allerdings zunächst Spannungen und Unstimmigkeiten ausgetragen werden. Einer der Lehrer erklärte:

> Sicher kann hier jeder Lehrer der Schule und dem Curriculum seinen ganz persönlichen Stempel aufdrücken. Wir sind als Kollegium gar nicht so dogmatisch, daß man alles auf eine ganz bestimmte Art tun muß. Trotzdem hätte es ein neuer Lehrer, der am liebsten die Tür hinter sich zumachen und seinen eigenen Laden aufziehen möchte, völlig unabhängig von den anderen, ziemlich schwer, weil wir sehr vieles gemeinsam tun. Er müßte auf jeden Fall in der Lage sein, mit anderen zusammenzuarbeiten (Lehrer Ingham).

> Wo Spannungen bestehen, muß man sich etwas einfallen lassen, um sie auszutragen ... Ich habe sehr viel gelernt, nicht zuletzt über mich selbst ... Es geht im Leben nicht darum ... daß alle Menschen gleich sind und dieselben Ansichten haben. Spannungen sind ein fester Bestandteil der gemeinsamen Arbeit (Lehrer Orchard; ebd., S. 153).

Im Gegensatz zu derzeit landläufigen Vorstellungen haben sich diese Schulen nicht deshalb weiterentwickelt, weil sie zunächst einen strategischen Plan festgelegt, eine Absichtserklärung verfaßt oder einen Schulentwicklungsplan formuliert hätten. Eine gemeinsame Vision und das damit verbundene gemeinsame Handeln ist ein Ziel, auf das man *hinarbeitet*, aber nie endgültig erreicht:

> »Ganze Schulen« werden nicht durch gemeinsame Absichten aufgebaut, so wichtig diese sind, sondern indem sich jeder einzelne bemüht, durch sein Handeln die Überzeugungen und Ideale, die er mit seinen Kollegen teilt, zu realisieren. Gleichzeitig erwerben die Lehrer Kenntnisse, aber so, daß sie sich auf eine Weise verhalten können, die den Lernerfolg ihrer Schüler steigert oder fördert (ebd., S. 154).

Weiter heißt es: »Eine schriftliche Absichtserklärung wurde nur dann verfaßt, wenn sie den Entwicklungsprozeß vorantreiben konnte, und nicht als Selbstzweck« (ebd., S. 167). Wie Nias et al. an mehreren Beispielen erläutern, überprüften die Lehrer ihre eigenen Wertvorstellungen und Standpunkte und bemühten sich, die Kenntnisse, Fertigkeiten und Einstellungen zu erwerben, die notwendig waren, um bestimmte Überzeugungen in die Tat umzusetzen. Zur erfolgreichen Curriculum-Entwicklung kam es, so die Autoren, »wenn der Lernstoff (das *Was*) mit den Unterrichtsmethoden (das *Wie*) verknüpft wurde und zum Wissensgewinn in beiden Bereichen führte (ebd., S. 166).

Drittens ermittelten Nias et al. vier wichtige Faktoren, die ein Whole School Curriculum förderten, nämlich:

1. gemeinsames Bemühen in Richtung auf bestimmte *gemeinsame Zielvorstellungen in der Schule.* Dazu gehörten insbesondere sinnvolles Lernen, Unabhängigkeit und Teamwork, offenes Austragen von fachlichen Meinungsverschiedenheiten, gegenseitige Rücksichtnahme und Unterstützung sowie Kompromißbereitbereitschaft;
2. *organisatorische Strukturen*, wie zum Beispiel Entscheidungs- und Kommunikationsforen; Unterrichten zu zweit oder als Team; Teamprojekte;

3. *Ressourcen: Engagement, Zeit, Menschen, Materialien.* Engagement ist eine Ressource, die sich aus vielen in diesem Kapitel beschriebenen Faktoren ergibt. Engagierte Lehrer wollen ihre Zeit nicht mit Aktivitäten verschwenden, die keinen direkten Bezug zur eigenen Weiterbildung haben, vor allem nicht mit Innovationen und Verfahren, die in einer Sackgasse enden. Wenn das Engagement im Dienst eines höheren, schulumfassenden Zwecks steht, beschränken die besten Lehrer ihre Interessen nicht auf den eigenen Unterricht, sondern setzen sich auch für ihre Kollegen und für die Förderung des Lehrens und Lernens in der gesamten Schule ein. Im letzteren Fall muß man den Tagesablauf der Lehrer so gestalten, daß Zeit für diese außerplanmäßigen Aktivitäten zur Verfügung steht. Nur an einer der fünf Schulen war es gelungen, den normalen Stundenplan so zu gestalten, daß er Zeit für die Zusammenarbeit ließ.
4. Die vierte Bedingung, die das Whole School Curriculum beeinflußte, war die *Führung.* Dabei ging es nicht nur um die Autorität der Rektoren, sondern auch um die Führungsqualitäten von Lehrern, die Verantwortung für bestimmte Projekte übernahmen oder die Initiative ergriffen, um mehr Gemeinsamkeit oder gegenseitige Unterstützung zu schaffen.

Als vierten und letzten wichtigen Punkt erörtern Nias et al., *wie sich das Unvorhersagbare und Dynamische eines Veränderungsprozesses* ständig durch Ereignisse bemerkbar macht, auf die eine Schule keinen Einfluß hat:

> Initiativen können von äußeren Ereignissen (zum Beispiel durch Gesetze) überholt oder durch Veränderungen innerhalb der Schule (zum Beispiel beim Personal) behindert werden. Diese Einflüsse können jeder für sich oder gemeinsam die Form und das Tempo der Entwicklung verändern. Sie können sogar die Schulinitiativen überflüssig machen oder sich so negativ auf die Mitarbeiter auswirken, daß Entwicklungen vorübergehend zum Stillstand kommen oder sogar rückläufig sind (ebd., S. 245).

Solche Widrigkeiten durch regierungsamtliche Erlasse, die in diesem Fall aus den Initiativen für ein nationales Curriculum erwuchsen, sind eine ständige Quelle für unangenehme Überraschungen, insbesondere weil die politische Entscheidungsfindung in unserer Gesellschaft definitiv nicht linear ist (siehe auch Wallace, 1991).

Nias et al. kommen letztlich zu dem Ergebnis, daß sich die Whole School Curriculum-Entwicklung ebenso wie andere große Veränderungsanstrengungen durch eine inhärente und nie endende Komplexität auszeichnen, daß Einzel- und Gruppeninteressen in einem dynamischen Spannungsverhältnis nebeneinander bestehen müssen und daß unter diesen Bedingungen ein kontinuierliches Lernen für den einzelnen ebenso wie für die Schule der wichtigste Bestandteil der Entwicklung ist. Der Wandel hat keinen festen Endpunkt.

Neue Aufgaben für den Schulleiter und den Lehrer

Wenn man alle Themen der ersten vier Kapitel zusammennimmt, erkennt man allmählich, wie groß die Herausforderung für Lehrer und Schulleiter ist. Die Arbeit von Pädagogen muß sich ohne jeden Zweifel grundlegend verändern – und zwar in mehrfacher Hinsicht –, wenn wir die Probleme erfolgreich bewältigen wollen und wenn die Schule zur Entwicklung des einzelnen und der Gesellschaft beitragen soll. Wir wissen noch nicht in allen Einzelheiten, welche Formen sich künftig als die ergiebigsten erweisen werden, aber wir haben eindeutige Hinweise darauf, daß sich ein Muster abzeichnet.

1. Da die besten pädagogischen Methoden erst noch entwickelt und verwirklicht werden müssen und zudem unendlich komplex und vielfältig sind und sich je nach Situation ändern, stehen wir vor einer gewaltigen Aufgabe.
2. Da unsere Gesellschaft heute dynamisch komplex und höchst differenziert ist, wird der Reformprozeß, ganz gleich

wie gut er geplant sein mag, immer mit unerwarteten und von außen herangetragenen Problemen und Chancen befrachtet sein, die ihrerseits wieder zahllose neue Entwicklungen zur Folge haben. Veränderungen im Bildungswesen sind unweigerlich nichtlinear und endlos.

3. Unter diesen Bedingungen kann es ein deutlicher Vorteil sein, wenn man eine ethisch begründete Zielsetzung und eine Vision hat, aber ein klar definierter Zweck kann auch von Nachteil sein, wenn die Vision zu unflexibel und/oder falsch ist und wenn der Entwicklungsprozeß der Vision nicht zu einem *gemeinsamen* Ziel führt.
4. Der einzelne und die Gruppe müssen in einem dynamischen Spannungsverhältnis nebeneinander stehen. Jede Situation, in der man entweder die Autonomie des einzelnen oder den Gruppenkonsens zu stark betont, behindert eine erfolgreiche Entwicklung. Es muß einen ständigen Austausch zwischen dem Individuum und der Gruppe geben.
5. Da die Aufgabe gewaltig ist und unterschiedliche Beteiligte ein Interesse an den Ergebnissen haben, braucht jeder die Fähigkeit, Partnerschaften einzugehen und Bündnisse zu schließen (siehe Kapitel 5).
6. Aus all diesen Gründen wird der Reformprozeß von Konflikten und Kontroversen überschattet sein, vor allem in den Anfangsphasen einer gemeinsamen Problemlösung.
7. Die ganze Unternehmung muß von ständiger kritischer Nachfrage und kontinuierlichem Lernen begleitet sein, sonst ist sie von vornherein zum Scheitern verurteilt.

Alles in allem kann man die künftige Arbeit von Pädagogen am besten abschätzen, wenn man ein tieferes Verständnis für die neue Mentalität entwickelt, die, wie in Kapitel 3 ausgeführt, für den Umgang mit den Kräften des Wandels erforderlich ist. So ketzerisch es klingen mag – wenn wir auf Visionen und starke gemeinsame Wertvorstellungen vertrauen, schränken wir unsere Fähigkeit, aus nichtlinearen Veränderungen zu lernen, erheblich ein. Und wenn wir uns auf einen bloßen Umbau konzentrieren, bevor wir die die Einstellung der Menschen verändert haben, spannen wir den Karren vor das Pferd.

Beer et al. (1990), die in 26 Firmen »den besten Weg zur Unternehmenserneuerung« erforschten, kommen zu folgendem Ergebnis:

- Veränderungsbemühungen, die damit beginnen, daß man Programme entwickelt, um die Kultur oder die Menschenführung im Unternehmen zu ändern, verlaufen im Sande, sogar wenn sie vom Top-Management unterstützt werden.
- Formale Strukturen und Systeme sollte eine Organisation als letztes verändern, wenn sie nach Erneuerung strebt – nicht als erstes, wie viele Manager vermuten.
- Effektive Veränderungen im Personalmanagement einer Organisation kommen nicht dadurch zustande, daß man die Verfahren und Systeme der Personalpolitik verändert.
- Die Unternehmenserneuerung von der Spitze ist eine äußerst riskante Wiederbelebungsmaßnahme, die von den erfolgreichsten Unternehmen nicht angewendet wird.
- Organisationen sollten die Wiederbelebung dadurch in Gang bringen, daß sie zunächst kleine, isolierte Randaktivitäten in Angriff nehmen, nicht große Kerngeschäfte.
- Es ist nicht so entscheidend, daß das Top-Management konsequent anwendet, was es in den ersten Phasen der Erneuerung predigt, obwohl ein solches Verhalten zweifellos hilfreich ist (S. 6).

Beer und Mitarbeiter stellten fest, daß kleine, isolierte Veränderungen, die neue Verhaltensweisen widerspiegelten, zu neuen Denkweisen führten, die schließlich einen Wandel von Strukturen und Verfahren erzwangen. Man lernt neue Verhaltensweisen in erster Linie durch die Interaktion mit anderen, nicht durch zielgerichtete Trainingskonzepte. Das Training baut auf bestehenden Antriebskräften auf und verstärkt sie. Das zeigte sich zum Beispiel deutlich in der Arbeit unseres Lernkonsortiums an der Brock High School (Durham County Board of Education and Faculty of Education, University of Toronto,

1992, Video). Der Wandel begann im Verhalten und in der Kultur des Lehrens und der Lehrerbeziehungen; dieser Wandel weitete sich aus und führte zu Veränderungen in den Strukturen.

Das läßt die interessante Hypothese zu, daß ein Umdenken eher zu einem Umbau führt als umgekehrt. Bei den meisten Umbaumaßnahmen geht man davon aus, daß neue Strukturen neue Verhaltensweisen und neue kulturelle Wertvorstellungen hervorbringen, was aber meistens nicht der Fall ist. Zwischen strukturellem und kulturellem Wandel besteht ohne Zweifel eine Wechselbeziehung, aber sie ist weit effektiver, wenn Lehrer und Leiter zunächst ihr Handeln verändern und selbst entdecken, daß die bestehenden Schulstrukturen der neuen Zielsetzung entgegenwirken und geändert werden müssen. Diese Reihenfolge ist wesentlich erfolgversprechender, als wenn man zunächst in aller Eile neue Strukturen durchsetzt, die im Grunde nur Verwirrung, zwiespältige Gefühle und Konflikte auslösen und am Ende dazu führen, daß sich der Wandel nur halb oder gar nicht einstellt.

Stacey (1992) erweitert diese Ideen und stellt die These auf, daß neue und andere Arbeitsweisen zum festen Bestandteil des heutigen Unternehmens werden müssen, weil es ständig mit Veränderungskräften konfrontiert wird. Organisationen müssen verschiedene Meinungen zulassen, flexible Strukturen einführen und lernende Teams schaffen, wobei letztere ein bestimmtes Maß an Freiheit brauchen, damit sie Risiken eingehen und aus offenen Situationen lernen können. Die Schaffung dieser Voraussetzungen ist nach Stacey unabdingbar, weil die Zukunft nicht erkennbar ist:

> ... charakteristisch für die Dynamik von nichtlinearen Rückkopplungssystemen ist eine Mischung von Regelmäßigkeit und Unregelmäßigkeit, von Stabilität und Instabilität. Solche Systeme entwickeln sich im Laufe der Zeit, indem sie sich durch instabile, krisenhafte oder chaotische Phasen bewegen, dann an kritischen Wendepunkten spontan bestimmte Entscheidungen treffen und dadurch neue Richtungen und neue Ordnungen hervorbringen (S. 12).

Und:

> Bei der Gruppendynamik, die ein komplexes Lernen fördert, gibt es keinen scharfen Wettbewerb, keine strikte Aufteilung in Gewinner und Verlierer. Die Dynamik ist auf eine ständige kritische Nachfrage und auf die gemeinsame Überprüfung von Ansichten und Behauptungen ausgerichtet. Man nutzt Meinungsverschiedenheiten und Konflikte, die sich im Umfeld von Problemen ergeben, um bei einer bestimmten Frage vorübergehend Konsens und Engagement zu bewirken, aber Konsens und Engagement sind nicht das Erstrebenswerte. Sie können nicht die Norm sein, wenn Menschen immer auf der Suche nach neuen Perspektiven sind. In einer Gruppe, die sich erfolgreich auf einen komplexen Lernprozeß einläßt, herrscht keine Abhängigkeit von Autoritäten oder Experten ... Die Gruppe wechselt zwischen Konflikt und Konsens, zwischen Konfusion und Klarheit (S. 193).

Regelmäßige, kurze Phasen der Feedbackkontrolle, die über Strukturen, Verfahren und Pläne laufen, *bestehen gleichzeitig* mit eher offenen Formen des Experimentierens und Lernens. Letzteres ist nicht außer Kontrolle, bewegt sich aber im Bereich der »begrenzten Instabilität«. Wie Stacey ausführt, sind interaktives Lernen wie auch ein Führungsverhalten, das auf Überzeugungskraft und Autorität setzt, Formen von Kontrolle:

> Menschen, die in einer Gruppe lernen, zeigen ein kontrolliertes Verhalten. Die Verbindung läuft von der individuellen Entdeckung kleiner Veränderungen, Anomalien und Widersprüchlichkeiten über die Wahlmöglichkeiten, die sich aus der Reflexion, dem Meinungsstreit und dem Dialog über die entdeckten Themen ergeben, bis hin zu Erkundungsaktionen und wieder zurück zur Entdeckung, weil die Auswahlprozesse und die Ergebnisse der Erkundungsaktionen zum Auslöser für weitere individuelle Entdeckungen werden. Hier wird das Verhalten zum einen durch indivi-

duelle Unterschiede in Einstellung und Wahrnehmung und durch Meinungsverschiedenheiten gelenkt; diese Unterschiede verhindern, daß die Meinung eines einzelnen dominiert. Zum anderen wird das Verhalten auch durch die gemeinsamen Überzeugungen gelenkt, die eine Gruppe durch ihre Zusammenarbeit erwirbt, die sie aber auch ständig in Frage stellen muß, wenn sie lernen will. Die Beschränkung ergibt sich also aus dem Spannungsverhältnis, das zwischen Gemeinsamkeit und Vielfalt besteht (S. 165).

Und:

Auch Menschen, die auf der Führungsebene interagieren, zeigen ein kontrolliertes Verhalten. Die Verbindung führt von der Entdeckung, aus der sich die Fragestellungen des einzelnen und der Untereinheiten ergeben, über die Wahl – die in diesem Fall darin besteht, daß man Unterstützung gewinnt, indem man überzeugt, verhandelt und Macht ausübt – bis hin zum Handeln und zurück zum Entdecken, weil durch das Handeln wiederum neue Fragen aufkommen. Das Verhalten unterliegt bestimmten Beschränkungen, weil die Macht ungleich verteilt ist, weil eine hierarchische Ordnung herrscht und weil man gezwungen ist, genügend Unterstützung für bestimmte Problemeinschätzungen und entsprechende Aktionen zu gewinnen (S. 166).

Und was sagt uns all das über die neue Arbeit von Pädagogen?

Die neuen Aufgaben des Schulleiters

Ein guter Ansatzpunkt ist die Art, wie Schulleiter und Lehrer in Hollywoodfilmen dargestellt werden, weil sie so deutlich zeigt, was *nicht* funktioniert (Ayers, 1992; Burbach und Figgins, 1992; Farber, 1991, Kapitel 6). Zu den bekanntesten Filmen gehört der 1987 gedrehte Streifen *Lean on Me.* Erzählt wird die auf einem authentischen Fall beruhende Geschichte des Schulleiters Joe Clark, der einen einsamen Kreuzzug startet, um die Eastside High School in Patterson, New Jersey, völlig umzukrempeln. Ayers (1992) porträtiert Joe Clark folgendermaßen:

> Die Amtszeit von Joe Clark beginnt mit dem berühmten Ereignis, das seine Laufbahn prägte. Er trommelt alle »Rowdys, Drogendealer und Fieslinge« auf der Bühne der Aula zusammen und verweist sie vor versammelter Mannschaft von der Schule. »Diese Leute sind unverbesserlich«, wettert er lautstark. »Ihr seid draußen, ihr seid entlassen, ihr habt hier nichts mehr verloren.« Dann wendet er sich den übrigen Schülern zu: »Das nächste Mal trifft es vielleicht euch. Wenn ihr euch nicht besser aufführt als diese Halunken, seid ihr die nächsten«... Joe Clark ist im Krieg – »im Krieg um das Seelenheil der 2700 anderen Schüler«. Er liegt im Schützengraben, kämpft Mann gegen Mann, um die Guten zu retten (S. 9–10).

Wer ein Megaphon und einen Baseballschläger zum Wohl der Massen schwingt, lenkt die Aufmerksamkeit auf sich und mag in einer Notsituation etwas Gutes bewirken, aber er ist weit davon entfernt, einen grundlegenden Wandel anzustoßen, wenn er ihn nicht gar verhindert. Senge (1996) beschreibt das Problem treffend:

> Unsere traditionellen Vorstellungen über Führungskräfte – herausragende Personen, die die Richtung festlegen, Schlüsselentscheidungen treffen und die Truppen mobilisieren – sind tief in einer individualistischen und unsystemischen Weltanschauung verwurzelt. Vor allem im Westen sind Führungskräfte *Helden* – bedeutende Männer (und gelegentlich Frauen), die sich durch grandiose Leistungen in Krisenzeiten »hervortun«. Unsere vorherrschenden Führungsmythen sind immer noch von dem Bild des Kavalleriehauptmanns beherrscht, der zur Attacke bläst, um die Siedler vor den angreifenden Indianern zu retten. Solange solche Mythen weiterbestehen, verstärken sie die Konzen-

> tration auf kurzfristige Ereignisse und charismatische Helden und lenken uns von systemischen Kräften und einem kollektiven Lernen ab. Die herkömmliche Führungsauffassung geht im wesentlichen von der Annahme aus, daß Menschen im Grunde machtlos sind, daß ihnen eine persönliche Vision fehlt und daß sie nicht in der Lage sind, die Kräfte der Veränderung zu meistern – Defizite, die nur durch einige herausragende Führungspersönlichkeiten wettgemacht werden können (S. 411).

Aber die Führungskraft von morgen hat die Aufgabe, *lernende Organisationen aufzubauen*:

> Bei der neuen Sichtweise von Führung in lernenden Organisationen stehen subtilere und wichtigere Aufgaben im Vordergrund. In einer lernenden Organisation sind Führungskräfte Designer, Stewards und Lehrer. Sie sind verantwortlich für den Aufbau von Organisationen, deren Mitglieder ihre Fähigkeiten kontinuierlich ausweiten, um komplexe Zusammenhänge zu begreifen, ihre Vision zu klären und ihre gemeinsamen mentalen Modelle zu verbessern – das heißt, die Führungskräfte sind für das Lernen verantwortlich (ebd.).

Nach Senge sind drei Haupteigenschaften erforderlich, die auch der Komplexität des in diesem Kapitel geschilderten pädagogischen Wandlungsprozesses absolut angemessen sind: Führungskräfte sollten als Designer, Stewards und Lehrer wirken. Zur Rolle des *Designers* führt Senge aus:

> Am besten werden Führungskräfte fahren, die sich selbst konsequent als Designer, nicht als Kreuzritter betrachten. Viele der bestgemeinten Anstrengungen zur Förderung neuer Lerndisziplinen scheitern, weil die verantwortlichen Leiter die wichtigste Regel beim Lernen vergessen: Menschen lernen, was sie selbst für notwendig erachten, und nicht, was jemand anderer für lernenswert hält.

> Im wesentlichen besteht die Aufgabe von Führungskräften im Design der Lernprozesse, mit deren Hilfe alle Angehörigen der Organisation produktiv mit den entscheidenden Problemen umgehen können und ihre Meisterschaft in den Lerndisziplinen entwickeln können. Das ist eine ganz neue Arbeit für die meisten erfahrenen Manager, die zu einem großen Teil aufgrund ihrer herausragenden Problemlösungs- und Entscheidungsfähigkeiten an die Spitze aufgestiegen sind und nicht, weil sie besonders begabte Mentoren, Trainer oder Lernhelfer waren (ebd., S. 417).

In ihrer Rolle als *Stewards* verfolgen und überwachen die Führungskräfte das höhere Ziel und die allgemeine Richtung der Organisation, aber:

> Die Führungskräfte in einer lernenden Organisation verfolgen vielleicht zunächst ihre eigene Vision, aber während sie lernen, aufmerksam zuzuhören, wenn andere von ihren Visionen erzählen, erkennen sie allmählich, daß ihre eigene persönliche Vision ein Teil von etwas Größerem ist. Das reduziert nicht die Verantwortung einer Führungskraft für die Vision – es vertieft sie allenfalls (ebd., S. 425).

Die Rolle des *Lehrers* bedeutet nicht, daß ein Anführer anderen Menschen seine eigene Vision einhämmert:

> Führungskräfte in lernenden Organisationen haben die Fähigkeit, ihre strategischen Einsichten in Worte zu fassen, so daß ihr Wissen allen zugänglich ist und offen für Herausforderungen und weitere Verbesserungen wird ... [Die Führungskraft als Lehrer hat die Aufgabe], das Lernen zu fördern, und zwar bei jedem einzelnen. Solche Führungskräfte helfen den Mitarbeitern auf allen Organisationsebenen, systemische Einsichten zu entwickeln. Die Übernahme dieser Verantwortung ist das Gegenmittel für die häufigste Ursache des Scheiterns bei ansonsten begabten Führungskräften – sie scheitern an der Verpflichtung zur Wahrheit (ebd. S. 431).

Visionen können die Wahrnehmung schärfen, sie können aber auch blind machen (Fullan, 1992). Unsere eigenen Handlungsrichtlinien für »What's Worth Fighting For in Your School?« enthalten praktische Ratschläge für Rektoren, die sich für die Entwicklung lernender Schulen engagieren:

1. Erwerben Sie gründliche Kenntnisse von der schulischen Kultur.
2. Bringen Sie Ihre Wertschätzung für die Lehrer zum Ausdruck: Fördern Sie deren berufliche Weiterbildung.
3. Erweitern Sie Ihre persönlichen Wertvorstellungen.
4. Bringen Sie Ihre Wertvorstellungen zum Ausdruck.
5. Fördern Sie die Kooperation, nicht die Kooptation.
6. Machen Sie Vorschläge, erlassen Sie keine Befehle.
7. Nutzen Sie staatliche Zuschüsse zur Förderung, nicht zur Kontrolle.
8. Knüpfen Sie Verbindungen mit dem weiteren Umfeld. (Zu näheren Erläuterungen siehe Fullan und Hargreaves, 1991; Fullan, 1988.)

Man erkennt auch recht genau, welche Schwierigkeiten und Möglichkeiten sich ergeben, wenn die Rolle des Leiters in einer lernenden Organisation einen Wandel erfährt. Ein überzeugendes Beispiel ist die von Hank Levin in Stanford geleitete Initiative »Accelerated Schools« (Levin, 1988). Dieses Projekt umfaßt bestimmte Grundsätze, Prozesse und Aktionen auf seiten der Schulen, die sich dem Netzwerk anschließen; sie haben einen hohen Prozentsatz von »gefährdeten« Schülern. Die »akzelerierte Schule« verbindet ein lebensnahes Curriculum, wirkungsvolle und vielfältige Unterrichtsmethoden mit einer kreativen Schulorganisation, um das Lernen bei allen Schülern zu beschleunigen (Christensen, 1992). Die Schulen verschreiben sich drei Grundsätzen: einheitliche Zielsetzung, Delegieren gepaart mit Verantwortungsbewußtsein, Ausbau von guten Fähigkeiten. Außerdem engagieren sich die Schulen in einer gemeinsamen Anstrengung für einen gemeinsamen Zweck und ein gemeinsames Handeln, wozu auch die Einführung eines permanenten *Überprüfungs- und Nachfrageprozesses* gehört.

Nach Christensen (1992), der die neuen Aufgaben des Rektors in einer akzelerierten Schule untersucht, müssen die Schulleiter lernen, die Bedürfnisse der Schüler zur obersten Priorität zu erheben; sie müssen die Macht teilen, ein Klima der Risikobereitschaft und kritischen Nachfrage fördern, sich Zeit für Gespräche mit Schülern, Lehrern und der Gemeinschaft nehmen und dafür sorgen, daß die höhere Vision ein Hauptgegenstand des Gesprächs, des Handelns und der ständigen Überprüfung bleibt.

Zu ähnlichen Ergebnissen kommt Prestine (1993) in ihrer Studie über vier Schulen, die an dem von Sizer gegründeten Netzwerk teilnehmen. Fortschritte wurden erzielt, wenn die Schulleiter »zur Entwicklung neuer Machtvorstellungen beitrugen«, wenn sie den schulischen Umbau mit umfassenderen »systemischen Übereinkünften« im Schulamtsbezirk verknüpften und »den Weg zu mehr Risikobereitschaft« zeigten, indem sie »aktiv als Betreuer, Vertraute und Vermittler am Veränderungsprozeß teilnahmen«.

Da außerdem die Führungsrollen der Lehrer in der Schule zunehmen (Mentoren, Peer-Coaches, Laufbahnleiter, Lehrer für die Personalschulung und Curriculum-Ressourcenlehrer, lokale Koordinatoren etc.), werden die Rektoren auch im Hinblick auf die Lehrer mit neuen Problemen und Möglichkeiten in der Schulführung konfrontiert (Smylie und Brownlee-Conyers, 1992).

Zusätzlich zu den Schwierigkeiten, die mit dem drastischen Anstieg der Wissensanforderungen bei dieser neuen Aufgabe (d.h. bei der kooperativen Führung lernender Organisationen in hochkomplexen Situationen) verbunden sind, hält auch die Regierungspolitik, die bestimmte Maßnahmen für ein lokales Schulmanagement vorschreibt, zahlreiche Fallstricke bereit. Wie an anderer Stelle dargelegt, scheitern viele dieser politischen Reformen, weil sie sich exzessiv mit Strukturen und Gesetzlichkeiten beschäftigen und nicht auf das Lehren und Lernen und auf eine unterstützende Teamkultur ausgerichtet sind. Der Schulleiter sitzt häufig zwischen zwei Stühlen. Das oben erwähnte Reformgesetz in Chicago schrieb vor, daß alle amtierenden Rektoren von lokalen Schulkomitees überprüft wurden (die eine Hälfte im ersten Jahr, die andere im zweiten). Aufgrund dieser Bewertung wurde dann entschieden, ob der Vertrag der Rektoren um vier Jahre verlängert wurde. Ford (1992) stellte in einer Untersuchung von 14 Schulen fest, daß die neue Rolle des Schulleiters mit zahlreichen Widersprüchen und Schwierigkeiten verbunden war, zum Beispiel mit der »Notwendigkeit von Überstunden in einem veränderten Umfeld« (S. 7).

Zur politischen Komplexität der Rolle gehören nicht nur die vom Bundesstaat oder Schulamtsbezirk erlassenen Vorschriften zur Schaffung kooperativer, schulinterner Entwicklungspläne, sondern auch die ständigen Richtungs- und Verfahrensänderungen bei staatlichen Maßnahmen – ein Phänomen, das in Großbritannien von Wallace anschaulich beschrieben wurde (1991).

Alles in allem scheinen folgende vier Schlußfolgerungen gerechtfertigt: 1. Die lernende Schule der Zukunft braucht weder Schulleiter, die als starke »einseitige Anführer« agieren, noch Schulleiter, die »willige Gefolgsleute« sind (siehe auch Baker et al., 1991). Sogar die kooperativen Grundschulleiter in den Studien von Nias et al. sind zu dominant für die Entwicklung, die mit ihrer neuen Arbeit angestrebt wird. Die Autoren berichten zum Beispiel von folgender Beobachtung:

> Die Rektoren waren die Schlüsselfiguren. Alle übrigen Führungskräfte waren von ihnen abhängig. Sie statteten ihre Schulen mit einem Erziehungsziel aus, das auf ihren persönlichen pädagogischen Überzeugungen beruhte; diese wiederum gaben den Ausschlag, ob die Kultur der Schulen weiterentwickelt oder beibehalten wurde (Nias et al., 1989).

Weiter heißt es:

> Wie andere Führungskräfte waren auch diese Schulleiter überzeugt, daß es ihre Aufgabe sei, die grundlegende »Vi-

> sion« für ihre Schulen bereitzustellen. Diese Vision setzte sich aus allgemeinen pädagogischen Idealen und spezifischen Wunschvorstellungen für »ihre« Schule zusammen. So entwickelte jeder Schulleiter eine Vision, in der ein persönliches Glaubensbekenntnis mit den Überzeugungen verknüpft wurde, auf denen seine Schule aufbauen und in ihrem gesamten Handeln geleitet werden sollte (Nias et al., 1992, S. 114 und 115).

So kommen die Autoren zu dem Schluß, daß die Schulleiter »Alleinherrscher in ›ihren‹ Schulen waren und alle dort ablaufenden Entwicklungen selbst in die Hand nahmen« (S. 243).

2. Wer eine Schule leitet, braucht ein hohes Maß an Wissen und Können. Leider führt der weitverbreitete Gebrauch von Fachchinesisch und das Nebeneinander von oberflächlichen und substantiellen Veränderungsbemühungen, die unter denselben Schlagworten laufen (Umstrukturierung, lokales Management, Teamkultur, transformative Führung und ähnliches) zu einer beträchtlichen Begriffsverwirrung. Sogar noch problematischer ist die Frage, welche Art von Erfahrungen und Trainingsmaßnahmen die hier erörterte Form der Führung fördern. In der Fachliteratur finden sich allmählich einige hilfreiche, wenn auch immer noch unvollständige Ausführungen zu diesem Thema (Caldwell und Spinks, 1992; Daresh und Playko, 1992; Leithwood, 1992; Sergiovanni, 1992). Die neuen Technologien der Mikrowelten, Zusammenarbeit und virtuellen Realität haben das Potential, sich in dieser Hinsicht zu bedeutsamen Lerninstrumenten zu entwickeln, vorausgesetzt, sie werden mit Referendariaten und innovativen Lernumwelten verbunden (Schrage, 1990; Senge, 1996, Kapitel 17). Auch Forschungsansätze, die sich mit dem Führungsstil von Frauen befassen, bieten neue, interessante Erkenntnisse über die neue Arbeit von Führungskräften. Rothschild (1990) kommt zu dem Ergebnis, daß Frauen durch ihre geschlechtsspezifische Sozialisation besser darauf vorbereitet sind, solche Organisationen zu entwickeln und zu leiten. Frauen neigen

stärker als Männer dazu, Konflikte so zu handhaben, daß gute Arbeitsbeziehungen bestehen bleiben (anstatt Streitigkeiten als eine Frage von Sieg oder Niederlage zu betrachten), und sie neigen eher dazu, Beziehungen als einen Wert an sich zu betrachten (anstatt nur als Mittel zum Zweck). Ähnliche Verhaltensmuster ermittelte auch Shakeshaft (1987) in ihrer Studie über Frauen und Führung in der Schule. Laut Shakeshaft messen Frauen den Beziehungen zu anderen zentrale Bedeutung bei, richten ihre Aufmerksamkeit in erster Linie auf das Lehren und Lernen und halten die Entwicklung eines Gemeinschaftsgefühls für unabdingbar.

3. Pädagogische Führungskräfte müssen in einem allgemeineren Sinn lernen, nichtlineare, dynamisch-komplexe Veränderungsprozesse zu beeinflussen und zu koordinieren. Die dazu notwendige Mentalität kommt in den in Kapitel 3 beschriebenen Lektionen zum Ausdruck. Stacey (1992) beschreibt sieben Maßnahmen, die eine Führungskraft ergreifen sollte:

- ein neue Sichtweise von Kontrolle entwickeln
- angemessene Formen der Machtausübung planen
- Lernteams bilden, die sich selbst organisieren
- multiple Kulturen fördern
- Risiken eingehen
- die Lernfähigkeiten der Gruppe verbessern
- für genügend Erholungspausen sorgen (S. 188)

4. Wenn die lernende Organisation tatsächlich Fuß faßt, wird die Schulleitung in ihrer heutigen Form möglicherweise verschwinden. Wie Sergiovanni (1992) ausführt, könnte die herkömmliche »Führung« überflüssig werden, weil jeder Lehrer ganz von selbst Führungsaufgaben übernimmt, wenn er sein Engagement für einen ethisch begründeten Erziehungsauftrag mit dem kontinuierlichen Streben nach einer vorbildlichen Praxis verbindet. Jeder Lehrer wird zur Führungskraft; oder genauer gesagt, die Ideale, Normen und Arbeitsgewohnheiten der Gruppe erzeugen aus sich selbst heraus einen kontinuierlichen Verbesserungsdruck. Schulleiter sind heute deshalb so

unentbehrlich, weil die »normalen« Lehrer nicht an der Leitung beteiligt sind.

Die neuen Aufgaben des Lehrers

Zurück nach Hollywood. *Stand and Deliver* ist ein eindrucksvoller Film. Der Star ist der Mathematiklehrer Jamie Escalante, der an einer High School in einer überwiegend hispanischen Gemeinde in Los Angeles arbeitet. Burbach und Figgins (1992) stellen fest:

> Escalante ist nicht der Mann, der Dienst nach Vorschrift macht, sondern der Inbegriff des aufopferungsvollen, grenzenlos fürsorglichen Lehrers. Er trifft sich nach der Schule und an den Wochenenden mit einer Gruppe von größtenteils hispanischen Schülern. Er hilft ihnen bei der Vorbereitung auf einen schwierigen Mathematiktest und bringt sie dazu, die ganzen Weihnachtsferien durchzuarbeiten, damit sie ihr Ziel erreichen. Sein enormes Engagement für die Schüler wird auf dramatische Weise illustriert, als er seine eigene Gesundheit aufs Spiel setzt und schon zwei Tage nach einem Herzanfall zu seinen Lehrerpflichten zurückkehrt (S. 7).

Dazu Ayers (1992): »Wie alle Lehrer-Heiligen hat er kein eigenes Leben – er lernt nie etwas Neues, hat weder profane Bedürfnisse noch künstlerische Ambitionen und verfolgt auch kein politisches Ziel. Er opfert sich für seine Schüler auf und lebt nur für sie« (S. 11–12).

Farber (1991) formuliert das so: »Das vielleicht Perfideste an *Stand and Deliver* ist die Botschaft, daß nur wer sich zu Tode schuftet, ein guter Lehrer sein kann« (S. 183). Dieser und ähnliche Filme, so Farber, seien allesamt nur zu bereit, eine ganze Berufsgruppe zu opfern, um die Ausnahmepersönlichkeit zu glorifizieren« (S. 183). Also eine Pervertierung des Erziehungsauftrags!

In Filmen werden Lehrer entweder als einsame, leidenschaftliche Märyrer dargestellt, die allen Widrigkeiten (einer inkompetenten Verwaltung, zynischen Kollegen, apathischen Schülern) trotzen, um irgend etwas zu bewirken (Farber, 1991, S. 183), oder als inkompetente Witzbolde, wie in *Teachers* (1984), *Ferris Bueller's Day Off* (1986) und anderen. Burbach und Figgins kommen zu dem Schluß, daß diese Art der Darstellung eine lange Tradition hat: Pädagogen werden im allgemeinen als passive Individuen porträtiert, die kaum Einfluß auf ihren Berufsalltag haben (S. 11–12). Ob Lehrer als moralische Märtyrer oder als machtlose Trottel vorgeführt werden, in beiden Fällen gilt: *Das System ändert sich niemals.*

Wie steht es also mit der neuen Arbeit des Lehrers in einem System, das sich laufend mit einer dynamischen Realität auseinandersetzen soll? Ich habe an früherer Stelle auf Sizers Coalition of Essential Schools verwiesen, bin aber noch nicht darauf eingegangen, wie der Veränderungsprozeß beschaffen sein müßte, damit solche Schulen entstehen und erfolgreich gedeihen können. Die Fallstudie von Prestine (1993) über die Broadmoor Junior High School in Pekin, Illinois, ist in diesem Zusammenhang sehr aufschlußreich. Broadmoor hat sich mit ihren 460 Schülern der Klassenstufen 8 und 9 im Jahr 1988 der Allianz von Essential Schools in Illinois angeschlossen. Das Schuljahr 1989/90 war als Planungsjahr vorgesehen; man bot umfangreiche berufsbegleitende Trainingsmaßnahmen und andere Hilfen an, um die Entwicklung eines mehrjährigen Plans zu unterstützen. Es wurde beschlossen, die Schüler und Lehrer auf drei »Häuser« zu verteilen. Durch eine neue Unterrichtsumgebung sollten Teamplanung und das interdisziplinäre Training erleichtert werden. In jedem Haus sollten je zur Hälfte Schüler aus der siebten und der achten Klasse unterrichtet werden. Man beschloß, die gesamte Schule sollte sich darauf konzentrieren, drei der neuen Grundsätze im ersten Jahr umzusetzen (Schüler als Mitarbeiter, überschaubare Ziele und intellektueller Fokus). Der Plan war, daß drei weitere Grundsätze im zweiten Jahr und die letzten drei im dritten Jahr realisiert werden sollten.

Kurz gesagt, im ersten Jahr brach die Hölle los:

Ein Bericht über das Schuljahr 1990/91 zeigt, daß alle drei geplanten Veränderungen auf erhebliche Schwierigkeiten stießen und keine einzige erfolgreich umgesetzt wurde. Von den zahlreichen Zusammenstößen und allgemeinen Tumulten, die Broadmoor in diesem Jahr erschütterten, erwiesen sich die Probleme mit den Stundenplänen als die mit Abstand folgenreichsten und schlimmsten, die sich auf alle drei geplanten Veränderungen auswirkten... Es wurde ein Jahr endloser Rangeleien, bissiger Seitenhiebe und verletzter Gefühle (ebd., S. 8–9).

Der Schlüssel für erfolgreiche Veränderungsprozesse liegt in einer Denkart, die Konflikte als etwas Unvermeidliches auffaßt: »Jedes Problem, mit dem man zu kämpfen hatte, wurde nicht als Katastrophe, sondern eher als Ausrutscher betrachtet. Diese Fehler erforderten eine Korrektur und lieferten hilfreiche Erkenntnisse und Erfahrungen für das weitere Vorgehen (ebd., S. 10). Die Pläne wurden dahingehend umformuliert, daß sie auf die Organisation und Leitung, auf das Curriculum, die Bewertung von Schülerleistungen und die Didaktik ausgerichtet waren. Es gab sechs Prioritäten, die in die Planung eingebaut wurden: Man wollte »dem Lehrer mehr Zeit für wichtige Unterrichtsaufgaben verschaffen; der Lernumwelt eine persönliche Note geben; auf jeden Schüler eingehen, für den Lernerfolg aller Schüler sorgen sowie die Kontinuität und Integration eines fächerübergreifenden Unterrichts gewährleisten« (ebd., S. 13).

Nach dem neuen Plan wurde das Kollegium in vier Teams für je 110 bis 120 Schülern aufgeteilt. Jetzt wird jede Schülergruppe von einem Team, bestehend aus vier Lehrern, unterrichtet und durch sogenannte Ressourcen-Lehrer unterstützt. Jedes »Kernteam ist dazu ermächtigt, sein eigenes Curriculum abzuwandeln und den Unterrichtstag so flexibel zu gestalten, wie das Team selbst es für angemessen hält« (S. 14). Eine gemeinsame Planungsphase von siebzig Minuten täglich steht jedem Team zur Verfügung, während die Schüler zum Sportunterricht gehen und an wechselnden Erkundungsaktivitäten teilnehmen. Im Sommer fand ein Curriculum-Projekt statt, bei dem umfangreiche Lehrplanmaterialien und Aktivitäten entwickelt und zusammengetragen wurden. Wie Prestine feststellt:

> Da der Plan so flexibel ist und gemeinsame Planungszeit zur Verfügung steht, haben die Lehrer die Möglichkeit, zusammenzuarbeiten, während sie dem Unterricht eine persönliche Note geben und ihn fächerübergreifend gestalten. Sie mußten sich nur an eine einzige Richtlinie halten: Bei allen Teamentscheidungen, die Auswirkungen auf andere Kollegen hatten, mußten die Betroffenen in irgendeiner Form in den Entscheidungsprozeß miteinbezogen werden (S. 14–15).

Über den Erfolg des neuen Designs läßt sich noch kein abschließendes Urteil fällen, aber die Zahl der Schulverweise ist zurückgegangen, und die Lehrkräfte sind sehr zufrieden, wie gut es mit den Schülern läuft. Wie ein Lehrer erklärte: »Ich fand meinen Beruf noch nie so aufregend wie zur Zeit« (S. 15).

Nach Prestine sind mehrere wichtige Faktoren für den neuen Erfolg verantwortlich:

- die Art, wie Schulleiter und Lehrer »ihr Verständnis von wesentlichen schulischen Konzepten und Begriffen« beharrlich erweiterten, indem sie aus der Praxis lernten und unablässig planten, handelten, neu planten und anders handelten;
- die Erkenntnis, daß strukturelle Veränderungen nicht ausreichen würden, wenn sich nicht gleichzeitig »Ideen, Überzeugungen und Einstellungen« änderten;
- die Einsicht, daß die Art des Wandels, auf den sie sich eingelassen hatten, »extrem anspruchsvoll und komplex« war. Man mußte bereit sein, die Wechselbeziehungen zwischen allen Teilen zu untersuchen und die notwendigen Anstrengungen investieren, um komplexe Details in Angriff zu nehmen;

- »eine flexible Prozeßorientierung«, die sich aus der »überwältigenden Erkenntnis ergab, daß der Wandel nicht nur ein kontinuierlicher und endloser Vorgang ist, sondern auch die unterschiedlichsten unberechenbaren Auswirkungen hat« (S. 21);
- die »unterstützende Rolle des Schulinspektors«, einschließlich seiner Bemühungen um den Aufbau eines Beziehungsnetzwerks zwischen Schulen, Eltern, der Gemeinschaft und Schulbehörde;
- »die systematische Anwendung und praktische Umsetzung der Philosophie«.

Zwei übergreifende Schlußfolgerungen ergeben sich aus dem Fall. Zum einen ist es offenbar besonders wichtig, daß alle Lehrer gemeinsam daran arbeiten, eine umfassendere pädagogische Linie zu entwickeln, und erforschen, wie sie mit Schulstrukturen und anderen Aktivitäten verbunden ist. Die zweite Erfahrung aus dem Wandel wird von Prestine treffend beschrieben:

> Wenn man irgendeine Lehre aus diesem einzelnen Beispiel ziehen kann, so die, daß der Umbau eine kooperative, interaktive und systemische Erfahrung in einem gegebenen Kontext ist. Der Prozeß ist immer heikel und abhängig von einer Vielzahl von Faktoren, die in einem multidimensionalen, fluktuierenden Kontext von ständig wechselndem Gewicht und Einfluß sind (ebd., S. 24).

Das klingt wieder nach dynamischer Komplexität! Der Prozeß ist allerdings nicht übertragbar. Die in diesem Buch dargelegten Richtlinien sind hilfreich, ja sogar unabdingbar, aber man darf nie vergessen, daß jede Situation anders ist und ihre ganz eigenen Anforderungen stellt.

Aufschlußreich ist auch, daß Sizer nach den ersten Erfahrungen, die man bei der Einführung der Koalitionsschulen gewonnen hatte, seine Meinung über das Tempo und das Wesen des Wandels änderte. Sizer vertrat ursprünglich einen eher behutsamen Entwicklungsansatz und empfahl, daß die Schulen »eine relativ langsame und gezielte Strategie anwenden sollten, die das Verständnis, den Konsens und die Teilhabe fördern würde« (Prestine, 1992, S. 7). Nach den ersten Implementierungsversuchen revidierte Sizer seine Empfehlung: »Ich bin mehr und mehr davon überzeugt, daß Schulen, die langsam voranschreiten und immer nur kleine Probleme in Angriff nehmen, schließlich so wenig tun, daß sie nur alles durcheinanderbringen, aber nicht zu den Vorteilen des Wandels vordringen« (zitiert in ebd., S. 8).

Sizer und die Koalition raten heute zu einem energischeren und umfassenderen Vorgehen.

> In einer Schule beeinflussen sich alle Dinge, die von Bedeutung sind, gegenseitig. Wenn sie sich in einem einzelnen wichtigen Aspekt verändert, wird sie insgesamt von dieser Veränderung berührt... Wir stecken in einem Schulreform-Spiel, bei dem jede Veränderung Auswirkungen auf das Ganze hat, bei dem sich jeder verändern muß, wenn sich irgend etwas ändern soll (Sizer, 1991, S. 32).

Über den Prozeß heißt es dort:

> Um die notwendigen Vorteile für die Kinder zu bewirken, müssen wir Erwachsene den Schmerz in Kauf nehmen und aushalten, der mit einem ehrgeizigen Umdenken und einem neuen Schuldesign verbunden ist. Wer so tut, als sei ein ernsthafter Umbau ohne Streit und ehrliche Auseinandersetzung erreichbar, nährt eine tückische Illusion (ebd., S. 34).

In diesem Zusammenhang ist auch das von Levin initiierte Projekt der akzelerierten Schule aufschlußreich. In Fallstudien von zwei Primarschulen untersuchte McCarthy (1992), wie ein solcher Umbau die Arbeit aller Lehrer beeinflußt:

> Dieses neue Organisationsmodell erfordert völlig andere Verhaltensweisen in der Schule und erzeugt anfangs eine

> ungeheure Rollenunsicherheit und große Konflikte. Der größere Kompetenzbereich der Lehrer führt zu widersprüchlichen Verhaltenserwartungen. Die Lehrer werden unversehens von der relativen Isolation in ihrem Klassenraum in die größere Welt der Schule versetzt. Bei ihnen herrscht beträchtliche Verwirrung darüber, welche Entscheidungen man treffen kann und darf, außerdem große Unsicherheit, ob sie zu solchen Entscheidungen überhaupt fähig sind (S. 3).

Bei der Gestaltung von Schulungs- und Unterstützungsaktivitäten für einzelne und vernetzte Schulen stützt sich das Projekt der akzelierten Schule ebenso wie die Coalition of Essential Schools vor allem auf Forschungsergebnisse aus den Bereichen Zusammenarbeit, schulischer Wandel und Mitarbeiterförderung. McCarthy folgert aus Interviews und aus seinen Beobachtungen in der Schule und im Unterricht, daß »der Prozeß funktioniert« (S. 9). Die Lehrer bemühen sich in verstärktem Maß um eine kooperative Unterrichtsplanung, und es gibt Hinweise auf ein aktiveres und effektiveres Lernen. Die Lehrer äußern sich dazu:

> Die Lehrer an unserer Schule lernen jetzt von anderen Lehrern. Sie besuchen sich häufig gegenseitig im Unterricht und führen zahlreiche offizielle und informelle Gespräche.
>
> Das hat mir gezeigt, daß ich Lernaktivitäten für den Unterricht planen konnte, die relevant, anregend und praxisbezogen und doch gleichzeitig auf einen wissenschaftlichen Inhalt konzentriert waren. Ich gestalte meinen Unterricht jetzt ganz anders als früher, und ich stelle fest, daß die Kinder tatsächlich Fortschritte machen, in sozialer und in intellektueller Hinsicht.

Der kooperative Prozeß der kritischen Nachfrage, an dem Lehrer, Administratoren und Eltern in akzelerierten Schulen teilnehmen, eröffnet laut McCarthy »im Gegensatz zu den üblichen Sofortlösungen offenbar die Möglichkeit, dauerhafte und tiefgreifende Veränderungen in der Kultur der Schule zu bewirken« (S. 14).

Wir sind jetzt in der Lage, in großen Zügen zu skizzieren, welche Elemente die neue Arbeit der Lehrer umfaßt. Mindestens sieben miteinander verbundene Komponenten sind erforderlich.

1. Der Lehrer der Zukunft wird sein ethisch begründetes Erziehungsziel – die positive Wirkung auf das Leben der Kinder – aktiver, sichtbarer und problembewußter anstreben. Viele Lehrer engagieren sich auch heute schon für ein höheres Ziel, aber sie konzeptualisieren es nicht in dieser Form. Sie schreiben sich selbst nicht die Bedeutung zu, die ihnen zukommt. Sie müssen sich energisch und unmißverständlich für den ethisch begründeten Erziehungsauftrag einsetzen, ihn aber mit den anderen, im folgenden beschriebenen Elementen verknüpfen. Andernfalls führt er zur Enttäuschung, zum Burnout, zum Zynismus oder zum moralischen Märtyrertum.

2. Die Lehrer müssen ihr pädagogisches Wissen substantiell vertiefen. Sie müssen ständig an ihrer persönlichen Vision arbeiten, die sowohl die ethisch begründete Zielsetzung als auch ein wesentlich anspruchsvolleres Wissen vom Lehren und Lernen umfassen muß. Hallinger, Murphy und Hausman (1991) weisen darauf hin, wie erschreckend wenig Lehrer und Schulleiter über die Grenzen und Möglichkeiten des Lehrplans und der Didaktik wissen. Die Pädagogen in der von ihnen untersuchten Probandengruppe waren zwar überzeugte Befürworter eines Umbaus, brachten dieses Ziel aber praktisch überhaupt nicht damit in Verbindung, wie die betreffenden Schulen den Lehrplan und den Unterricht neu organisieren konnten, um den Bedürfnissen der Schüler besser gerecht zu werden. Lichtenstein, McLaughlin und Knudsen (1992) behaupten, daß das berufliche Wissen der Schlüssel zur Selbständigkeit und zum Erfolg bei den Lehrern ist. Lehrer, so ihre Argumentation, müssen (1) die berufliche Gemeinschaft kennen, (2) mit der Bildungspolitik vertraut sein und (3) ausge-

zeichnete Kenntnisse in ihrem Fachgebiet haben. In diesen Bereichen müssen sie kompentent sein und auch von anderen für kompetent gehalten werden. Die ständige Erweiterung des fachlichen Wissens und Könnens ist angesichts der Lernprobleme, die in diesem Kapitel erörtert wurden, überaus wichtig. Die von Gardner, Sizer, Levin und anderen angestrebten Schulen oder Lernumwelten machen ebenfalls deutlich, daß eine umfangreiche, ständige Erweiterung pädagogischer Fachkenntnisse erforderlich ist. Unverkennbar ist auch, wieviel Begeisterung, Phantasie und Energien freigesetzt werden, wenn die Lehrer tatsächlich die Möglichkeit erhalten, gemeinsam mit anderen an der Neugestaltung ihres Unterrichts mitzuwirken.

3. Aus den beiden vorgenannten Punkten folgt, daß sich »normale« Lehrer über die Verbindungen zwischen ethisch begründetem Erziehungsauftrag auf schulischer Ebene und umfassenderen Fragen der Bildungspolitik und der gesellschaftlichen Entwicklung klar werden müssen.

4. Über das persönliche Engagement für den Erziehungsauftrag und die Vision hinaus müssen Lehrer ausgesprochen interaktive und konstruktive Formen der Zusammenarbeit entwickeln und die Fallstricke einer oberflächlichen Kollegialität vermeiden; sie müssen produktiv mit anderen Lehrern, Schulleitern, Verwaltungsbehörden, Eltern, Wirtschaftsorganisationen und gesellschaftlichen Institutionen zusammenarbeiten.

5. Die Lehrer werden in neuen Strukturen arbeiten, die Schüler zu Gruppen und Lehrer zu Teams zusammenführen, gemeinsame Planungszeit bieten, Kontakte zu Eltern und zur Gemeinschaft eröffnen und in umfassendere Lern-Netzwerke eingebunden sind. Stevenson und Stigler (1992) kamen in ihrer Vergleichsstudie über die Schulpraxis in den USA, Japan, Taiwan und China zu dem wichtigen Ergebnis, daß Lehrer in asiatischen Ländern viel weniger Zeit mit dem Unterricht in (zahlenstärkeren) Klassen verbringen, sich häufiger mit anderen Lehrern austauschen, mehr Zeit auf die Vorbereitung und Bewertung des Lernens verwenden, einen gemeinsamen

Arbeitsraum in der Schule haben und im allgemeinen über die Voraussetzungen verfügen, um ihr pädagogisches Können stetig zu erweitern.

6. Damit Lehrer das eben Beschriebene tun (und sein) können, müssen sie (allein und gemeinsam) die Verhaltensweisen und Fähigkeiten entwickeln, die ein permanentes Überprüfen und Lernen ermöglichen, und ständig nach neuen Ideen innerhalb und außerhalb ihrer eigenen Welt suchen. Der Schulleiter als wichtigster »Draht« zur Außenwelt ist ein Auslaufmodell. Die Rolle des Rektors erhielt nur deshalb so viel Gewicht, weil durchschnittliche Lehrer nicht an der Führungsarbeit beteiligt waren. (Woraus man hoffentlich nicht schließen wird, daß der Schulleiter unwichtig ist.)

7. Die Lehrer müssen sich vor allem intensiv mit den Geheimnissen, mit dem Auf und Ab der dynamischen Komplexität im Veränderungsprozeß befassen; sie müssen sich damit auseinandersetzen, daß Konflikte unvermeidlich sind, daß Visionen erst in zweiter Linie kommen, daß Individualismus und Kollektivismus in einem dynamischen Spannungsverhältnis nebeneinander bestehen, daß unberechenbare Störungen von außen dazugehören, daß man niemals am Ziel ist und daß sich die Probleme trotz aufrichtiger Bemühungen mitunter verschlimmern und nicht verbessern.

Wie ich bereits mehrmals betont habe, können Lehrer nicht darauf warten, daß sich das System von allein verändert. Sie müssen selbst mit aller Kraft auf das gewünschte kollegiale Klima drängen. Das kann bedeuten, daß sie sich mit wenig aufgeschlossenen Schulleitern, Kommunen und Schulämtern herumschlagen müssen; das kann bedeuten, daß sie jede Gelegenheit nutzen, um an substantiellen Reformen der schulischen Struktur und Kultur mitzuwirken, die auf ein kontinuierliches Lernen aller Beteiligten ausgerichtet sind. Lehrer können und sollten dies nicht ganz allein tun (siehe Kapitel 5), aber sie müssen ihren eigenen engagierten Beitrag leisten, um den Teufelskreis zu durchbrechen. Es ist wichtig, daß jeder *einzelne* Lehrer an der Entwicklung seiner individuellen Wandlungsfähigkeit arbeitet, weil er sich im Laufe der Zeit unweigerlich in unterschiedlichen Gruppen wiederfinden wird. Die Möglichkeiten, an der Entwicklung der Gruppe zu arbeiten, der man zufällig angehört, sind begrenzt. Ganz gleich, wie kooperativ diese Gruppe werden mag, sie wird nie so bleiben, wie sie ist, weil die Teilnehmer kommen und gehen. Der einzelne muß also Fähigkeiten, als Change Agent zu wirken, erwerben und weitertragen, während er immer wieder neue Beziehungen knüpft. Wenn genügend Personen und Systeme diesen Weg einschlagen, wird man im Laufe des Berufslebens immer wieder auf Gleichgesinnte und unterstützende Organisationen treffen.

Zwei Warnungen

Gruppendenken und *Abkapselung* sind die Nemesis einer Hyper-Kooperation. Auf die Gefahren des Gruppendenkens in kooperativen Zusammenhängen habe ich bereits hingewiesen (siehe Kapitel 3). Das Gruppendenken ist die unkritische Akzeptanz von Neuerungen und/oder die Unterdrückung von Meinungsunterschieden bei Teamentscheidungen. Janis (1972), der den Begriff prägte, und Tuchman (1984) liefern zahlreiche Beispiele dafür, wie sich im Laufe der Geschichte immer wieder Gruppen bildeten, die sich trotz ausgezeichneter Bildung und bester Absichten »immer weiter in ihren Vorurteilen bestärken, bis sie sich schließlich selbst zerstören« (Schrage, 1990, S. 29).

»Zusammenarbeit« ist eines der am häufigsten mißverstandenen Konzepte bei Veränderungsbemühungen. Sie ist nicht immer und von vornherein etwas Gutes; sie ist nicht identisch mit Konsens; sie bedeutet nicht, daß erhebliche Meinungsunterschiede verboten sind, und sie bedeutet auch nicht, daß der einzelne der Mehrheit folgen soll. Der Nobelpreisträger und Mitentdecker der Doppelhelix Francis Crick erklärte einmal gegenüber einem BBC-Reporter: »Höflichkeit ist Gift für jede gute wissenschaftliche Zusammenarbeit« (zitiert in ebd., S. 42). Dazu Schrage:

> Zu den hartnäckigsten Mythen über die Zusammenarbeit gehört, daß sie Konsens erfordert. Das ist eindeutig nicht der Fall. Menschen, die zusammenarbeiten, zanken und streiten sich fortwährend. Diese Streitereien sind meistens nicht persönlicher Natur, sondern auf echte Meinungsunterschiede in der Sache bezogen (ebd., S. 159).

Nicht der Konflikt, sondern ein oberflächlicher Konsens ist häufig die Ursache von schlechten Entscheidungen (Harvey, 1989). Lehrer sind besonders anfällig für die Gefahren des Gruppendenkens, weil es so viele pädagogische Modeerscheinungen und schlecht durchdachte, attraktive Innovationsfragmente gibt. Übereinstimmung – zum Beispiel wenn die Mitarbeiter einem Vorschlag der Administration zustimmen oder sogar wenn die Mehrheit der Schule zugunsten eines bestimmten Innovationsprojekts votiert – ist nicht unbedingt gleichbedeutend mit einem gesunden Urteilsvermögen. Wie wir an der dynamischen Komplexität von großen pädagogischen Reformprojekten gesehen haben, sind Konflikte und Meinungsunterschiede fester Bestandteil aller erfolgreichen Veränderungsprozesse. Es ist nichts Schlechtes, wenn man vielversprechenden Ideen mit Vorsicht begegnet. Eine skeptische, fragende Haltung, vor allem in den Anfangsphasen einer Veränderungsinitiative, ist keine Ketzerei, sondern ein Zeichen gesunder Kritikfähigkeit.

Das beste Gegenmittel für das Gruppendenken ist eine kompetente Change Agentry. Das zeigt zum Beispiel die erstaunliche Übereinstimmung zwischen den vier Strategien, die in einem Lehrfilm zur Vermeidung eines falschen Konsens empfohlen werden, und dem Konzept der lernenden Organisation: Man sollte ein Klima der Aufrichtigkeit schaffen, die Isolation der Gruppe vermeiden, einzelne Mitglieder zu kritischen Beobachtern ernennen und auf zu viel Steuerung verzichten (CRM-Films, 1991).

Zur Balkanisierung kommt es, wenn sich innerhalb der Gruppe starke Loyalitäten herausbilden, die dazu führen, daß man gegenüber anderen Gruppen ein gleichgültiges oder sogar feindseliges Verhalten an den Tag legt. Das geschieht, wenn sich Subkulturen in großen Schulen bilden und dadurch Initiativen verhindert werden, die der ganzen Schule dienen (Fullan und Hargreaves, 1991). Häufig stellt man sich solche Subkulturen als reaktionäre Verschwörung vor, aber auch innovative Untergruppen können eine zu starke Introvertiertheit entwickeln. Sogar innovative *Whole Schools* – auf den ersten Blick scheinbar das Ideal – können von ihrer Außenwelt abgeschnitten werden. Die innovativen Kulturen von Whole Schools können sich in mindestens dreifacher Hinsicht als problematisch erweisen: Erstens kann die Loyalität auf Schulebene so stark ausgeprägt sein, daß sie ein größeres Engagement auf der Ebene des Schulbezirks oder der ganzen Gemeinde blockiert. Zweitens kann die Interaktion innerhalb der Gruppe verhindern, daß man sich neuen Ideen von außen zuwendet und ihnen die gebührende Aufmerksamkeit widmet. Wenn das geschieht, verstärken sich Gruppendenken und Balkanisierung gegenseitig. Drittens gibt es auch bei ausgesprochen innovativen Schulen keine Garantie dafür, daß sie innovativ *bleiben*, einfach weil sich in Situationen dynamischer Komplexität *alles ständig verändert*. Deshalb kann man sich nicht ausschließlich auf die Gruppe verlassen, der man zur Zeit gerade zufällig angehört. Wenn die Pädagogen ein ethisch begründetes Erziehungsziel verfolgen und über die Fähigkeiten der Change Agentry verfügen, dann müssen sie bereit sein, im Laufe ihres Berufslebens eine Vielzahl von immer wieder neuen Beziehungen zu knüpfen, denn das ist die Realität – ein konstanter Wandel, manchmal zum Besseren, manchmal leider auch zum Schlechteren.

Die grundsätzliche Erkenntnis, die Pädagogen aus diesem Kapitel ziehen sollten, lautet folgendermaßen: Man kann wichtige Lernsituationen nur verbessern, wenn man sich auf Ideen und Themen außerhalb des unmittelbaren Umfelds einläßt – sich nicht nur mit dem Klassenzimmer, sondern mit der Schule beschäftigt, und nicht nur mit der Schule, sondern mit dem weiteren Umfeld –, ohne dabei das Hauptziel eines besseren Lehrens und Lernens aus den Augen zu verlieren. Die lernende Organisation ist innerlich dynamisch, muß aber wohl oder übel fest mit ihrem Umfeld vernetzt sein. Jeder einzelne in einer lernenden Organisation muß in der Tat fähig sein, immer wieder neue Partnerschaften des Lernens einzugehen. Dazu ist es notwendig, daß man sich bewußtmacht, wie ungeheuer wichtig die Beziehung zwischen einer lernenden Organisation und ihrem Umfeld ist – ein wahres Musterbeispiel dynamischer Komplexität.

Kapitel 5
Die lernende Organisation und ihr Umfeld

Lernende Organisationen respektieren ihr Umfeld, denn da draußen sind die *Ideen*, die *Politik und die Partner* und letzten Endes *wir alle*. Tatsächlich ist der Ausdruck »da draußen« eine falsche Bezeichung für das lernende Individuum und die lernende Organisation. Lernende Organisationen versuchen weder, ihr Umfeld zu ignorieren, noch es zu beherrschen. Sie bemühen sich vielmehr um einen regen Austausch. Ständiger Wandel ist ein fester Bestandteil dieser Beziehung, weil weitreichende Interaktionen unter den Bedingungen einer dynamischen Komplexität ständige Aufmerksamkeit und ständige Bewegung erfordern. Kräfte des Wandels gelten als unabdingbare Voraussetzungen für das Lernen und Reifen.

Die wichtigste Botschaft dieses Kapitels ist nicht, daß man bessere Lösungen für bestehende Probleme finden wird, wenn man das Umfeld danach abgrast (so nützlich und notwendig das ist), sondern daß lernende Organisationen Teil einer größeren Komplexität sind, die eine ganzheitliche Sichtweise erfordert, wenn man den Fortbestand und die Weiterentwicklung der Organisation sichern will. Land und Jarman (1992) beschreiben die neue Geisteshaltung treffend:

> Die Realität des Evolutionserfolges zeigt, daß es bei der »Fitness« nicht einfach darum geht, »sich an die Umwelt anzupassen«, sondern vielmehr darum, die eigenen Entwicklungsmöglichkeiten ständig zu erweitern und immer mehr Verbindungen unter ganz unterschiedlichen Umweltbedingungen zu knüpfen (nach unserer Definition bedeuten Wachstum und Evolution, daß man kontinuierlich umfassendere und komplexeren Zusammenhänge innerhalb des

wachsenden Organismus und zwischen Organismus und Umwelt herstellt) (S. 30).

John Seely Brown, Vice President von Xerox, geht der Frage nach, wie man »Unternehmen neu erfindet«, und stellt in diesem Zusammenhang fest: »Neuerungen gibt es überall; die entscheidende Frage ist, ob wir daraus lernen« (Brown, 1991, S. 103). Hampden-Turner (1992) kommt in seiner Analyse der erfolgreichen Versicherungsgesellschaft Hanover Insurance zu dem Schluß, daß das Unternehmen sich vor allem durch ein Hauptmerkmal von anderen abhebt: »Es wird gezielt zu einem System gestaltet, das schneller von seiner Umwelt lernen will als seine Konkurrenten« (S. 23). Drucker (1992) ergänzt die bekannte Maxime von Peters und Waterman um zwei entscheidende Wörter: »Ein Manager soll umherwandern – *aber draußen*!« (S. 141) Drucker weist auch darauf hin, daß die Auseinandersetzung mit Unterschieden und Herausforderungen das beste Mittel ist, wenn man solche Ziele wie einen erweiterten Horizont, kritische Prüfung etablierter Überzeugungen und eine engagierte Mitarbeit anstrebt.

Die Ideen sind da draußen

Mittlerweile wird durch zahlreiche Studien belegt, daß die meisten Schulen keine Ideen von außen aufgreifen und verarbeiten. Aber einige Schulen tun es (obwohl wir keinen Grund zu der Annahme haben, daß sie ihre innovativen Fähigkeiten *auf Dauer erhalten* werden). Rosenholtz (1989) unterteilt die von ihr untersuchte Auswahl von 78 Schulen des Primarbereichs in »festgefahrene« und »flexible« Schulen. Ihre Studie zeigt die Unterschiede zwischen lernenden und nicht lernenden Schulen sehr eindrucksvoll auf.

Rosenholtz stellte fest, daß in den 13 »flexiblen« Schulen die Lehrer voneinander und von der Außenwelt lernten. Die meisten Lehrer an diesen Schulen, sogar die erfahrensten, hielten den Lehrerberuf für grundsätzlich schwierig. Sie waren überzeugt, daß Pädagogen nie aufhören, etwas Neues über ihre Arbeit zu lernen. Da die meisten Lehrer die Aufgabe für schwierig hielten, räumte auch fast jeder ein, daß er gelegentlich Hilfe brauchte. Hilfe zu geben und anzunehmen war für diese Lehrer kein Zeichen von Inkompetenz. Es war Teil des gemeinsamen Strebens nach ständiger Verbesserung. Unterstützung durch die Kollegen und intensiver Erfahrungsaustausch führten dazu, daß die Lehrer selbstsicherer wurden und genau wußten, welche Ziele sie erreichen wollten und wie erfolgreich sie in ihren Bemühungen waren.

Wie Rosenholtz ausführt, ist die Zusammenarbeit in erfolgreichen Schulen mit bestimmten Normen und mit Gelegenheiten zu einer kontinuierlichen Weiterentwicklung und zu einem lebenslangen Lernen verknüpft: »Es wird unterstellt, daß eine Verbesserung der Pädagogik eher eine kollektive als eine individuelle Unternehmung ist und daß gemeinsame Analysen, Wertungen und Experimente notwendig sind, damit die Lehrer ihre Fähigkeiten ständig weiterentwickeln können« (S. 73). Die Folge ist, daß die Lehrer viel eher darauf vertrauen, Wert darauf legen und es für legitim halten, ihr Fachwissen mit anderen zu teilen, Rat zu suchen und selbst Hilfe zu gewähren, sowohl innerhalb als auch außerhalb der Schule. Die Wahrscheinlichkeit steigt, daß sie ihren Arbeitsstil stetig verbessern: »Fazit ist – in einigen Schulen kann man viel leichter lernen, ein guter und ein immer besserer Lehrer zu werden, als in anderen« (S. 104).

Louis und Miles (1990) stellten fest, daß die beiden High Schools, die eine große Reform erfolgreich umsetzten (von insgesamt fünf untersuchten Schulen), sich wesentlich besser darauf verstanden, »Quellen der Veränderung zu erschließen und zu managen« (S. 239). Diese Schulen suchten von selbst nach Ressourcen, einschließlich Geld, Zeit, Ideen, Materialien, Unterstützung, Training u. ä. Sie waren erfolgreich beim Erwerb neuer und bei der Aufbereitung alter Ressourcen. Die Verbindung zu anderen Komponenten der Change Agentry ist auch hier entscheidend. Was zählt, ist nicht die reine Beschaffung von Ressourcen – die Geschichte der gescheiterten Reformen ist voll von spektakulären Projekten, die reichlich mit Ressourcen ausgestattet waren –, sondern wie klug man die Ressourcen auswählt und ob man sie erfolgreich mit der Visionsentwicklung, der persönlichen Meisterschaft und den kollektiven Bestrebungen verbindet. Lernende Organisationen halten die Bitte um Hilfe für ein Zeichen von Intelligenz, nicht von Schwäche (ebd.).

Die Studie von Baker et al. (1991) über 48 Schulbezirke in Illinois bestätigt, daß die interne Entwicklung und die externe Involvierung Hand in Hand gehen müssen. Bei dreizehn der 48 Bezirke kommen die Autoren zu dem Schluß, daß sie »auf der Grundlage äußerer Unterstützung engagiert an systematischen Verbesserungen arbeiten«. Es ist kein Zufall, daß alle 13 erfolgreichen Bezirke Hilfe von regionalen Weiterbildungszentren und anderen Einrichtungen in Anspruch nahmen. Im Gegensatz dazu gab es bei den acht Schulen, die nicht von außen unterstützt wurden, keine Anzeichen für eine Verbesserung ihrer Situation. Es zeigt sich immer wieder, daß die Bemühung um externe Unterstützungs- und Trainingsmaßnahmen ein Zeichen von Vitalität ist. Gerade die Organisationen, die auf ihre Unabhängigkeit pochen und keine fremde Hilfe annehmen wollen, werden am Ende scheitern. Und wie wir in Kapitel 4 sahen, suchen gerade Schulen, die ihre inneren Aktivitäten gut koordiniert haben, nach äußerer Unterstützung und sind in der Lage, gute von schlechten Ideen zu unterscheiden.

Die von Carl Glickman begründete League of Professional Schools liefert ein weiteres überzeugendes Beispiel. Glickman, Allen und Lunsford (1992) berichten über die Entwicklung der 22 Schulen, die der League im Jahr 1990, und der 20 Schulen, die ihr 1991 beigetreten sind. Die Ergebnisse der Studie bestätigen einige unserer früheren Ausführungen; so stellen die Autoren beispielsweise fest, daß eine gemeinsame Führung leichter umzusetzen war als die Fokussierung auf eine pädagogische Reform des Lehrens und Lernens. Sie untersuchten außerdem Unterschiede bei der Implementierung, und zwar im Hinblick auf die drei postulierten Hauptprämissen für eine »professionelle Schule«, nämlich gemeinsame Führung, schulumfassender Unterrichtsfokus und Aktionsforschung (Informationssammlung und Handeln). Eine »weitgehende Umsetzung« wurde definiert als die Implementierung von mindestens zwei der drei Prämissen, eine »mangelhafte Umsetzung« als die Implementierung von nur einer oder keiner Voraussetzung. Die vier Hauptunterschiede zwischen Schulen mit hoher und niedriger Umsetzung bestanden darin, daß erstere

1. zur Zusammenarbeit neigten und alle Lehrer miteinbezogen;
2. in der Lage waren, bei schulbezogenen Entscheidungen mit dem Verwaltungsbezirk zusammenzuarbeiten oder sich (wenn nötig) mit ihm zu streiten;
3. sich bei wichtigen Aufgaben Zeit zum Planen, Entwickeln und Überarbeiten nahmen;
4. fähig waren, um Hilfe und Unterstützung zu bitten (sie fragten andere um Rat, baten externe Stellen um Hilfe, besuchten fremde Einrichtungen, luden Außenstehende in die Schule ein) (S. 14–15).

Klingt vertraut! In seinem neuen Buch (1993) baut Glickman diese Ansätze zu drei Hauptthemen aus, die sich mit den hier erörterten decken: (1) das Bündnis von Lehren und Lernen – »um kreative Bürger auszubilden, die zur Teilnahme an der Demokratie fähig sind« (ethisch begründeter Erziehungsauftrag); (2) die Charta: Wie man vorgeht – Richtlinien gemeinsamer Führung; und (3) die kritische Untersuchung – permanentes Nachfragen und ein kontinuierlicher Informationsfluß von innen und außen.

Man könnte weitere Gemeinsamkeiten anführen, aber ich begnüge mich mit dem Hinweis, daß *alle* in diesem Buch beschriebenen Erfolgsstories auf festen und intensiven Beziehungen zwischen externen Unterstützungsgruppen und internen Teams basieren. Alle erfolgreichen Initiativen – von Sizers Coalition of Essential Schools bis hin zu Comers School Development Program, das ich im nächsten Abschnitt erörtern werde – betrachten ein breites Netzwerk von Ideen und Methoden, die auf spezifische Probleme und Annahmen zielen, als wesentliche Erfolgsvoraussetzung. Weitere Bestätigung findet sich bei Murphy und Hallinger (1993): Alle von den Autoren angeführten Beispiele für »ein Lernen aus laufenden Bemühungen« zeichnen sich dadurch aus, daß ein internes Lernen mit externen Allianzen verbunden wird. Die eigentliche Ursache dafür sind die Kernfähigkeiten der Change Agentry (Kapitel 2). Ob auf individueller oder Organisationsebene – die Visionentwicklung, ständige kritische Nachfrage, Meisterschaft und Zusammenarbeit können nicht im kleinen Kreis ausgeübt werden. Wenn man keine weitverzweigten, lebendigen Kontakte mit anderen Menschen und Institutionen knüpft, die ähnliche oder andere Ziele verfolgen, stößt das Erfinden von inspirierenden Visionen, das Erforschen und Lösen von Problemen, die Entwicklung immer größerer Fähigkeiten und der Aufbau von produktiven Beziehungen sehr schnell an Grenzen.

Deshalb raten wir Schulleitern und Lehrern, sich kontinuierlich um »Kontakte zum weiteren Umfeld« zu bemühen. Unsere Empfehlungen für Schulleiter enthalten neben bestimmten Richtlinien für die interne Schulentwicklung auch mehrere Vorschläge, wie man den Kreis der Ideen und Kontakte erweitern kann:

> Erstens muß der Schulleiter Beziehungen außerhalb der Schule suchen, insbesondere an Lernaktivitäten teilnehmen. Das kann vielerlei Formen annehmen: Man kann zum Beispiel an Peer-Coaching-Projekten von Rektoren teilnehmen, mit anderen Schulleitern und Vertretern der Schulbehörde zusammenarbeiten, um die fachliche Weiterbildung von Rektoren zu fördern, andere Schulen innerhalb und außerhalb des eigenen Verwaltungsbezirks besuchen; man kann sich in der Kommune engagieren, sich durch entsprechende Fachliteratur über die neuesten Entwicklungen informieren und die Ansätze der eigenen Schule bekannt machen, indem man Vorträge hält, an Workshops teilnimmt

und/oder Aufsätze verfaßt. Man muß selektiv vorgehen, aber irgendeine Form von laufendem Engagement außerhalb der Schule ist von wesentlicher Bedeutung, wenn man permanent lernen und effektiv handeln will.

Zweitens sollten die Rektoren dazu beitragen, daß sich die Schule mit dem weiteren Umfeld auseinandersetzt. Das kann bedeuten, daß man gegen die Last von ungewollten oder unvernünftigen Veränderungen ankämpft oder sich auf der Verwaltungsebene energisch für eine Erweiterung der schulinternen Entscheidungsfindung einsetzt. Meistens schlagen wir allerdings vor, daß es sich der Schulleiter zur obersten Priorität macht, den Lehrern beim Anknüpfen von Kontakten mit der externen Fachwelt zu helfen. Man sollte nicht nur Kontakte mit Schulen knüpfen, die ähnliche Projekte verfolgen, sondern auch mit Schulen, die sich mit ganz anderen Aktivitäten befassen oder sogar gegensätzliche Ziele anstreben. Gegensätze geben wichtige Impulse für eine kritische Selbstbetrachtung. Daß man über den Tellerrand hinausschaut und das »Koordinatensystem« der üblichen Vorgehensweisen mitunter verläßt, ist ein großer Lern- und Entwicklungsansporn (Fullan und Hargreaves, 1991, S. 97).

Die Erschließung externer Ideen und Kenntnisse gehört allerdings zu den leichtesten Übungen, die die Wechselbeziehung zwischen einer lernenden Organisation und ihrem Umfeld uns auferlegt. Die Installierung einer festen »Pipeline«, die uns mit neuen Ideen versorgt, wird keine bahnbrechenden Lösungen hervorbringen. Um zum Kern der Komplexität und zu wirklich tiefgreifenden Veränderungen vorzustoßen, müssen wir uns mit der Politik und potentiellen Partnern auseinandersetzen, die ebenfalls »da draußen« zu finden sind.

Die Politik und die Partner da draußen

Es ist nicht so, daß die Umwelt besonders freundlich wäre (vor allem nicht für Schulen). Tatsächlich ist diese »Unfreundlichkeit« ein fundamentaler Aspekt des neuen Paradigmas: Wir können nicht darauf zählen, daß »die Außenwelt« von sich aus unsere Wünsche erfüllt. So funktionieren die dynamischen Kräfte des Wandels nicht. Die Politik und die potentiellen Partner finden sich auf allen Ebenen. Ich werde mehrere Facetten dieser Komplexität in den folgenden Absätzen betrachten, von der umfassenden staatlichen Politik über Eltern, Gemeinden und Wirtschaftsunternehmen bis hin zu Lehrerverbänden und anderen Einrichtungen.

Die erste Lektion, die wir über das politische Umfeld lernen müssen, ist, daß es auf der größeren politischen Bühne vor unvorhersagbaren Veränderungen und bruchstückhaften Initiativen nur so wimmelt. Wallace (1991) beschreibt die schmerzlichen und scheinbar willkürlichen Überraschungen, die den Education Reform Act und das Nationale Curriculum in Großbritannien begleiteten. Im wesentlichen, so Wallace,

> waren die Bemühungen um eine umfassende und zusammenhängende Planung durch die Überraschung oder Ambiguität geprägt, die immer wieder durch Informationen über Zwangsinnovationen von seiten der Regierung und der örtlichen Schulbehörden (LEAs – Local Education Authority) ausgelöst wurden; typisch für diese Informationen war, daß sie den Implementierungsprozeß entweder beeinträchtigten, früheren Informationen widersprachen oder viel zu kurz vor Ablauf einer extern angeordneten Frist ausgegeben wurden. Kaum eine dieser Entwicklungen wäre von den Lehrern und Schulleitern vorhersehbar gewesen. Hier einige Beispiele:
>
> a) Bei den Schulen der Sekundarstufe verzögerte sich die Planung von Geschichts- und Erdkundekursen um mehrere Monate, was Auswirkungen auf die künftige Personalplanung hatte, weil unsicher war, ob die Schüler diese Fächer in einem kombinierten GCSE-Kurs belegen konnten oder nicht.
>
> b) In den Primarschulen kam es zu einer unvorhergesehenen Verzögerung in der Planung des Englischunterrichts

(English Key Stage Two), weil man auf Unterlagen vom National Curriculum Council warten mußte – die erst eintrafen, als der relevante Abschnitt des Education Reform Act in Kraft trat.

c) Ein LEA-Projekt zur Leistungsdokumentation in weiterführenden Schulen (das als Reaktion auf eine Regierungsinitiative eingeführt worden war) verlor an Schwung, nachdem ein wichtiger Minister verkündet hatte, daß die vorgeschriebene Dokumentation auf die im Nationalen Curriculum anvisierten Lernziele beschränkt werden sollte.

d) In einer Grundschule wurden die Beurteilungsgespräche, die mit Hilfe der LEA eingeführt worden waren, wieder eingestellt, als der zuständige Minister verlautbaren ließ, daß die Einführung von diesbezüglichen nationalen Richtlinien auf später verschoben sei.

e) Änderungen der provisorischen Regelungen, die man für den Übergang vom historischen Finanzierungslevel erlassen hatte, sowie Rechenfehler und unvorhergesehene Ausgabenbereiche führten häufig zu Problemen mit der Kostenplanung im Rahmen des vorausgeschätzten LMS-Budgets (Local Management of Schools). Diese Faktoren führten zu Entlassungen in einer weiterführenden Schule und zur erzwungenen Streichung von zwei geplanten Posten in einer Grundschule.

f) Fortbildungsmaßnahmen, die vor Einführung der Entwicklungsplan-Initiative durchgeführt werden sollten, wurden von der LEA bis kurz vor Ablauf der Planungsfrist verschoben (S. 393–394).

Diese politische Realität finden wir in leichten Variationen überall auf der Welt, wo Bildungsreformen auf bundesstaatlicher oder staatlicher Ebene geplant werden. Es gibt mindestens drei mögliche Reaktionen, die eine, daß man zynisch wird und erst dann irgendwelche Veränderungen in die Wege leitet, »wenn die letzten Entscheidungen über die Innovationen getroffen worden sind« (ebd., S. 395).

Oder man versucht, der externen Maschinerie mit Gleichgültigkeit zu begegnen – nach dem Motto »Kein Unglück dauert ewig«. Acker (1989) beschreibt, wie zwei englische Schulen des Primarbereichs auf die Einführung des von außen aufgezwungenen Nationalen Curriculums reagierten. Eine der Schulen schien viele Merkmale einer guten Zusammenarbeit aufzuweisen – hohe Beteiligung bei Entscheidungsprozessen, Fürsorge, Wärme, Humor, Kameradschaft und Dankbarkeit. Neben den üblicherweise erwähnten Vorzügen dieser Teamkultur spricht Acker in seiner Studie aber auch über mehrere Schwierigkeiten. Die Schule war trotz der internen Kooperation nicht gut mit ihrem Umfeld verbunden. Sie war nicht auf Interventionen von außen eingestellt und neigte zu Abwehrreaktionen, wenn solche unvermeidlichen Eingriffe vorgenommen wurden. Wenn Handeln dringend geboten war, neigte die Schule zu ausgedehnten und häufig ungezielten Diskussionen und Entscheidungen über von außen angeordnete Innovationen, wodurch sehr viel Energie verschwendet wurde. Wie Pascale (1991) in seiner Fallstudie über General Motors anmerkt, können sich »genau dieselben Mechanismen, die eine starke Kultur fördern, leicht nach innen wenden und die Organisation von den externen Realitäten abschneiden« (S. 259).

Es gibt noch eine dritte Reaktionsmöglichkeit, nämlich die der lernenden Organisation, die ihr Umfeld mit ganz anderen Augen sieht. Sie vergeudet keine Energien damit, Klarheit über unwesentliche Punkte zu gewinnen. Sie erkennt, daß die Außenwelt chaotisch, komplex und wandelbar ist und immer bleiben wird. Sie wählt und bahnt sich ihren eigenen Weg. Dabei versucht sie, bestimmte Ereignisse als Katalysatoren für das eigene Handeln zu nutzen, Beschränkungen in Chancen zu verwandeln und fruchtlose Einflüsse von außen auszuschalten oder zu minimieren. Solche Organisationen unterscheiden sich vor allem durch folgende Merkmale von anderen: Sie entwickeln ihr Zielbewußtsein zu einem (ewig unvollendeten) Überprüfungsinstrument; sie erkennen, daß das Umfeld weder die Absicht noch die Aufgabe hat, ihnen irgendwelche Gefälligkeiten zu erweisen, und sie haben vor allem einen unstillbaren Wissensdurst. Sie sind unablässig am Lernen und am Fragen, weil sie wissen, daß sie nur so in einer komplexen Umwelt überleben und sich erfolgreich entfalten können.

Rosenholtz' »flexible« Schulen, die sich einem fortgesetzten Lernen verschrieben hatten, wurden von neuen bildungspolitischen Maßnahmen nicht aus der Bahn geworfen, weil sie wußten, was sie wollten. Wenn sie der Ansicht waren, daß bestimmte politische Maßnahmen neue Handlungsmöglichkeiten eröffneten, griffen sie die Ansätze auf und nutzten sie für eigene Zwecke. Wenn sie die Maßnahmen hingegen für falsch oder unausgegoren hielten, waren sie auch in der Lage, öffentlich Kritik zu üben oder die Wirkungen abzuschwächen. Entscheidend ist, daß sie »am Ball blieben«, kräftig mitmischten und sich im politischen Meinungsaustausch behaupteten.

Auch Nias und ihre Mitarbeiter stellten fest, daß kooperative Schulen, die sich dem Lernen der Lehrer verschrieben haben, anders auf das Nationale Curriculum in England reagierten. Sie waren weder vehement gegen die Reform noch hellauf begeistert, sondern nahmen sie zum Anlaß, sich intensiv mit dem ganzen Schulcurriculum auseinanderzusetzen, was sie nicht getan hätten, wenn sie nicht offen für die äußere Anregung gewesen wären. Nias et al. (1992) folgern:

> Die Mitarbeiter dieser Schulen nutzten eine externe Initiative, die vielen als Einschränkung erschienen wäre, für ihre eigenen pädagogischen Ziele. Im Laufe des Prozesses entwickelten sie die Überzeugung, daß der Ansatz zu ihrem eigenen curricularen Denken gehörte und daß sie die Kontrolle darüber hatten. Das heißt, zu dem Zeitpunkt, als unsere Felduntersuchung abgeschlossen war, hatten die Mitarbeiter in diesen Schulen den Eindruck, daß die relevanten Teile des Nationalen Curriculums ihnen »gehörten« (S. 195).

Lernende Organisationen erwarten nicht, daß sie immer nur Fortschritte machen. Ihnen ist bekannt, daß Ereignisse im Umfeld auch die fähigste Gruppe zurückwerfen können:

> Initiativen können von äußeren Ereignissen (zum Beispiel durch Gesetze) überholt oder durch Veränderungen innerhalb der Schule (zum Beispiel beim Personal) behindert werden. Diese Einflüsse können jeder für sich oder gemeinsam die Form und das Tempo der Entwicklung verändern. Sie können die Schulinitiativen auch überflüssig machen oder eine so negative Wirkung auf die Mitarbeiter haben, daß Entwicklungen vorübergehend zum Stillstand kommen oder sich sogar zurückbilden (ebd., S. 245).

Die erfolgreichsten Individuen und Organisationen haben nicht weniger Probleme, weniger Belastungen oder mehr Glück, *sie gehen nur anders mit den Situationen um*. Sie bewältigen die objektiv gleichen Widrigkeiten, an denen andere Menschen mit anderer Denkart oder geringeren Fähigkeiten zerbrechen würden, und wachsen sogar daran (siehe Csikszentmihalyi, 1992).

Abgesehen von einer allgemeinen Orientierung nach außen sind auch spezielle Partnerschaften und Netzwerke von großer Bedeutung. Ein gutes Beispiel ist das Schulentwicklungsprogramm (School Development Program) von James Comer, weil es so deutlich macht, daß ethisch begründeter Erziehungsauftrag und Change Agentry zusammengehören, wenn man Schulen über einen gewissen Zeitraum mit ihrem unmittelbaren Umfeld verbindet. Die Ausgangssituation hätte nicht schlimmer sein können:

> Das School Development Program (SDP-Modell), eine kooperative Bemühung des Yale University Child Study Center und des New Haven School System, wurde 1968 in zwei Schulen des Primarbereichs eingeführt. Die beiden beteiligten Schulen hatten das niedrigste Leistungsniveau in der Stadt, hohe Fehlzeiten und gravierende Beziehungsprobleme zwischen Schülern, Lehrern und Eltern. Die Arbeitsmoral der Lehrer war niedrig. Die Eltern waren voller Zorn und Mißtrauen gegenüber den Schulen. Hoffnungs-

losigkeit und Verzweiflung beherrschten das Bild (Comer, 1992, S. 1).

Das SDP-Modell, das sich im Laufe mehrerer Jahre entwickelte, hielt sich gewissenhaft an alles, was wir über einen effektiven Wandel wissen. Man wollte »ohne Schuldzuschreibungen« versuchen, grundlegende Probleme aufzudecken und zu beheben. Wie Comer feststellt: »Wir ermittelten schließlich grundlegende Probleme auf beiden Seiten – familiäre Belastungen und Defizite in Entwicklungsbereichen, die notwendig für den Schulerfolg sind, ebenso wie mangelnde Kenntnisse und Fähigkeiten über organisatorische Fragen, Management und kindliche Entwicklung bei den Pädagogen« (S. 1).

Das Programm setzt sich aus insgesamt neun Komponenten zusammen (drei Gremien, drei Maßnahmen, drei Grundsätzen). Die Gremien sind: (1) ein Schulplanungs- und Managementteam, das sich aus Vertretern von Eltern und Lehrern zusammensetzt; (2) ein Team, das sich um Fragen der geistig-seelischen Gesundheit kümmert und das aus Vertretern sozialer und psychologischer Einrichtungen besteht; und (3) ein Elternprogramm, das darauf zielt, die Effektivität und Beteiligung der Eltern zu steigern. Das Managementteam ist mit drei operativen Maßnahmen betraut: (4) umfassender Schulplanung; (5) Personalförderung und (6) regelmäßiger Evaluation und Korrektur. Die drei Grundsätze sind: (7) echte Zusammenarbeit (man darf den Anführer nicht lähmen, und der Anführer darf die Gruppe nicht als bloße »Ja-Sager« benutzen); (8) eine Entscheidungsfindung, die sich nur auf mündliche Übereinkünfte stützt; dadurch soll verhindert werden, daß es zu Abstimmungssiegen oder -niederlagen kommt und daß grundlegende Probleme nicht behandelt werden; (9) ein Problemlösungsansatz »ohne Schuldzuweisungen«.

Das SDP-Modell hat sich mittlerweile auf 200 Schulen ausgeweitet und ist in Anbetracht der Schwierigkeiten, die es in Angriff genommen hat, ungeheuer erfolgreich gewesen. Ein Vergleich mit Kontrollgruppen hat signifikante Auswirkungen auf akademische Inhalte, Verhaltensweisen, auf das Selbstkonzept sowie das Unterrichts- und Schulklima ergeben (Comer und Haynes, 1992).

Das Neun-Komponenten-Modell ist einerseits in inhaltlicher Hinsicht sehr eindrucksvoll; es verbindet Reichhaltigkeit, Lernen für alle (Lehrer, Eltern, Kinder usw.) und effektive praktische Verfahren. Andererseits ist das wirklich Besondere der Respekt vor dem Wandel und vor den Voraussetzungen langfristiger Fortschritte. Comer (1992) betont:

> Es handelt sich weder um eine »schnelle Lösung« noch um eine »Ergänzung«. Es ist kein neues Experiment, das man zusammen mit all den anderen Experimenten in einer Schule laufenläßt. Es ist ein neun Punkte umfassendes Prozeßmodell .... dessen Umsetzung sehr viel Zeit, Engagement und Energie erfordert... das Wichtigste ist, daß dieses SDP-Modell erst dann zu den erwünschten Ergebnissen führt, wenn die gesamte Schule von einem kooperativen und gemeinschaftlichen Geist erfüllt ist (S. 9).

Im Gegensatz zu den meisten Innovationen, die schnell auftauchen (und genauso schnell wieder verschwinden), wurde dieses Modell überraschenderweise ohne großes Tamtam eingeführt und erregte in den ersten Jahren überhaupt kein Aufsehen. Man arbeitete fünfzehn Jahre lang in den beiden Schulen von New Haven an der Entwicklung des Projekts, bevor es von einigen weiteren Schulen übernommen wurde. Erst 1991/1992 – also fast 25 Jahre später – erschien der erste Band des SDP-Newsletter. Damit wurde erstmals der Anspruch erhoben, daß man anderen, die an der Einführung des Programms interessiert waren, die erforderliche Schulung und Unterstützung bieten konnte, weil man das Know-how und die Technik ausreichend entwickelt hatte.

Trotzdem werden interessierte Partner immer noch darauf hingewiesen, daß sie erst nach Jahren mit Ergebnissen rechnen können, weil sie sehr viel Zeit und Energie investieren müssen, um sich Klarheit über ihre eigenen Situation zu verschaffen und um die Fähigkeiten zur Zusammenarbeit in komplexen politischen Zusammenhängen zu erwerben. Die einzige Schwäche des SDP ist, daß seine pädagogischen Grundlagen nicht gut beschrieben sind und weiter ausgefeilt werden müssen (im Vergleich etwa zu Modellen von Gardner und Sizer).

Die fundamentale Erkenntnis, die sich aus einem systemischen Denken ergibt, ist, daß Bündnisse lebenswichtig für lernende Organisationen in dynamisch komplexen Gesellschaften sind. Es gibt zwei Gründe für diesen unausweichlichen Schluß (und Ausgangspunkt des Handelns). Erstens sind die Probleme zu schwierig, als daß eine einzelne Gruppe sie lösen könnte; außerdem hat alles, was eine einzelne Gruppe tut, Auswirkungen auf alle anderen wichtigen Institutionen, insofern beeinflussen sich die Institutionen auf jeden Fall wechselseitig (normalerweise negativ oder nachteilig). Zweitens verlangen im Bildungsbereich zahlreiche unterschiedliche Interessengruppen ein Mitspracherecht bei dem, was geschieht. Wir haben die Wahl, ob eine derartige Beteiligung in Form von unverbundenen Einzelbemühungen stattfinden soll, die zufällig zusammenlaufen oder sich gegenseitig behindern, oder ob wir diese Energien in gemeinsamen Inititiativen bündeln wollen.

Kurz, ohne Absprachen besteht nicht die geringste Aussicht, daß die komplexen Probleme in Angriff genommen werden, die mit der Schaffung einer lernenden Gesellschaft verbunden sind. Fiske (1992) faßt das Problem so zusammen:

> Die Diskussion über die Beziehung zwischen öffentlichen Schulen und ihrem Umfeld wird allzu häufig durch zwei Extrempositionen getrübt. Einige politische und andere Anführer betrachten die öffentlichen Schulen offenbar als ein Vehikel, dem man die eigenständige Lösung aller sozialen Mißstände von der Rassendiskriminierung bis hin zur Drogensucht aufladen kann. Die Pädagogen, die sich verständlicherweise von den Implikationen einer derartigen Aufgabe erschlagen fühlen, flüchten ins andere Extrem. »Laßt uns in Ruhe«, sagen sie, »damit wir tun können, was unsere

Aufgabe ist, nämlich Kinder unterrichten.« Die erste Position ist ohne Zweifel unrealistisch. Keine einzelne Institution, am wenigsten die Schule, ist in der Lage, alle gesellschaftlichen Probleme zu lösen. Aber die zweite Position ist ein Luxus, den sich Pädagogen nicht länger leisten können. Schulen können nicht alle sozialen Mißstände beseitigen, aber damit sie ihrer Aufgabe – der Erziehung der nächsten Generation – überhaupt gerecht werden können, müssen sie Möglichkeiten finden, die negativen Auswirkungen dieser Probleme auf den Lehr- und Lernprozeß zu minimieren. Dazu müssen sie neue Verbündete suchen und neue Verbindungen zu den Gemeinschaften knüpfen, von denen sie ein Teil sind (S. 204f.)

Sarason (1993) drückt das gleiche mit anderen Worten aus:

> Wer die Arena der Bildungsreform mit einer »Wo-ist-der-Schurke?«-Einstellung betritt, verstärkt eine Situation, die bereits jetzt einer begrifflichen Nebelkammer gleicht. Es gibt keine Schurken in dem Sinne, daß diese oder jene Gruppe innerhalb oder im Umkreis des Systems eine schlimme Situation absichtlich verschlimmert hat ... Kein schwerwiegendes Bildungsproblem ist ein »systeminternes« Problem ... Das heißt, daß jede Aktion, die auf das System beschränkt bleibt und sich nur auf die eigenen Personal-, Entscheidungs- und Planungsressourcen stützt, von einem falschen, zu eng begrenzten Ansatz ausgeht und sehr wahrscheinlich scheitern wird (S. 33 und 35f.).

Nebenbei bemerkt, implizieren alle Bündnisse, Partnerschaften, Konsortien und Arbeitsgemeinschaften, daß man über einen bestimmten Zeitraum gemeinsame Beschlüsse faßt und gemeinsam handelt, wobei alle Beteiligten lernen, auf unterschiedliche Weise zu arbeiten, und qualitativ andere Ergebnisse erzielen. Kollegialität, Kommunikation, Koordination haben allesamt ihren Platz in der Unternehmung, gehen aber nicht tief genug. Schrages (1990) Definition der Zusammenarbeit bringt diesen Gedanken sehr schön zum Ausdruck:

> Die Zusammenarbeit ist ein *gemeinsamer Schöpfungsprozeß*: Zwei oder mehr Einzelpersonen, die sich in ihren Fähigkeiten ergänzen, wirken zusammen, um zu einem gemeinsamen Verständnis zu gelangen, das keiner von ihnen vorher besessen hatte und allein auch nicht erreichen konnte (S. 40).

Glücklicherweise gibt es immer mehr Beispiele für praktisch alle Arten von Institutionen, die zu dem Schluß kommen, daß Bündnisse sehr wichtig sind, und diese Einsicht mit neuen Verfahren und Aktivitäten untermauern. Beim Comer-Programm haben Schulen, Gemeinden und eine Universität jahrelang zusammengearbeitet, um eine der lähmendsten und schlimmsten Schulsituationen, die man sich vorstellen kann, zum Besseren zu wenden. Weitere Partnerschaften zwischen Schulen und Universitäten, wie zum Beispiel das Lernkonsortium, werden in Kapitel 6 beschrieben. Amerikanische Lehrergewerkschaften haben in einigen Fällen den Weg für Reformbündnisse im Bildungswesen geebnet (Shanker, 1990; siehe auch Toch, 1991, Kapitel 5, der die Beteiligung der American Federation of Teachers und der National Education Association analysiert). Der Lehrerverband von Ontario (OTF – Ontario's Teachers Federation) hat seiner Provinzregierung ein bemerkenswertes Dokument mit dem Titel *Beyond the Glitterspeak: Creating Genuine Collaboration in our Schools* (1992a) vorgelegt, das eine umfassende Erklärung zur Zusammenarbeit enthält. Darin heißt es unter anderem: »Unterschiedliche Interessengruppen haben an der Erziehung und Bildung teil und gestalten sie gemeinsam«, und »Die Zeit, in der Schüler, Klassen oder Schulen isolierte Einheiten waren, ist vorüber« (S. 4 und 5). In seinen weiteren Ausführungen arbeitet der OTF die Grundlagen für mehrere miteinander verbundene Handlungsansätze aus:

- Zusammenarbeit innerhalb der Schule (siehe auch Fullan und Hargreaves, 1991);
- Kooperation mit Eltern und mit der Gemeinschaft; die Beweise für die Vorzüge von Partnerschaften zwischen Eltern und Schulen sind »derart überwältigend, daß eine Fortsetzung der Isolation durch nichts zu rechtfertigen ist« (S. 17);
- Öffnung gegenüber der Arbeitswelt; »die Ziele der Wirtschaft und eine breite Ausbildungsagenda werden enger verknüpft« (S. 23);
- Zusammenarbeit auf und zwischen allen Verwaltungsebenen. Die Behörden müssen selbst intern und extern kooperativer werden.

In Kapitel 6 gehe ich näher auf einige Aspekte dieser neuen Arbeit von Lehrergewerkschaften ein.

Es gibt viele weitere Netzwerke und Bündnisse. Wirtschaftsgruppen schließen Abkommen und bilden Konsortien mit Pädagogen, wie zum Beispiel die National Alliance of Business (1989) in den USA, das Conference Board of Canada (1991) und die Metropolitan Toronto Learning Partnership (1992), um nur einige zu nennen. Eine immer wichtigere Rolle spielen auch gemeinnützige Stiftungen, nicht nur als Geldgeber, sondern auch als Partnervermittler und Kooperationsstrategen (Evans, 1992; Ford, 1992; Wehlage, 1992). An fast allen in diesem Buch beschriebenen größeren Allianzen und Projekten sind eine oder mehrere Stiftungen und Unternehmen aktiv beteiligt.

Die elf »Gewinnerdesigns für eine neue Generation amerikanischer Schulen« (»Winning Designs for a New Generation of American Schools«, *Education Week,* 1992, Mecklenburger, 1992) repräsentieren ein weiteres stattliches Aufgebot an Partnerschaften, einschließlich einer Zusammenarbeit zwischen Comer, Gardner, Sizer, Apple Computer und der National Alliance of Business. Bei diesen Projekten läßt sich voraussagen, daß man auf massive Implementierungsprobleme stoßen und einige sehr gute neue Ideen produzieren wird.

Aber die Entwicklung von Innovationen ist keine Strategie an sich, wenn die Ideen ins Leere laufen. Die Achillesferse der »New Generation« ist die Annahme, daß die Schaffung von Modellschulen das Aussehen des Bildungswesens verändern wird. Die Modellschulen können einen wichtigen Beitrag leisten, aber das Entscheidende ist, daß es *überall* zu lokalen Entwicklungen kommt.

Alles in allem kann man sagen, daß längerfristige Partnerschaften »ohne Schuldzuweisung« unter einer Vielzahl von Beteiligten, die ein Interesse an der Zukunft haben, ein weiteres wesentliches Element für lernende Individuen und lernende Organisationen darstellen. Aber man muß wissen, was man tut (und warum und wie man es tut), weil man auf neue Formen der Komplexität stoßen wird. Bei jeder kooperativen Bemühung muß jeder Partner zu einem Wandel der eigenen Kultur bereit sein, insbesondere im Hinblick auf das Verhältnis zu anderen Institutionen. In unserem Lernkonsortium haben wir zum Beispiel folgende Schlüsse gezogen:

- Schulen/Schulsysteme und Universitäten (zumindest der Fachbereich Erziehung) brauchen einander, um erfolgreich zu sein.
- Sie unterscheiden sich in wichtigen Aspekten ihrer Struktur, Kultur und Belohnungssysteme.
- Eine gute Zusammenarbeit kann den Zusammenhalt, die Koordination und Beharrlichkeit hervorbringen, die unabdingbar für die Weiterentwicklung von Lehrern und Schulen sind.
- Beide Seiten müssen intensiv »an der Zusammenarbeit arbeiten« – neue Strukturen schaffen, die jeweils andere Kultur respektieren, gemeinsame Erfahrungen in die Problemlösung einbringen und die Stärken beider Kulturen nutzen.
- Starke Partnerschaften entstehen nicht durch Zufall, durch gute Absichten oder die Einführung von *ad-hoc*-Projekten. Sie erfordern neue Strukturen, neue Aktivitäten und ein Umdenken im Hinblick auf interne und externe Zusammenhänge und Abläufe (Watson und Fullan, 1992, S. 219).

Sogar wenn lernende Organisationen in bestimmten Bündnissen zusammenarbeiten, suchen sie ständig Kontakte außerhalb der bestehenden Partnerschaften. »Ein erfolgreicher ›Kooperateur‹ nutzt Außenkontakte, um zusätzliche Einsichten und Informationen zu gewinnen«; er bemüht sich um externe Unterstützung und »hält unablässig Ausschau nach Menschen und Informationen, die ihm bei der Verwirklichung seines Auftrags helfen könnten« (Schrage, 1990, S. 160–1).

So schwer es ist, sich an die Zusammenarbeit mit einer oder einigen wenigen fremden Institutionen bei einem bestimmten Projekt zu gewöhnen, so ist es doch eine der leichteren Übungen, wenn man in die Welt der Bündnisse eintritt. Nach allem, was wir in den letzten drei Kapiteln über die dynamische Komplexität erfahren haben, ist klar, daß lernende Organisationen in der Lage sein müssen, eine *Vielzahl* von gleichzeitigen und aufeinanderfolgenden Allianzen einzugehen und immer wieder neu zu schließen. Einzelne Kooperativen enden, andere beginnen. Nur ein aktives Engagement für den ethisch begründeten Erziehungsauftrag und die kontinuierliche Arbeit an den Fähigkeiten der Change Agentry machen uns zu effektiven Partnern, die durch dieses Gebiet hindurchsteuern und den Kurs halten können, auch wenn die übrige Welt unkooperativ erscheint.

Denken wir daran, daß Land und Jarman Wachstum als »die Fähigkeit« definierten, »immer mehr Verbindungen unter ganz unterschiedlichen Umweltbedingungen zu knüpfen« (S. 30). Das wird nicht leicht sein, weil viele Partnerschaften, über die wir hier sprechen, Indidivuen und Gruppen umfassen, die ganz unterschiedliche Erfahrungen, Ansichten, Weltanschauungen und Lösungsvorstellungen einbringen. Aber genau das ist der Punkt – diese Unterschiede liefern uns die notwendigen Zutaten für ein produktives Handeln. Im selben Sinne, in dem Probleme unsere Weggefährten und Freunde sind (Kapitel 3), sind auch die Unterschiede zwischen den Interessenvertretern unsere Weggefährten, weil die Auseinandersetzung mit diesen Unterschieden in eine neue gemeinsame Realität und damit zu neuen Lösungen führt. Insofern »kann jedes System sein Wachstumspotential am besten ausschöpfen, wenn es weniger auf Gemeinsamkeiten setzt und sich statt dessen mit dem Neuen und Andersartigen verbindet« (Land und Jarman, 1992, S. 27).

Es gibt noch einen weiteren Umweltaspekt, den wir betrachten müssen und der sowohl von praktischer Bedeutung ist als auch metaphysische Dimensionen hat – *letzten Endes sind wir alle »da draußen«.*

Wir alle sind da draußen

Wir alle sind in einem ganz konkreten Sinn »da draußen«, weil Organisationen nichts Starres sind. Sogar wenn wir für lange Zeiträume in derselben Organisation bleiben, werden andere Menschen kommen und gehen und dadurch die Organisation verändern. Und die meisten von uns treten im Laufe ihres Arbeitslebens in mehrere Organisationen ein. Wir haben ein persönliches Interesse an dem, was in unserem Umfeld geschieht. Wir müssen Verantwortung für Fragen übernehmen, die über unsere unmittelbare Situation hinausreichen, und sei es nur aus reinem Eigeninteresse.

Ich will das an einem kleinen Beispiel verdeutlichen: Stellen Sie sich einen Schulleiter vor, der in aggressiver Manier die kooperationsfähigsten Lehrer von anderen Schulen abwirbt und die unfähigsten abschiebt, sooft er kann. Dieses Verhalten ist im Grunde selbstzerstörerisch. Erstens ist da die Sache mit dem Wald, in den man hineinruft …! Irgendwann wird der Zeitpunkt kommen, an dem man selbst Lehrer aufnehmen muß, die von anderen Schulen abgeschoben wurden. Deshalb wird eine aggressive Auslese immer nur kurzfristige Erfolge bringen. Zweitens: Auch wenn durch diese Auslese vielleicht eine kooperative Schule entsteht, werden dadurch keine kooperativen Systeme entstehen. Schulen, die eine aggressive Auslese betreiben und ungewöhnlich großen Einfluß auf die Personalpolitik haben, entwickeln sich zu innovativen Ausnahmen. Ausgerechnet diese Schulen werden dann häufig als leuchtende Beispiele angepriesen, denen die anderen Schulen nacheifern sollen, was ihnen leider nicht möglich ist, weil man ja ihre besten Lehrer abgeschöpft hat.

Schulleiter haben die Aufgabe, individuell und gemeinsam dafür zu sorgen, daß die Lernmöglichkeiten für alle Lehrer im System ständig verbessert werden. Ein vom Konkurrenzdenken beherrschtes Verhalten, eine vorschnelle Abstempelung von scheinbar unfähigen Mitarbeitern und eine zu starke Konzentration auf die Auslese der Besten bringen bestenfalls kurzfristige Vorteile – und auch das nur für eine Minderheit von Schulen, nicht für das System als Ganzes (siehe Fullan und Hargreaves, 1991, S. 96–97).

Wir sind jedoch noch in einem anderen, grundsätzlicheren Sinn »da draußen«, und dieser Sinn betrifft das Wesen der dynamischen Komplexität und des systemischen Denkens. Land und Jarman (1992, S. 103) drücken das so aus: »Alles Bestehende existiert in Form von bestimmten Zusammenhängen mit seiner Umwelt.« Wie sie betonen, ist die Vorstellung, daß alles voneinander getrennt sei, sachlich falsch. Denn:

> Alles und jedes ist verbunden. Alles hängt mit allem zusammen. Ganz gleich, wie verschieden wir sind, ganz gleich, wie weit voneinander entfernt – wir alle sind Bestandteile eines miteinander verwobenen Ganzen... Tatsache ist, daß keine wirkliche Trennung zwischen uns, den anderen und der größeren Welt besteht – *außer in unseren Köpfen* (S. 104).

Csikszentmihalyi (1992) nennt das den persönlichen und den »universellen *flow*«. Senge (1996) spricht von »dem unteilbaren Ganzen«, von der Erkenntnis, daß die Erde sowohl winzig klein als auch von allergrößter Bedeutung für uns ist:

> Die Erde ist ein unteilbares Ganzes, so wie jeder einzelne Mensch ein unteilbares Ganzes ist. Die Natur (und das schließt uns mit ein) besteht nicht aus einzelnen Ganzheiten, die sich jeweils aus verschiedenen Teilen zusammen-

setzen. Sie besteht aus Ganzheiten innerhalb von Ganzheiten. Alle Grenzen, auch die zwischen Staaten, sind etwas zutiefst Willkürliches. Wir erfinden sie und schließen uns selbst darin ein (S. 448).

Senge (1996) zitiert Einstein:

> Der Mensch erlebt sich selbst, seine Gedanken und Gefühle als etwas von allem übrigen Getrenntes – eine Art optische Täuschung unseres Bewußtseins. Diese Täuschung ist wie ein Gefängnis, das uns auf unsere persönlichen Bedürfnisse und unsere Liebe für ein paar nahestehende Menschen beschränkt. Unsere Aufgabe muß es sein, uns selbst aus diesem Gefängnis zu befreien, indem wir den Kreis unseres Mitgefühls erweitern und alle lebenden Kreaturen und die Natur in ihrer ganzen Schönheit miteinbeziehen (S. 209).

Die ethisch begründete Zielsetzung, wie man sie deutlicher nicht beschreiben kann! Aber tatsächlich ist »das Engagement für das Ganze« von ungeheurem praktischen Wert für ein produktives Überleben in komplexen globalen Gesellschaften und ein notwendiger Bestandteil einer sinnhaften Existenz. Mit anderen Worten, produktive Bündnisse kennen keine Grenzen, weil Veränderungskräfte keine Grenzen kennen.

Ein Blick von oben

Führungskräfte, vor allem im mittleren Management, erwarten häufig von anderen Teilen der Organisation, daß sie sich in lernende Einheiten verwandeln und stetig nach Verbesserungen streben. Die Schulverwaltungen erwarten dieses Verhalten von den Schulen, die Regierungen erwarten es von den Schulverwaltungen und von den Kommunen. Wie kann man das Lernen in den lokalen Einheiten fördern, wenn man zu einer Zentrale gehört? Das ist keine leichte Aufgabe, aber es gibt einige nützliche Anhaltspunkte.

1. Überlegen Sie, ob Ihre eigene Einheit oder zentrale Gruppe eine lernende Organisation ist, das heißt, hält sie sich selbst an das, was sie predigt? Wenn die Antwort »Nein« lautet, können Sie nicht erwarten, daß Sie von lokalen Gruppen ernst genommen werden. Vorbilder und ihr Verhalten spielen eine große Rolle. Es fängt damit an, daß man seine eigenen Angelegenheiten in Ordnung bringt (obwohl Einzelpersonen ungeachtet der Organisation, der sie angehören, effektive Maßnahmen ergreifen können – siehe Kapitel 7). Pascale (1991) nennt das die »wirkliche Revolution« bei der erfolgreichen Transformation bei Ford, »die Aufrichtigkeit und Beharrlichkeit von Männern, die erkannt hatten, daß sie selbst sich ändern mußten, wenn Ford sich wandeln sollte. Da haben wir eine der seltensten und doch wesentlichen Bestandteile eines erfolgreichen Wandels: Top-Manager, die bereit sind, Veränderungen hinzunehmen und sich selbst zu ändern« (S. 187).

2. Sie können nicht vorschreiben, was wichtig ist (siehe Kapitel 3). Lernende Organisationen mit vielen Einheiten entwickeln sich aus dem ständigen Spannungsverhältnis zwischen dem Zentrum und der Situation vor Ort. Gleichzeitige Top-down- und Bottom-up-Strategien müssen nebeneinander bestehen und sich gegenseitig verstärken. Nach Pascale müssen Organisationen, wenn sie erfolgreich sein wollen, permanent die konstruktive Spannung zwischen »Fit«- und »Split«-Aktivitäten managen – also manchmal integrieren, manchmal dezentralisieren und häufig beides gleichzeitig bei unterschiedlichen Aufgaben.

Wie das im einzelnen funktioniert, wird in der heutigen Management- und Pädagogikliteratur an vielen Beispielen beschrieben. Wenn die zentralen Entscheidungsträger anerkennen, daß effektive Veränderungs- und Lernprozesse immer auf lokaler Ebene stattfinden müssen, stellen sie sich logischerweise die Frage: »Wie kann ein lokal kontrolliertes Unternehmen koordiniert handeln, Synergie zwischen den Unternehmenseinheiten erzeugen und sich gemeinschaftlich um unternehmensweite Ziele bemühen?« (Senge, 1996, S. 350). Senge antwortet:

> Es ist kein Zufall, daß Unternehmen, die führend in der Disziplin der mentalen Modelle sind, wie z. B. die Royal Dutch/Shell oder Hanover Insurance, sich durch ein hohes Maß an lokaler Kontrolle auszeichnen ... Während traditionelle Unternehmen Managementsysteme erfordern, die das Verhalten der Mitarbeiter kontrollieren, investieren lernende Unternehmen in die Qualität des Denkens, in die Fähigkeit zur Reflexion und zum Team-Lernen, in den Aufbau gemeinsamer Visionen und in die gemeinsame Erkenntnis von komplexen Unternehmensfragen. Es sind diese Fähigkeiten, die der lernenden Organisation eine stärkere dezentrale Kontrolle *und* eine bessere Koordination ermöglichen werden als ihren hierarchischen Vorgängern (S. 351).

Sarason (1990) zieht einen ähnlichen Schluß in bezug auf die Schule:

> Wie baut man die bislang fehlenden Möglichkeiten und Mechanismen für eine Selbstkorrektur in unsere Schulen ein? Wenn man die Frage so stellt, ist die Aufgabe nicht die Evaluation im engeren Sinn, sondern die Entwicklung einer Organisationskultur, die eine Selbstkorrektur zur Norm und nicht zum Krieg macht (S. 129).

Der Grund, weshalb ich mich so ausführlich mit dem lokalen Lernen beschäftige, ist kein ideologisches Faible, sondern die Tatsache, daß es die einzig logische Konsequenz ist, wenn man die Dynamik des Wandels verstanden hat. Die Annahme, daß man eine komplexe Organisation von oben kontrollieren kann, ist eine Illusion (Senge, 1996). Die neue Aufgabe des zentralen Managements ist demnach, wie Stacey (1992) betont, daß es die Voraussetzungen schafft und anwendet, durch die alle Organisationsmitglieder die wichtigsten Fähigkeiten für den Umgang mit Veränderungen entwickeln können:

> Wenn die Zukunft nicht erkennbar ist, können Manager keine Techniken, Verfahren, Strukturen und Ideologien für

> eine langfristige Ergebniskontrolle installieren ... nur durch die politische Interaktion und ein komplexes Lernen können Unternehmen ihre unvorhersagbare Zukunft gestalten und erfolgreich meistern (S. 202–203).

Der Bericht von Hampden-Turner (1992) über das Versicherungsunternehmen Hanover Insurance veranschaulicht die Schlüsselprobleme. Die Investition in eine ständige Erweiterung der Fähigkeiten auf allen Ebenen vollzieht sich in einem *ausgehandelten* System, in dem lokale und zentrale Einheiten gleichermaßen geben und nehmen. Die schwierige Frage, die Hanover erfolgreich löste, war:

> Wie konnte man die Stärke und Autonomie der Mitarbeiter in den lokalen Niederlassungen fördern und gleichzeitig die Stärke, Kompetenz und Offenheit der Mitarbeiter in der überregionalen Zentrale fördern?... Zwei Gefahren mußten gebannt werden: Man mußte vermeiden, daß eine starke Zentrale lokale Initiativen unterdrückte und von sich abhängig machte und daß starke Niederlassungen jede Einmischung von seiten der Zentrale verübelten und als Angriff auf ihre Autonomie betrachteten (S. 25).

Hampden-Turner stellt fest, daß das Versicherungsunternehmen kontinuierlich an der Erweiterung seiner Vision arbeitet und sie anhand von konkreten Daten und Zahlen, die von der Organisation ermittelt werden, überprüft. Man ist sich darüber im klaren, daß lokale Einheiten in mehrfacher Hinsicht vergleichbar sind und sich in anderen unterscheiden. Folglich handeln die Zentrale und die lokalen Einheiten bestimmte Ziele aus, entwickeln Erfolgsstrategien und sammeln Informationen, die relevant für die gemeinsam beschlossenen Ansätze sind. Seely Brown (1991) von Xerox erklärt, daß eine der Hauptaufgaben des zentralen Managements darin besteht, lokale Partnerschaften (die wiederum Bündnisse in ihrem Umfeld eingehen) zu fördern und zu sponsern und dann »die lokalen Innovationen zu ernten« (S. 106).

Dieselben Schlußfolgerungen gelten für die Beziehungen zwischen Schule und Zentrum. Unser Lernkonsortium bezeichnet das als Management der Ko-Entwicklung von Schule und Verwaltungsbezirk (Fullan, 1993). Die vier Schulamtsbezirke (mit durchschnittlich jeweils 60 000 Schülern und 125 Schulen) arbeiten ständig an Strategien, um die Spannungen zu managen und zu verhandeln, die sich aus der gleichzeitigen Schul- und Bezirksentwicklung ergeben. Zu den Hauptbestandteilen dieser Bemühung um eine zusammenhängende Entwicklung gehören: die Einführung und ständige Überarbeitung einer breit angelegten Missionserklärung und strategischen Planung; die Entwicklung und Unterstützung von Schulplänen; die Verknüpfung von Leistungsbeurteilungen und Mitarbeiterförderung; Personalauswahl- und Beförderungsprozesse, die auf einen effektiven Wandel ausgerichtet sind; ein systematisches Engagement für die professionelle Weiterentwicklung (sowohl schulintern als auch systembezogen); die Übertragung von Ressourcen auf die Ebene Schule-Kommune; ein bezirksweit koordiniertes Bewertungsverfahren.

Das Konzept von der Schule als einer lernenden Organisation führt zu neuen Ansätzen in bezug auf die Kontrolle und die Verantwortlichkeit. Traditionelle Bewertungsansätze versagen, weil sie nicht mit effektiven Mitteln für eine praktische Anwendung der Informationen verbunden sind. Wie Darling-Hammond und Ascher (1992) feststellen: »Leistungsindikatoren ... liefern dem Verantwortlichkeitssystem Informationen; sie sind nicht das System selbst. Verantwortlichkeit (d. h. verantwortungsbewußtes Handeln und Offenheit gegenüber der Klientel) entsteht nur, wenn es mehrere konkrete Verfahren für die Deutung und praktische Umsetzung der Informationen gibt« (S. 2). Und wie wir an früherer Stelle gesehen haben, brauchen wir auch unterschiedliche Meßverfahren für die Lernprozesse der Schüler. Außerdem zeichnen sich lernende Organisationen durch eine ganzheitlichere Verantwortlichkeit aus, weil sie systemischer arbeiten. Bei Darling-Hammond und Ascher heißt es:

> Beurteilungsdaten sind nur so nützlich, wie sie relevante, valide, aktuelle und nützliche Informationen darüber liefern, wie viele einzelne Schüler lernen und wie vollständig die Schule den Bedürfnissen der Schüler gerecht wird. Aber diese Art von Informationen ist nur ein winziger Bruchteil des gesamten Verantwortlichkeitsprozesses. Dazu gehört auch, wie Schulen oder Schulsysteme ihre Mitarbeiter rekrutieren, beurteilen und unterstützen; wie sie Entscheidungen treffen; wie sie dafür sorgen, daß die besten verfügbaren Kenntnisse erworben und angewendet werden; wie sie ihre eigene Arbeit und die Fortschritte der Schüler bewerten; wie sie an Probleme herangehen und welche Anreize sie für eine ständige Weiterentwicklung bieten (S. 2; siehe auch Hill und Bonan, 1991).

Die fundamentale Schlußfolgerung für die lernende Organisation, ob auf lokaler oder zentraler Ebene, lautet, daß die Kräfte des Wandels in dynamisch-komplexen Situationen überraschende und ungeplante Formen annehmen. Deshalb ist »die Fähigkeit, in einem Zustand dauernden Ungleichgewichts zu leben«, von wesentlicher Bedeutung (Pascale, 1991, S. 233). Ich habe behauptet, daß es Organisationen, die an den Kernfähigkeiten der Change Agentry arbeiten (persönliche Vision, Meisterschaft, kritische Nachfrage und Kooperation), unter diesen Bedingungen besser ergehen wird. Pascale faßt die Schlüsselmerkmale des neuen Ansatzes zusammen, der sich dadurch auszeichnet, daß er

1. eine ganzheitliche und keine bruchstückhafte Betrachtung von Organisationen umfaßt,
2. Meinungsstreit als Quelle von Energien und Erneuerung wertet und
3. ein Klima schafft, das die Mitarbeiter ermuntert, sich mit den Zielen der Firma zu identifizieren und ihre ganze Energie daranzusetzen, sie zu verwirklichen.

> Der Nettoeffekt dieser Faktoren muß so stark sein, daß er eine Organisation in einen Zustand stetiger Unruhe versetzt, jedoch nicht so ausgeprägt, daß er zerstörerisch wirkt (S. 233).

Die meisten Organisationen, die eine derartige Transformation anstreben, stoßen in den Anfangsphasen auf große Schwierigkeiten. Ob sie erfolgreich voranschreiten oder nicht, hängt davon ab, ob sie aus diesen Erfahrungen *lernen*. Die Fähigkeit dazu wird in starkem Maße von den Lernorientierungen und den Lernfähigkeiten der Organisationsmitglieder beeinflußt. Nicht nur die offiziellen Anführer, sondern alle Mitglieder müssen in der Lage sein, auf einer kontinuierlichen Basis zu lernen. Deshalb sind die Fähigkeiten und Verhaltensweisen des durchschnittlichen Lehrers entscheidend für die Zukunft der lernenden Gesellschaft. Was die Schule betrifft, so ist die Lehrerbildung die bei weitem reichste Quelle ungenutzter Möglichkeiten, wenn man das Lernvermögen der Organisationsmitglieder steigern will.

Kapitel 6
Lehrerbildung: Die verpaßte Chance der Gesellschaft

Die Gesellschaft hat gegenüber ihren Lehrern in doppelter Hinsicht versagt. Einerseits verweigert sie ihnen den Respekt und gibt ihnen schlechte Noten, weil sie keine besseren Ergebnisse zustande bringen. Andererseits versagt sie ihnen aber auch die notwendige Hilfe und trägt nicht dazu bei, die Bedingungen zu schaffen, die bessere Ergebnisse ermöglichen würden. Ein echter Teufelskreis. Ich werde in diesem Kapitel darlegen, daß auch die Ausbilder der Lehrer und die Lehrer selbst versagt haben, weil sie nichts unternommen haben, um diesen Teufelskreis zu durchbrechen. Wenn man das System verändern will, kann man nicht darauf warten, daß andere Leute die Probleme lösen (Kapitel 7).

Trotz zahlreicher Lippenbekenntnisse für eine gute Lehrerbildung ist die Gesellschaft offenbar äußerst skeptisch und nur halb davon überzeugt, daß eine Investition in die Lehrerausbildung tatsächlich lohnend sein könnte. Viele Entscheidungsträger glauben vielleicht insgeheim, daß die Probleme der Pädagogen maßlos übertrieben werden. Schließlich haben die meisten Personen, die verantwortungsvolle Positionen bekleiden, unzählige Stunden in Klassenzimmern verbracht und sind von daher zumindest Stammtischexperten. Sie wissen, daß Jahr für Jahr Scharen von unqualifizierten Lehrern auf die Schüler losgelassen werden und gezwungen sind, am Arbeitsplatz zu lernen. Außerdem ist eine Investition in die Lehrerausbildung keine kurzfristige Strategie. In Anbetracht der vielfältigen Probleme, die nach einer sofortigen Lösung verlangen, fällt eine präventive Strategie, deren positive Auswirkungen erst nach Jahren spürbar werden, leicht unter den Tisch. Wenn eine Krise auftritt, muß man sie bewältigen. Ein Handeln, das auf die Verhinderung von Krisen zielt, ist zwar mittel- und langfristig betrachtet wesentlich kostengünstiger, aber viel schwerer durchzusetzen.

Und doch sollte nach der Lektüre des bisher Dargestellten klar sein, daß eine hochqualifizierte Lehrerschaft – die ununterbrochen lernt – die *conditio sine qua non* ist, wenn man die dynamische Komplexität bewältigen will, d. h. wenn man dazu beitragen will, die Schüler zu verantwortungsbewußten Bürgern zu erziehen, die zu einem produktiven Leben in einer wandelbaren Welt fähig sind und konstruktive Beziehungen zu ihren Mitmenschen aufbauen können. Wir brauchen bessere Lehrer. Es gibt keine Alternative.

Die Situation der Lehrer ist nicht ganz so desolat wie damals bei den Ärzten, als Abraham Flexner im Jahr 1910 die schlechte Qualität der medizinischen Ausbildung anprangerte und nach einer umfassenden Reform verlangte. Aber das will nicht viel heißen – 80 Jahre sind eine lange Zeit. Das eigentliche Problem ist jedoch, daß die Gesellschaft eine Reform der Lehrerausbildung weder für dringend geboten hält noch eine klare Vorstellung von notwendigen Reformmaßnahmen hat. Der Lehrerausbildung kommt noch immer die zweifelhafte Ehre zu, daß sie das schlimmste Problem und zugleich die beste Lösung im heutigen Bildungswesen ist. Wir brauchen unbedingt eine Einschätzung des Problems, damit wir erkennen können, wie man das lebenslange Lernen der Lehrer zu einer Realität machen kann.

Eine Einschätzung des Problems

Denken Sie an Rachel B. (Kapitel 4). Als sie ihre Tätigkeit als Lehrerin aufnahm, war sie hochmotiviert und wollte in jeder Hinsicht einen nützlichen Beitrag leisten. Obwohl sie alles Mögliche versuchte, um eine gute Lehrerin zu werden, fing sie am Ende des zweiten Jahres an, sich von ihrer Arbeit zu distanzieren: Sie tat nur noch, was unbedingt notwendig war, und machte sich immer mehr Sorgen über ihre Zukunft, unternahm aber nichts, um die Situation zu ändern. Vor ihr liegen noch 35

Jahre Zynismus und Routine. Wie viele Schüler und wie viele Kollegen wird sie, ohne es zu wollen, negativ beeinflussen?

Es ist relativ leicht, das Wesen und das Ausmaß des Problems abzuschätzen. Ich werde barmherzig sein und es kurz machen. Die Probleme fangen bei den pädagogischen Vorbereitungsprogrammen an. Howey und Zimpher (1989) ermittelten in ihren detaillierten Fallstudien von sechs US-amerikanische Universitäten 14 Eigenschaften, die erforderlich wären, um den bislang fehlenden Programmzusammenhang herzustellen, nämlich Faktoren wie: Programme, die auf klaren Lehr- und Schulungskonzeptionen basieren; Programme, die klare thematische Schwerpunkte haben; Lehrpersonal, das gemeinsame Versuchs- oder alternative Programme mit charakteristischen Besonderheiten entwickelt; die Arbeit mit Studentengruppen; adäquate Curriculum-Materialien und eine gutkonzipierte Praxiskomponente; ein Austausch zwischen Universitäts-Programmen und schulorientierten Unterrichtsprogrammen; direkte Verbindung zu Wissensgrundlagen aus Forschung und Entwicklung und eine regelmäßige Neubewertung dieser Programme.

Goodlad (1990a) und seine Mitarbeiter kommen in ihrer umfassenden Untersuchung von 29 Universitäten zu einem noch vernichtenderen Urteil. Hier einige ihrer wichtigsten Ergebnisse:

1. Die Vorbereitungsprogramme in unserer Auswahl machten relativ wenig Gebrauch von den Peer-Sozialistionsprozessen, die in anderen Bereichen der Berufsvorbereitung angewendet werden. Es gab kaum Bemühungen, die neuen Bewerber in Gruppen einzuteilen; auch in späteren Stadien wurden keine Versuche in diese Richtung unternommen. Folglich blieb der Erfahrungaustausch der Studenten größtenteils auf die offiziellen Kurse beschränkt (wo der Unterricht stark didaktisch ausgerichtet ist). Die soziale, intellektuelle und berufliche Isolation der Lehrer, wie sie von Dan Lortie anschaulich beschrieben wird, beginnt in der Ausbildung. Diese relativ einseitige Betonung des Individualismus in der Vorbereitung

trägt sicher nicht zu der Kollegialität bei, die später für die lokale Schulerneuerung notwendig ist.

2. Die rapide Ausweitung der höheren Bildung, zusammen mit unvorgesehenen Veränderungen in der akademischen Welt haben zur Verwirrung bei den Professoren geführt. Sie sind sich unsicher über den Zweck der höheren Bildung und ihre eigene Rolle bei der Vermittlung. Obwohl die Folgen dieser Veränderungen in der akademischen Welt weit über die Schulen und Fachbereiche hinausreichen, hat der Niedergang der Lehre zugunsten der Forschung, der an den meisten höheren Bildungsanstalten stattgefunden hat, dazu beigetragen, das Ansehen der Lehrerausbildung weiter zu senken. An regionalen staatlichen Universitäten, die früher einmal normale Schulen und Lehrercolleges waren, hat sich die Situation so verschlechtert, daß es praktisch zu einem institutionellen Initiationsritus geworden ist, das frühere Interesse an der Lehrerausbildung zu vertuschen. Die schulische Lehrtätigkeit und die Lehrerausbildung sind offenbar nicht in der Lage, ihrem Statusverlust entgegenzuwirken.
3. Die Ausbildungsprogramme weisen schwerwiegende Brüche auf: Der geisteswissenschaftliche und der naturwissenschaftliche Teil hat keinen Zusammenhang mit dem Teil, der von der Schule oder dem erziehungswissenschaftlichen Fachbereich gelehrt wird; das gleiche gilt für die Reihenfolge der einzelnen Ausbildungsschritte und für die Beziehung zwischen dem hochschulbezogenen Teil und dem schulbezogenen Teil... Unsere Daten ergeben auch eindeutig, daß man in den von uns untersuchten Programmen in erster Linie auf den *Klassenraum*, aber nicht auf die *Schule* vorbereitet wird.
4. Kurse über die Geschichte, Philosophie und die sozialen Grundlagen der Bildung und Erziehung... sind im Schwinden begriffen (S. 700f.).

Diese traurige Situation bleibt in den ersten Praxisjahren unverändert gleich. Unterstützende Einführungskurse für Berufsanfänger haben immer noch Seltenheitswert, und gute Programme sind dünn gesät, obwohl wir sehr genau wissen, wie wichtig und notwendig sie für neue Lehrer sind, und obwohl solide Instruktionsprogramme zweifellos zu den kostengünstigsten Präventivmaßnahmen gehören. Von diesen Problemen wissen wir seit einigen Jahrzehnten (wenn auch nicht, wie sie im einzelnen zu lösen sind, worauf ich im nächsten Abschnitt eingehen werde). Die Ergebnisse der vierbändigen Studie von McDonald und Elias (1980) haben leider nichts von ihrer Gültigkeit verloren und sind noch immer repräsentativ. Sie fassen ihre Ergebnisse wie folgt zusammen:

1. Nahezu alle Lehrer erleben die Eintrittsphase in den Beruf als die schwierigste Phase ihrer Laufbahn. Zweifellos gibt es einige Lehrer, bei denen der Einstieg glatt und reibungslos verläuft, aber die Mehrheit beschreibt den Übergang als äußerst schwierig und sogar als traumatisch.
2. Die Hauptprobleme, mit denen die Lehrer zu kämpfen haben, sind mühelos auszumachen. Die meisten betreffen die Leitung und Durchführung des Unterrichts. Da diese Schwierigkeiten so gravierend sind, übersieht man leicht die ebenso offensichtliche Tatsache, daß es eine Vielzahl von weiterreichenden Problemen gibt: So haben viele Lehrer Schwierigkeiten damit, die Schüler zu beurteilen, selbst beurteilt zu werden, mit Eltern zusammenzuarbeiten, einen konsequenten Unterrichtsstil zu entwickeln, den Schulbetrieb zu durchschauen, die Regeln zu begreifen und ähnliches mehr.
3. Die Angst, die Anspannung und die Gefühle der Isolation und Einsamkeit, die offenbar charakteristisch für diese Phase sind, gehören zu den am wenigsten erforschten Aspekten dieses Übergangsstadiums. Vorliegende Untersuchungen enthalten genügend Anhaltspunkte dafür, daß diese Gefühle nichts Ungewöhnliches sind, auch wenn Einzelgespräche mit Lehrern wesentlich aufschlußreicher sind als die Fachliteratur.
4. Fast alle Lehrer berichten, daß sie diese Übergangsphase

»allein« bewältigt haben. Da es wenig oder keine Hilfsangebote gab, mußten sie selbst die Initiative ergreifen, wenn sie Unterstützung finden wollten. Diese Initiative bestand normalerweise darin, daß sie nach einem anderen Lehrer Ausschau hielten, dem sie ihre Probleme anvertrauen konnten...

5. Die Erfahrungen in dieser Übergangsphase haben vermutlich einen direkten Einfluß darauf, ob die Lehrer später einen hohen Grad an Kompetenz und Engagement entwickeln oder nicht (Bd. I, S. 42f.).

Die restliche Laufbahn sieht nicht weniger trübe aus (siehe Fullan, 1991, Kapitel 15). Vom Standpunkt des Lernens aus sind die Arbeitsbedingungen in den meisten Schulen nicht so beschaffen, daß die Lehrer automatisch besser werden, weil sie einer lernenden Organisation angehören. Wenn sie ihr fachliches Können weiterentwickeln, so meist trotz und nicht wegen des Systems, in dem sie sich befinden. Und dabei haben wir die Probleme, die sich in den multikulturellen Schulen der Großstädte ergeben, noch nicht einmal angesprochen. Das American Research Institute (1992) hat eine Rangliste der zehn schwierigsten Berufe herausgegeben. Auf Platz eins rangiert der »Lehrer an einer innerstädtischen Schule« – noch vor dem Polizisten und dem Fluglotsen.

Auf einzelnen Gebieten gibt es Erfolge, und ich werde gleich ausführlicher darauf eingehen, wie man diese Ansätze ausbauen könnte. Dennoch bin ich überzeugt, daß die Ausführungen der letzten Absätze die allgemeine Situation der Lehrerbildung treffend wiedergeben. Es wird immer schwieriger für einen Lehrer, daran zu glauben, daß er zu einer edlen Berufsgruppe gehört, die sich engagiert und kenntnisreich um das Wohl ihrer Schüler bemüht. Im Vergleich zu früher ist es heute leichter, sich ausgebrannt zu fühlen, schwerer, sich anerkannt und befriedigt zu fühlen, und weitaus wahrscheinlicher, daß gute und kluge Leute den Beruf nicht attraktiv finden oder ihn aufgeben.

Was können wir tun?

Mit anderen Worten, wir haben es mit einem gewaltigen Problem zu tun. Unsere Lehrer sind keine professionellen Lerner. Lehrer und Lehrerausbilder wissen nicht genug über das Hauptthema, sie wissen nicht genug darüber, wie man unterrichtet, und sie wissen nicht genug darüber, wie man die äußeren Bedingungen erkennt und beeinflußt. Vor allem ist die Lehrerausbildung – von der Vorbereitung bis zum Ende der Laufbahn – nicht auf ein permanentes Lernen eingestellt.

Wenn wir den Beruf verändern wollen, müssen wir vor allem den ethisch begründeten Erziehungsauftrag und die Fähigkeiten der Change Agentry sowie ihre Wechselbeziehung deutlich zum Ausdruck bringen und bestärken. Wenn man die Geschichte der Lehrerausbildung näher betrachtet, stellt man überrascht fest, daß die Vorstellung vom Lehrer als einem Mittler des Wandels eine lange Tradition hat. Um die Frage zu beantworten, was wir tun können, will ich daher zunächst untersuchen, warum sich diese früheren Ansätze nicht durchgesetzt haben.

Berufsvorbereitung: Die Lehrerausbildung

Die bundesstaatlich geförderten TTT-Programme (Teacher Corps and Trainers of Teacher Trainers) in den USA verdienen eine nähere Betrachtung. Sie tauchten vor einem Vierteljahrhundert auf, waren auf eine Reform der Gesellschaft ausgerichtet und verschwanden kurze Zeit später sang- und klanglos von der Bildfläche. Was können wir aus diesen Anstrengungen lernen?

Zwischen 1965 und 1975 bildete das Teacher Corps 11 000 Lehrer aus. Das Programm »testete auf landesweiter Ebene die Hypothese, daß ein Referendariatsmodell der Lehrerausbildung dazu beitragen könnte, die Bildung und Erziehung von gesellschaftlich benachteiligten Gruppen zu verbessern« (Weiner, 1992, S. 9; siehe auch Drummond und Andrews, 1980). Das Programm war ausdrücklich darauf angelegt, einen Strom von »Change Agents« zu erzeugen (man benutzte auch genau diesen Begriff). Unter Anleitung eines »Master Teacher« sollten die Referendare, die sich für diese zweijährige Ausbildung am Arbeitsplatz einschrieben, allmählich ihre Unterrichtstätigkeit erweitern. Schulamtsbezirke und Universitäten sollten die Schulen vor Ort bei der Durchführung des Programms unterstützen. Abgesehen von einer quantitativen Expansion erzielte das Programm im Laufe seines zehnjährigen Bestehens keine der angestrebten Wirkungen. Die zu Change Agents erkorenen Referendare und Projektmitarbeiter prallten auf die regulären Mitarbeiter und stießen häufig auf Ablehnung.

Das TTT-Programm startete 1967 und lief drei Jahre später an insgesamt 57 Standorten. Ziel war wiederum der gesellschaftliche Wandel – eine bessere Bildung und Erziehung für sozial benachteiligte Gruppen –, aber diesmal konzentrierte man sich auf die Ausbilder der Lehrer, die wiederum die Qualität der Lehrerausbildungsprogramme und deren Absolventen verbessern sollten. Einer der zentralen Grundsätze war das »Paritätsprinzip«, das definiert wurde als »die Beteiligung der Pädagogikschulen, geisteswissenschaftlichen Colleges, staatlichen Schulen und Kommunen an der Planung und Durchführung von Lehrerausbildungsprogrammen« (Weiner, 1992, S. 9).

Die Lebenszeit des TTT betrug nur sechs Jahre (1967 bis 1973). Während dieser Zeit wurde ein breites Spektrum an Programmen entwickelt, die in Inhalt und Struktur so breit gefächert waren, daß sie sich »einer Zusammenfassung entziehen«. Verschiedene Projekte bemühten sich um eine Curriculum-Reform und eine praxisorientierte Ausbildung in Schulen. Die Projekte wurden von zahlreichen Problemen behindert. Ein Projektleiter nahm seinen Hut, kurz nachdem das Programm angelaufen war, und begründete seinen Entschluß damit, daß die Richtlinien »zur Ermittlung von Change Agents unter den Pädagogikprofessoren, Lehrern, Eltern, Gemeindevertretern und Collegeschülern zu vage seien«. Bis zum Schluß der TTT-Initiative blieb unklar, wie die Professoren sich außer durch die Entgegennahme von Fördergeldern und eine allgemeine Verpflichtung zur Lehrerbildungsreform verbessern sollten.

Sowohl Teacher Corps als auch TTT sind zweifellos dem zum Opfer gefallen, was ich an anderer Stelle als »Herumbasteln im großen Stil« bezeichnet habe – dem »ungeschickten und unsachgemäßen Versuch, etwas in Ordnung zu bringen«. Meiner Ansicht nach gab es folgende Hauptgründe für ihr Scheitern:

1. Die Programme basierten auf extrem vagen Konzepten. Im Besitz einer Ideologie zu sein bedeutet nicht, daß man auch klare Konzepte und Vorstellungen davon hat, was getan werden muß und wie man die Ziele umsetzt.
2. Sie konzentrierten sich auf das Individuum und ließen die Institutionen außer acht.
3. Die Programme waren unsystemisch, d. h. sie befaßten sich kaum mit Veränderungen in den interinstitutionellen Beziehungen (zum Beispiel zwischen Schulen und Universitäten).
4. Sie ignorierten die erforderlichen Wissens- und Erfahrungsgrundlagen (und gingen davon aus, daß Ideologie und Gelegenheit ausreichen würden).
5. In den Fällen, wo man – wenn auch ungeschickt – an Veränderungen arbeitete, waren die Bemühungen in der Regel auf das Schulsystem gerichtet, nicht auf die Universitäten. Sogar das TTT-Programm, das auf letztere fokussiert war, wandte seine Hauptaufmerksamkeit dem Schulmilieu zu.

Liston und Zeichner (1991) haben eine moderne Variante der Lehrerbildung im Sinne einer sozialen Change Agentry ausgearbeitet. Diese Autoren fordern einen Lehrerbildungsplan, der auf die »Umbildung der Gesellschaft« ausgerichtet ist. Nach Ansicht von Liston und Zeichner müssen die Lehrer der Pädagogen:

> (1) in irgendeiner Funktion direkt an einem Lehrerbildungsprogramm beteiligt sein (z. B. als Lehrer oder Administratoren); (2) sich politisch an Colleges und Universitäten engagieren; (3) die Bemühungen in öffentlichen Schulen um mehr Demokratie und bessere Lernumwelten aktiv unterstützen; (4) politische Arbeit in Berufsverbänden und in bezug auf staatliche Bildungseinrichtungen leisten; (5) sich für demokratische Veränderungen einsetzen, die auf mehr soziale Gerechtigkeit in anderen gesellschaftlichen und politischen Bereichen zielen (S. 188).

Im Hinblick auf derzeitige Reformvorschläge zur Lehrerausbildung – wie den Carnegie-Report (1986) und die Holmes Group (1986 u. 1990) – stellen Liston und Zeichner fest: »Wir halten es für äußerst kritikwürdig, daß in einigen Berichten überhaupt nicht darauf eingegangen wird, wie man das moralische Bewußtsein, das soziale und politische Engagement von Lehrern und ihre Fähigkeit, an der Bekämpfung von sozialen, pädagogischen, wirtschaftlichen und politischen Ungleichheiten mitzuwirken, fördern kann« (S. 217f.). Man muß es den Autoren hoch anrechnen, daß sie nicht nur theoretisieren, sondern beide aktiv an der Entwicklung und Umsetzung solcher Programme (an zwei verschiedenen Universitäten) arbeiten.

Obwohl der Ansatz von Liston und Zeichner einige wertvolle Ideen und Komponenten enthält, glaube ich nicht, daß er sich als tragfähig erweisen wird. Sie haben zwar einerseits das Problem der »vagen Konzeptionen« in Angriff genommen: Ihr Vorschlag ist klar, und sie haben Teile davon in ihren eigenen Institutionen umgesetzt. Aber der fatale Fehler besteht darin, daß der Ansatz der gesellschaftlichen Erneuerung zu ehrgeizig ist. Von den weitaus meisten Lehrern und Lehrerausbildern können wir nicht erwarten, daß sie sich politisch engagieren, an einer besseren Demokratie arbeiten und soziale Ungerechtigkeiten bekämpfen, nicht einmal in ihren eigenen Bereichen. In der vorliegenden Form ist der Anspruch zu hoch, die Forderung zu gewagt. Sicher verbringen einige Lehrer ihre Zeit in dieser Arena, und je mehr es tun, desto besser. Aber für die Mehrheit der Lehrer gilt, daß ihr ethisch begründeter Erziehungsauftrag enger mit dem einzelnen Schüler verbunden sein muß. Wenn diese Lehrer dann auch noch erkennen, daß die Arbeitsbedingungen in der Schule und ihre Fähigkeit zu einem effektiven Unterricht ursächlich zusammenhängen, werden sie motiviert sein, gemeinsam mit anderen an einem Wandel der Schule und des Schulsystems zu arbeiten. Ich bin überzeugt, daß die Reform der Lehrerausbildung darauf ausgerichtet sein muß, zwei allgemeine Themen auszuarbeiten und zusammenzuführen:

1. Die Reform muß den ethisch begründeten Erziehungsauftrag (definiert als die Absicht, das Leben von immer mehr Schülern positiv zu beeinflussen) wiedereinführen.
2. Sie muß die für eine erfolgreiche Umsetzung erforderliche Wissens- und Fähigkeitsgrundlage schaffen und kontinuierlich erweitern. Dazu gehört, daß man zunächst die Kenntnisse und Fertigkeiten erwirbt, die für den Wandel von Organisationen und für den Umgang mit Veränderungskräften in komplexen Umfeldern notwendig sind.

Unter diesen Voraussetzungen werden sich alle Lehrer aktiv und offen für den ethisch begründeten Erziehungsauftrag und für eine Verbesserung der lokalen Bedingungen einsetzen, die zur Unterstützung eines kontinuierlichen Wandels erforderlich sind. Wie wir gesehen haben, ist die ethisch begründete Zielsetzung des Lehrens und der Lehrerausbildung seit langem bekannt, aber nie fest etabliert worden. Es ist an der Zeit, den ethisch begründeten Erziehungsauftrag wieder explizit in die institutionellen Ziele der Lehrerausbildung und des Lehrerberufs miteinzubeziehen (siehe Kapitel 2; und Goodlad, 1990b; Sirotnik, 1990). Wenn man auf der individuellen Ebene ansetzt, kann man dem ethisch begründeten Erziehungsauftrag Bedeutung verleihen, weil er tüchtigen Lehramtsbewerbern und Lehrern schon jetzt am Herzen liegt. Der ethisch begründete Erziehungsauftrag läßt sich weiter bestärken, wenn Lehrer erkennen, daß die Veränderung, die sie im Leben eines oder mehrerer Schüler bewirken, zu einem gesellschaftlichen Wandel in sozialer und wirtschaftlicher Hinsicht beiträgt. Man muß den ethisch begründeten Erziehungsauftrag in den Vordergrund rücken und zu einem Veränderungsthema ausformulieren.

Eine noble Gesinnung ist eine Sache. Eine ganz andere Sache ist, ob man weiß, was man tut. Das zweite fehlende Element – und hier liegt ein wesentlich härteres Stück Arbeit vor uns – betrifft die Schaffung und ständige Erweiterung der Wissens- und Fähigkeitsbasis, die wir brauchen, damit wir (a) ganz unterschiedliche Menschen effektiv unterrichten können und damit wir (b) Einfluß auf die schulischen und andere Arbeitsbedingungen nehmen können, von denen unser Erfolg bei (a) abhängt. Lehrer werden erst dann eine Wirkung im Klassenzimmer erzielen, wenn sie auch die Arbeitsbedingungen außerhalb des Klassenraums verändern.

Da es keine umfassende, öffentlich anerkannte Wissensgrundlage gibt, hält sich das hartnäckige Vorurteil, daß jeder, der nicht gänzlich auf den Kopf gefallen ist, zum Lehrer taugt. Nach einem Besuch von 14 pädagogischen Colleges quer durch die USA kommt Kramer (1992) zu dem Ergebnis:

> Alles, was man über das Unterrichten wissen muß, kann ein einigermaßen intelligenter Mensch in einem einzigen, gut konzipierten Sommerkurs erlernen. (S. 214)

Auf verdrehte Weise enthält diese Beobachtung einen wahren Kern. Sie stimmt in dem Sinne, daß es vielen Menschen, die eine derart minimale Ausbildung erhalten, gelungen ist und immer noch gelingt, ein Leben lang als Lehrer zu arbeiten. Richtig ist auch, daß einige Menschen nach einem erstklassigen Sommerkurs genausoviel oder mehr wissen als andere, die eine miserable mehrjährige Ausbildung durchlaufen haben. Kramer entdeckte eine Fülle von Beispielen für den ethisch begründeten Erziehungsauftrag – engagierte Pädagogen, die für soziale Gerechtigkeit kämpften: »Überall fand ich idealistische Menschen, die unbedingt Gutes tun wollten« (S. 200).

Was sie vermißte, war die engagierte Bemühung um entsprechende Kenntnisse und Fertigkeiten. Engagement und Kompetenz schließen einander natürlich nicht aus (ihre Verbindung ist im Gegenteil der springende Punkt), aber dieser Eindruck kann leicht entstehen, wenn die Wissensbasis so unzureichend ausformuliert ist.

Den wichtigen Bereich der Personalrekrutierung und -auswahl will ich hier nur kurz streifen (die beste Darstellung dieses Aspekts gibt Schlechty, 1990, Kap. 1). In vielerlei Hinsicht verlangt die Situation nach einer Strategie nach dem Motto: »Wenn du den Anfang machst, werden die anderen mitziehen«. Man gräbt sich sein eigenes Grab, wenn man Bewerber auswählt, die besser sind als das Programm, an dem sie teilnehmen. Was wir brauchen, sind Auswahlkriterien, die sowohl die akademische Qualifikation als auch die Erfahrung (zum Beispiel im Hinblick auf den Erziehungsauftrag) berücksichtigen, außerdem Schirmherren und Sponsoren für benachteiligte Gruppen und ein verdammt gutes Programm. Schlechty fügt einen weiteren wichtigen Aspekt hinzu:

> Die Lehrerausbildung ließe sich nach meiner Ansicht wesentlich verbessern, wenn man die Bewerber zu der Einsicht bringen könnte, daß man eine Menge Zeit und Kraft investieren muß, wenn man lernen will, ein guter Lehrer zu sein. Deshalb liegt es im Interesse einer guten Lehrerausbildung, die Bedingungen zu schaffen, unter denen begabte Anwärter bereit sind, an Programmen teilzunehmen, in denen sie eine wesentlich längere Entwicklungsphase durchlaufen müssen als bei den meisten derzeitigen Ausbildungsgängen. (S. 22)

Dafür brauchen wir bessere Programme.

Kurz, die unzureichend definierte Wissensbasis im Hinblick auf das Lehren und die Lehrerausbildung ist ein Haupthindernis für die Entwicklung einer besseren Lehrerschaft. Lichtenstein, McLaughlin und Knudsen (1992) machen dieses Problem in ihrer Untersuchung über Restrukturierungen aus.

Sie argumentieren, daß sich die Rolle und Aufgabe des Lehrers erst dann erweitern wird, wenn es zu einer entsprechenden Erweiterung des Lehrerwissens kommt.

»Wissen«, sagen sie, »ist ein elementarer, nicht reduzierbarer Teil der Ermächtigung von Lehrern« (S. 40). Lichtenstein et al. führen diesen Ansatz weiter aus:

> Das Wissen, das Lehrer dazu ermächtigt, ihren Beruf mit Selbstvertrauen, Begeisterung und Autorität auszuüben, ist das Wissen vom Lehren im allerweitesten Sinne.
>
> Wir haben die Hauptformen des Wissens, über das ermächtigte Lehrer verfügten, in drei einander überschneidende Bereiche geordnet:
>
> - Kenntnisse von der professionellen Gemeinschaft;
> - Kenntnisse von der Bildungspolitik;
> - Kenntnisse vom Fachgebiet. (S. 41)

Kompetenz erzeugt Selbstvertrauen. Sarason (1993) belegt, wie weit wir in dieser Hinsicht – in den Augen der Fachleute und der Gesellschaft – von einer erfolgreichen Lehrerausbildung entfernt sind. Sarason geht bei seinen Überlegungen von der These aus, daß der Versuch, Schulen zu *reparieren* (der dennoch fortgesetzt werden sollte), wesentlich uneffektiver ist, als der Versuch, von vornherein zu *verhindern*, daß Probleme sich anhäufen. Er fordert bessere Vorbereitungsprogramme für Pädagogen – für Lehrer ebenso wie für Verwaltungsbeamte –, damit wir mehr kompetente Pädagogen und Change Agents erhalten.

Ein ganzes Kapitel in dem neuen Buch von Sarason ist dem 1910 erschienenen Bericht von Flexner über die Situation der Ärzteausbildung gewidment *(Medical Education in the United States and Canada)*. Flexners Lösung bestand im Entwurf eines medizinischen Ausbildungsprogramms, das praktische Laborarbeit und klinische Erfahrung mit beaufsichtigten Interaktionen in Krankenhäusern verband. Wie Sarason anmerkt, ist es Flexner »überhaupt nicht in den Sinn gekommen, auch Verbesserungsvorschläge für die Arbeit *bereits prakti-*

zierender Ärzte zu machen« (S. 114). Damit keine Mißverständnisse aufkommen, möchte ich zwei Dinge klarstellen: Zum einen hat die medizinische Ausbildung ihre eigenen Probleme und ist kein Wundermittel; dennoch läßt sich nicht bestreiten, daß die Ausbildung von Ärzten (und Fluglotsen etc.) sehr viel ernster genommen wird als die Ausbildung von Lehrern. Zum anderen befasse ich mich so ausführlich mit der Vorbereitung der Lehrer, weil ich deutlich machen möchte, daß die Ausbildung sträflich vernachlässigt wird. Das heißt aber keineswegs, daß die berufsbegleitende Fort- und Weiterbildung weniger wichtig wäre.

Lehrerausbilder müssen genauso wie andere aufstrebende Change Agents selbst die Initiative ergreifen, was zur Zeit an mehreren Fronten geschieht. An der University of Toronto haben wir 1988 mit einer großen Reformanstrengung begonnen. Mit einer Fakultät von etwas 90 Mitarbeitern und 1100 Studenten, die nach Ablegen des ersten akademischen Grades an einem einjährigen zertifizierten Ausbildungsgang für Lehrer teilnahmen, haben wir zunächst in Partnerschaften mit Schulsystemen einige feldorientierte Pilotprojekte auf den Weg gebracht (siehe Faculty of Education, University of Toronto, 1992a). Gleichzeitig haben wir zahlreiche neue Mitarbeiter rekrutiert, von denen viele in Teams mit erfahrenen Fakultätsmitgliedern arbeiten. In Übereinstimmung mit Lektion 4 (»Vision und strategische Planung haben Zeit bis später«, Kapitel 3) versuchen wir jetzt, unsere ersten Reformerfahrungen in eine zusammenhängende Vision und ein systematisches Redesign des Programms zu integrieren. 1991 habe ich einen kurzen Aufsatz für unser Strategisches Planungskomitee verfaßt. Als Ausgangspunkt wählte ich die folgende Prämisse: *Erziehungswissenschaftliche Fakultäten dürfen Lehrern oder Schulen nichts predigen, was sie nicht selbst praktizieren*. Ich beschrieb die hypothetisch »beste erziehungswissenschaftliche Fakultät des Landes« und benutzte diese Metapher als Vehikel, um zehn Schlüsselmerkmale zu beschreiben. Im einzelnen sollte sich diese Fakultät durch folgende Eigenschaften auszeichnen:

1. Sie widmet sich der Ausbildung von Lehrern, die als Vermittler pädagogischer und sozialer Reformen agieren.
2. Sie arbeitet engagiert an der ständigen Erneuerung und Evaluation ihrer Programme, weil sie sich dem Ziel einer permanenten Verbesserung verschrieben hat.
3. Sie legt Wert auf einen vorbildlichen Unterricht und praktiziert ihn auch.
4. Sie stellt alles permanent in Frage.
5. Sie prägt und fördert ein lebenslanges Lernen bei Lehrkräften und Schülern.
6. Sie prägt und fördert die Kooperation zwischen Lehrkräften und Schülern.
7. Sie wird als lebendiger Bestandteil der Gesamtuniversität geachtet und in Anspruch genommen.
8. Sie geht Partnerschaften mit Schulen und anderen Institutionen ein.
9. Sie leistet sichtbare und anerkannte Arbeit auf internationaler Ebene und trägt dadurch zur globalen und lokalen Weiterentwicklung bei.
10. Sie arbeitet gemeinschaftlich am Aufbau regionaler, nationaler und internationaler Netzwerke.

Zur Verdeutlichung will ich die Punkte (3) und (6) herausgreifen. Punkt (3): Es sollte eigentlich selbstverständlich sein, daß sich erziehungswissenschaftliche Fakultäten für eine vorbildliche Lehrtätigkeit ihrer eigenen Mitglieder einsetzen. Erziehungswissenschaftliche Fakultäten haben einige exzellente (und einige schlechte) Lehrer, aber ich wage zu behaupten, daß kaum eine über effektive *institutionelle* Methoden für eine Verbesserung der eigenen Lehre verfügt. Punkt (6): Viele erziehungswissenschaftliche Fakultäten treten für kollegiale Beziehungen und kooperative Arbeitskulturen an den Schulen ein, und einige nehmen am Projekt der »professional development schools« teil. Das wirft zwei peinliche Fragen auf. 1. In welchem Maß sind Lehrervorbereitungsprogramme darauf ausgerichtet, daß Lehramtsstudenten kooperative Verhaltensweisen und Fähigkeiten gezielt anwenden, einüben und weiterentwickeln? Noch peinlicher ist die 2. Frage: In welchem Maß legen Professoren (in den Geistes- und Naturwissenschaften ebenso wie in der Pädagogik) Wert auf eine Zusammenarbeit bei ihrer eigenen Lehre und Forschung und praktizieren sie auch?

Nachdem wir an der University of Toronto diese Richtlinien aufgestellt und einige praktische Erfahrungen in unseren Pilotprojekten gesammelt hatten, sind wir vor kurzem zum nächsten Schritt übergegangen und haben mit der Neugestaltung des gesamten Programms begonnen. Das Restrukturierungskomitee hat die folgenden sechs Vorstellungen für die Lehrervorbereitung entwickelt:

Schlüsselvorstellungen für die Lehrerausbildung

Wir sind überzeugt, daß die Rolle des Lehrers von zentraler Bedeutung für die Zukunft der Gesellschaft ist. Die Ausbildung muß künftigen Lehrern eine feste Grundlage an Kenntnissen, Fähigkeiten und Einstellungen vermitteln, damit sie effektiv unterrichten und ein Leben lang lernen und sich weiterentwickeln können. Lehrer können ihren Schülern aufregende und produktive Lernerfahrungen vermitteln, wenn sie selbst aufregende und produktive Lernerfahrungen machen. Jeder Lehrer sollte ein Vermittler des schulischen und gesellschaftlichen Wandels sein, der durch die folgenden sechs Ziele angestrebt wird. Jeder Lehrer braucht genügend Wissen, Erfahrung und Engagement, damit er die folgenden Aufgaben erfüllen kann:

1. Er muß gerecht, effektiv und fürsorglich mit *allen* Schülern zusammenarbeiten, indem er Unterschiede in Hinblick auf ethnische Herkunft, Geschlecht und individuelle Bedürfnisse respektiert.
2. Er muß aus eigenem Antrieb lernen, indem er kontinuierlich nach neuen Erkenntnissen sucht, sein Wissen überprüft, anwendet und vermittelt, und ein Leben lang über seine Arbeitsweise reflektiert.

3. Er muß sein Wissen über Curriculum, Unterricht, Lernprinzipien und Evaluation erweitern und anwenden, weil dieses Wissen notwendig ist, damit man effektive und flexible Programme für alle Schüler umsetzen und überwachen kann.
4. Er muß mit Schülern, Kollegen, Eltern, der Gemeinschaft, Behörden sowie sozialen und wirtschaftlichen Organisationen zusammenarbeiten und Partnerschaften eingehen.
5. Er muß die Grundlagen, ethischen Prinzipien und gesetzlichen Aufgaben des Lehrerberufs kennen und anwenden.
6. Er muß eine persönliche Lehrphilosophie entwickeln, die sich aus dem schulischen, gemeinschaftlichen, gesellschaftlichen und globalen Bildungskontext ergibt und dazu beiträgt (Faculty of Education, University of Toronto, 1992b).

Wir arbeiten jetzt an der Aufgabe, das konkrete Design für das Programm, das Curriculum und den Unterricht zu entwickeln. Alles, was wir über die komplexen Zusammenhänge des Wandels wissen, gilt genauso für die Reform von Hochschulinstitutionen. Dennoch haben wir nach vier Jahren gute Fortschritte gemacht und freuen uns auf die nächsten vier Jahre, die wir für die wirkungsvollsten halten, weil dann eine umfassendere und systematischere Reform umgesetzt wird.

Ähnliche Entwicklungen vollziehen sich auch an vielen anderen Orten. Das zur Zeit anlaufende *Network of Fifteen*-Projekt (Howey, 1992) ist ein typischer Fall. 15 Universitäten in den USA und Kanada sind daran beteiligt. Ich zitiere im folgenden die Inhaltsangabe des Vorschlags in voller Länge, weil es sich um eine so ungewöhnliche Reformbemühung handelt:

> Dieser Vorschlag befaßt sich mit einem schwerwiegenden Problem, nämlich der Ausbildung von hochqualifizierten Lehrern für städtische Schulen. Neuere Daten lassen den Schluß zu, daß die große Mehrheit der graduierten Lehrer

sich weder darauf vorbereitet fühlt noch die Neigung hat, an diesen Schulen, die den größten Lehrerbedarf haben, zu unterrichten.

Um dieses Problem in Angriff zu nehmen, haben sich 15 renommierte kanadische und US-amerikanische Institutionen, die Lehrer in großen Städten ausbilden, zu einem Netzwerk zusammengeschlossen und sich der Aufgabe verschrieben, ihre Lehrerausbildungsprogramme umfassend zu restrukturieren. Das Projekt will den Blick zunächst nach innen richten und mit Hilfe von herausragenden Lehrern ein tragfähiges und umfassendes Programm zur Fakultätsentwicklung erarbeiten, um diesen Umbau voranzutreiben. Ein Hauptansatzpunkt der vom Netzwerk anvisierten Konzeption der Lehrervorbereitung ist die Partnerschaft mit städtischen Schulen des Primar- und Sekundarbereichs, an denen parallele Umbaubemühungen laufen. Die Anstrengungen beider Seiten müssen Hand in Hand gehen.

Die wichtigste Veränderungsstrategie bei dieser ehrgeizigen Unternehmung liegt in der Ausbildung und fortgesetzten Unterstützung von Führungsteams an allen Schulen und Colleges. Obwohl sich dieses Konzept bereits bei einigen schulischen Reformbemühungen als erfolgreich erwiesen hat, ist es im höheren Bildungswesen bislang unbekannt. Der Dekan oder Leiter der Lehrerausbildung wird gemeinsam mit drei anderen Führungskräften der Fakultät oder Verwaltung an der Leitung und Entwicklung von vier miteinander verwobenen Aktivitäten arbeiten, die auf folgende Bereiche zielen:

1. Organisationsabläufe und berufliche Einstellung;
2. Fakultätsentwicklung, insbesondere die Verbesserung der Lehre;
3. große Veränderungen in Vor-Praxis-Programmen, die Lehrer auf die Arbeit in Innenstadt-Schulen vorbereiten;
4. die Entwicklung einer klinischen Fakultät.

Diese Führungsteams werden sich an regelmäßigen Schulungszyklen beteiligen und dann gemeinsam als Katalysator für einen grundlegenden Umbau ihrer lokalen Standorte wirken. Sie werden auch ihre Kollegen in Primar- und Sekundarschulen in diese Umbaubemühungen miteinbeziehen.

Eine weitere Besonderheit des Projekts ist neben der ungewöhnlich klaren Konzentration auf die Führung das Netzwerkkonzept, das von den beteiligten Institutionen ausgehandelt wurde. Acht Ziele, für deren Umsetzung ein Netzwerk besser geeignet ist als eine einzelne Institution, werden beschrieben, wie zum Beispiel ein aktives politisches Engagement, um notwendige politische Veränderungen zu beeinflussen. Die Ohio State University, die als Netzwerkzentrale dient, wird außerdem verschiedene Arten des Austauschs zwischen den 15 Teilnehmern organisieren.

Zu den angestrebten Ergebnissen gehören: die Entwicklung von qualitativ hochwertigen Schulungsaktivitäten und Materialien, die von anderen Institutionen für das Führungstraining genutzt werden können; Fallstudien von jeder Veränderungsbemühung; die Umsetzung von spezifischen Ausbildungsprogrammen für Lehrer an städtischen Schulen; die Evaluation vielfältiger Entwicklungsbemühungen der Fakultät; die Gestaltung von Unterrichtsmaterialien und Hilfsmitteln für Programme, in denen Lehrer auf die Arbeit an städtischen Schulen vorbereitet werden (Howey, 1992).

Die University of Toronto ist einer der 15 Teilnehmer, weil die Zielsetzungen des Netzwerks so klar mit unseren eigenen Bestrebungen übereinstimmen. Wir sehen darin ein wichtiges Mittel, um eine bessere Wissensgrundlage im Hinblick auf die Programmgestaltung, das Curriculum und die Instruktion in der Lehrerausbildung zu schaffen und um weiterhin die strukturellen und normativen Veränderungen vorzunehmen, die zur Unterstützung einer programmatischen Reform erforderlich sind.

Auch die Holmes-Gruppe befaßt sich in ihrer neuesten Veröffentlichung mit den Ausbildungsstätten der Lehrer: *Tomorow's Colleges of Education* ist der dritte Band der Serie, die mit *Tomorrow's Teachers* (1986) begann und mit *Tomorrow's Schools* (1990) fortgesetzt wurde. Dieser Report wird zweifellos ein Schlaglicht auf Colleges und Universitäten werfen. Eine wichtige Frage ist, inwieweit sich der Bericht mit den Schwierigkeiten und erforderlichen Strategien für die *interne* Entwicklung der erziehungswissenschaftlichen Fakultäten und mit ihren Beziehungen zur übrigen Universität und zu den Schulen befaßt.

Der neue National Board for Professional Teaching Standards (1992) in den USA hat zwar keinen direkten Einfluß auf die Lehrerbildung, könnte aber ebenfalls zur Schaffung der Wissensbasis beitragen, wenn er sich um die Durchsetzung seiner Grundsatzerklärung (»What Teachers Should Know and Be Able to Do«) bemüht. Der NBPTS ist auf dem besten Wege, das anvisierte Budget von 50 Millionen Dollar zu erhöhen. Er beschreibt sein zentrales Anliegen folgendermaßen:

> Der National Board for Professional Teaching Standards ist eine gemeinnützige, nichtstaatliche Organisation. Unser Ziel ist es, den Unterricht in Amerikas Schulen zu verbessern, indem wir ein anspruchsvolles Zertifikationssystem auf freiwilliger Basis für Lehrer des Primar- und Sekundarbereichs entwickeln. Der National Board will hohe und strenge Standards für das Wissen und Können von Lehrern einführen und Zertifikate an Lehrer vergeben, die diese hohen Anforderungen erfüllen. Außerdem befassen wir uns mit Fragen der Bildungspolitik und Reform; dazu gehören die Lehrerausbildung, die Lehrerrekrutierung (insbesondere aus Minderheitsgruppen) und die Qualität des schulischen Arbeitsplatzes für Schüler und Lehrer (S. 2).

Im Moment wird an der Festlegung der Standards gearbeitet und genauer spezifiziert, welche Kenntnisse und Fertigkeiten Lehrer in Bereichen wie frühkindliche Entwicklung, Englische Spache und Literatur, Kunst, Musik, Naturwissenschaften, Mathematik, Sozialkunde, Schülerberatung etc. mitbringen sollten. Auch hier muß man den Lehrern wieder ans Herz legen, kritische Verbraucher zu sein. Wir wissen, daß das Lehren und der Lehrerberuf mit zahlreichen Unwägbarkeiten befrachtet sind.

Aber genauso, wie man das Lernen der Schüler fördern kann, wenn man ihnen die Möglichkeit gibt, ihr Wissen in anderer Form unter Beweis zu stellen, kann man mit dieser Methode auch das Lernen der Lehrer fördern. Standards und Leistungsdokumentationen für Lehrer können durchaus zu effektiven Lernstrategien werden (siehe Lichtenstein, Rubin und Grant, 1992). Aber Standards, ganz gleich wie anspruchsvoll und vernünftig, sind für sich genommen noch keine Reformstrategien. Was Darling-Hammond und Ascher (1992) über das Verantwortlichkeitssystem in Schulen sagen, gilt auch für das Wissen der Lehrer, nämlich daß »Leistungsindikatoren« für sich genommen noch kein Verantwortlichkeitssystem schaffen. Letzteres entsteht nur, wenn konkrete Verfahren und Prozesse für die Deutung und praktische Umsetzung der Informationen vorhanden sind (S. 2).

Wer am Wert einer genauer definierten Wissensbasis für Lehrer zweifelt, sei daran erinnert, daß die Lehrerausbildung für ihre vagen Konzepte, ihre unzusammenhängenden Programme und ihre schwachen oder nicht existenten Ergebnismessungen berüchtigt ist. Deshalb ist die Ausbildung so angreifbar. Deshalb kommt es zum Beispiel zu solchen Vorschlägen wie jüngst in England und Wales, wo man die Lehrerausbildung zu 80 Prozent in Schulen und zu 20 Prozent an Universitäten vornehmen wollte, mit einer entsprechenden Umverteilung der Ressourcen (Department of Education and Science, 1992). Das Verhältnis ist mittlerweile auf 67 zu 33 Prozent umgewandelt worden, unter anderem weil man erkannt hat, welcher Aufwand erforderlich wäre, um die Schulen auf ihre neue Rolle vorzubereiten. Partnerschaften sind, wie ich ausgeführt habe, sehr wichtig, aber dieser spezielle Vorschlag schenkt der Entwicklung der erforderlichen Wissenbasis praktisch überhaupt keine Aufmerksamkeit, unterschätzt die Probleme bei der Ermittlung, Vorbereitung und Unterstützung erfahrener Mentoren und schweigt zu den Schwierigkeiten, die mit der Entwicklung kooperativer Beziehungen zwischen Universitäten und Schulsystemen verbunden sind.

Zusammenfassend: Die erziehungswissenschaftlichen Fakultäten müssen ihre Programme so umgestalten, daß die Ausbildung direkt darauf ausgerichtet ist, dem Anfänger die notwendige Wissensgrundlage für eine effektive Lehrtätigkeit *und* die Wissensgrundlage für eine Veränderung der äußeren Bedingungen zu vermitteln. Sarason (1993) drückt das so aus: »Ist es zuviel verlangt, daß Ausbildungsprogramme ihre Studenten auf die »reale Welt« vorbereiten, die sie verstehen und *nach Möglichkeit verändern* müssen, wenn sie nicht nur überleben, sondern menschlich und fachlich reifen sollen?« (S. 252, Hervorhebung von mir). Goodlad (1991) stellt eine ähnliche Frage: »Wie hoch ist der Prozentsatz der Pädagogen, die gründlich in den Kenntnissen und Fähigkeiten geschult wurden, die man braucht, um einen bedeutungsvollen Wandel zu bewirken?« (S. 4)

Wie jeder Veränderungsversuch in komplexen, traditionellen Organisationen stößt auch die Reformierung von pädagogischen Ausbildungsstätten auf enorme Hindernisse. Aber sogar Universitäten können sich unter bestimmten Bedingungen verändern. Sarason nennt vier Voraussetzungen, die erfüllt sein müssen:

- Öffentliche und sozialpolitisch einflußreiche Gruppen erkennen, daß bestimmte miteinander verbundene Probleme sich nachteilig auf die Stabilität, die Gesundheit oder die Wertvorstellungen der Gesellschaft auswirken;
- einflußreiche Einzelpersonen und Gruppen innerhalb der Universität gelangen zu der gleichen Erkenntnis;
- öffentliche und private Institutionen sind bereit, den Wandel finanziell zu unterstützen;
- es besteht der allgemeine Eindruck, daß renommierte Universitäten die Führung übernehmen und den Wandel begrüßen. (S. 144)

Von der letztgenannten Bedingung, nämlich daß die Ausbilder der Lehrer die Initiative ergreifen müssen, hängt sehr viel ab. Es ist ein zentrales Thema dieses Buches, daß sich Systeme nicht von allein verändern. Sarason faßt es wieder treffend zusammen: »Solange die Pädagogen von sich selbst glauben, sie hätten nicht die Kraft, bedeutungsvolle Veränderungen zu bewirken – und auf einen Erlöser namens Godot warten, der sie von den Widrigkeiten einer verständnislosen Welt befreien wird –, bleiben sie ein Teil des Problems« (S. 217). Wer grundlegende Kenntnisse vom Wandel erwirbt, verfügt über ein enormes Möglichkeitspotential, um die Qualität und den Status der Lehrerausbildung zu verändern. Eigentlich sollte man denken, daß höhere Bildungsinstitutionen ganz automatisch eine führende Rolle übernehmen, wenn es darum geht, den Lehrerberuf zu einer lernenden Profession zu machen – immerhin ist das Lernen ihr Geschäft. Aber bis jetzt haben sie ihre Möglichkeiten nicht genutzt.

Allianzen zwischen Universität und Schulsystem

Schulsystem und Universität – zwei lernende Organisationen, die an der inneren Entwicklung (Kapitel 4) und an der externen Zusammenarbeit mit anderen (Kapitel 5) arbeiten. Und gerade das brauchen wir für die Zukunft. Wir sind zu dem gleichen Ergebnis gekommen wie Goodlad (1991): »Jedes Lehrerausbildungsprogramm, das nicht in Zusammenarbeit mit den Schulen der Umgebung geplant und durchgeführt wird, weist erhebliche Schwächen auf« (S. 13). In unserer Gesellschaft müssen alle Bürger lernen, mit den Kräften des Wandels auf einer kontinuierlichen Basis umzugehen. Lehrer haben hier eine Schlüsselposition, weil ständig Veränderungen auf sie einstürmen und weil sie anderen beibringen sollen, mit Veränderungen umzugehen.

Bei den Ausführungen dieses Kapitels war bis jetzt stillschweigend vorausgesetzt, daß es bei der Lehrerausbildung um einen immerwährenden Prozeß, um lebenslanges Lernen geht. Unter den Bedingungen der dynamischen Komplexität muß man sehr viel lernen und immer wieder neu dazulernen, deshalb ist die gesamte Lehrerlaufbahn ein Veränderungsprojekt. Die ersten fünf Berufsjahre sind besonders heikel, weil in dieser Zeit das Fundament für ein kontinuierliches Lernen (oder Stagnieren) gelegt wird.

Die Weiterentwicklung der Lehrer und die institutionelle Weiterentwicklung (von Schulen und Universitäten) müssen Hand in Hand gehen. Man kriegt das eine nicht ohne das andere. Falls es je eine absolut sinnvolle symbiotische Beziehung gab, dann ist es die Zusammenarbeit von Universitäten und Schulsystemen bei der Ausbildung und kontinuierlichen Fortbildung von Lehrern. Die Kulturen der Institutionen unterscheiden sich natürlich voneinander (das ist ein Kennzeichen von Symbiosen). Ich habe an früherer Stelle von dem Motto »Fertig, feuern, zielen« gesprochen. Wenn es ganz schlimm kommt, verfahren Schulen nach dem Prinzip »Feuer, Feuer, Feuer« und Universitäten nach dem Prinzip »Fertig, Fertig, Fertig«. Aber sie bemühen und verbünden sich häufiger, um stärkere und nachhaltige Lerngemeinschaften von Studenten, frischgebackenen Lehrern, erfahrenen Lehrern und Professoren zu bilden. Das ist ein Fall, in dem Synergie möglich ist. Von gut konzipierten feldorientierten Lehrerbildungsprogrammen profitieren Mentoren genauso wie Anfänger und Universitätsprofessoren genauso wie Lehrer.

Letzten Endes müssen Schulen und Universitäten gleichzeitig mit der Reform der Lehrerausbildung beginnen, sowohl unabhängig voneinander (weil man nicht warten kann, bis die anderen anfangen) als auch gemeinsam durch das Eingehen langfristiger Bündnisse (durch die beide Institutionen dazu gedrängt und dabei unterstützt werden, ihr Verhalten zu ändern und ihre gegenseitige Abhängigkeit zu erkennen).

Drei Aspekte der neuen Allianzen zwischen Universitäten und Schulen will ich im folgenden näher betrachten: das Konzept der Partnerschaften (am Beispiel unseres Lernkonsortiums), den Ansatz der Professional Development Schools (PDS) und die Führungs- und Mentorrolle des Lehrers. Gute

Projekte vereinen alle drei Komponenten in sich, aber es lohnt sich, sie einzeln zu betrachten.

Das Konzept der Partnerschaft zwischen Universität und Schulsystem: Das Lernkonsortium

Das Lernkonsortium ist eine langfristige Partnerschaft (mit erneuerbaren Drei-Jahres-Verträgen), die im Juli 1993 in ihr sechstes Jahr gegangen ist. Dem Konsortium gehören vier Schuldistrikte und zwei höhere Bildungsanstalten in Toronto und Umgebung an. Die beteiligten Verwaltungsbezirke sind relativ groß: Der Durham Board of Education hat 55 000 Schüler, Halton 44 000, North York 59 000 und Scarborough 75 000. Alles in allem gehören den Gremien des Konsortiums 500 Schulen und 13 700 Lehrer an. Die beiden pädagogischen Hochschulen sind ebenfalls von beträchtlicher Größe; zur erziehungswissenschaftlichen Fakultät der University of Toronto gehören etwa 90 Lehrkräfte, 1100 Studenten in der Berufsvorbereitung und 5000 praktizierende Lehrer, die an Weiterbildungsmaßnahmen teilnehmen; das Ontario Institute for Studies in Education besteht aus 140 Fakultätsmitgliedern und über 2300 graduierten Teilzeit- und Vollzeit-Studenten.

Das Konsortium will die Ausbildungsqualität für Schüler und Studenten in Schulen und Universitäten verbessern. Zu diesem Zweck konzentriert es seine Anstrengungen auf die Lehrerbildung, die Schulentwicklung und die Restrukturierung der Distrikte und der erziehungswissenschaftlichen Fakultät, um laufende Verbesserungen zu unterstützen. Das Konsortium verfolgt drei Hauptziele:

- die Planung und Initiierung von neuen Programmen in der Lehrerbildung und Schulentwicklung;
- die Produktion von Wissen durch die Dokumentation und wissenschaftliche Erforschung dieser Initiativen;
- die Verbreitung der Erkenntnisse, die wir über die Lehrerförderung und Schulverbesserung gewonnen haben.

Unsere Hauptprämissen und Ziele sind zwar weit gefaßt, aber wir haben uns zur Initiierung spezifischer Projekte verpflichtet, um unsere Ziele zu verwirklichen. Als wir unsere Arbeit 1988 aufnahmen, konzentrierten wir uns zunächst auf das kooperative Lernen – ein Thema, das einen konkreten Ansatzpunkt bot. Im dritten Jahr unserer Bemühungen hatten wir feste Sommer- und Winterseminare und Anschlußprogramme zum kooperativen Lernen eingeführt; ein neues praxisorientiertes Lehrerprogramm mit Abschlußprüfung war eingerichtet; wir führten Informationsveranstaltungen und berufsbegleitende Trainingskurse über kooperative Ansätze wie Mentoring, Einweisung neuer Mitarbeiter, Peer-Coaching und Schulentwicklungsplanung durch. Die Partner im Konsortium versuchten, die Aktivitäten zu verbinden, und achteten insbesondere auf eine konsequente Verknüpfung der Themen wie zum Beispiel: die Lehrtätigkeit als lebenslanger Lernprozeß; die Förderung kooperativer Arbeitskulturen; die Fokussierung auf den Unterricht. Eines der Rahmenwerke, die wir entwickelten, um die Arbeit auf der Schulebene zu beschreiben, verbindet »Unterrichtsverbesserung« und »Schulverbesserung« mit dem zentralen Konzept vom »lernenden Lehrer« (siehe Fullan, Bennett und Rolheiser-Bennett, 1990).

Zu den wichtigsten Wirkungsfeldern des Konsortiums gehören: umfassende Implementierung eines kooperativen Lernens und die Gründung von internen Kadern in jedem Verwaltungsbezirk, die über die Umsetzung wachen; Unterstützungsprogramme für neue Lehrer; Entwicklung von kooperativen Schulen, wobei die kontinuierliche Erweiterung des Unterrichtsrepertoires und der Effektivität von Lehrern im Vordergrund steht; Koordinierung und Synergie der Entwicklungen auf Schul- und Bezirksebene: erfolgreiches Führungstraining für Schulteams, Lehrer-Führungskräfte und Administratoren; neue Pilotprojekte in der Lehrerausbildung, bei denen man mit Gruppen von 30 Lehramtsstudenten arbeitet, sie auf kleine Teams in kooperativen Schulen verteilt und die Bemühungen der erziehungswissenschaftlichen Fakultät und der Schulmitarbeiter um eine fachliche Weiterentwicklung aller Beteiligten koordiniert; schließlich parallele Veränderungen der Struktur und Kultur der erziehungswissenschaftlichen

Fakultät und ihrer Programme (siehe Cullen, 1992; Fullan, im Druck; Lacey, 1991; und Watson u. Fullan, 1992).

Da sich die Konsortiumsmitglieder für ein permanentes Nachfragen, Bewerten und Verbreiten des Wissens engagieren, haben sie zahlreiche Artikel veröffentlicht, Workshops durchgeführt und viele Besucher aus anderen Provinzen und Staaten empfangen. Außerdem werden auch von externer Seite viele Forschungs- und Evaluationsstudien erarbeitet, die zum Teil in Auftrag gegeben, zum Teil von graduierten Studenten, Professoren und Gastpädagogen durchgeführt werden.

Schließlich ist auch bemerkenswert, daß das Konsortium praktisch ohne Fremdfinanzierung läuft. Jeder Partner leistet einen jährlichen Beitrag von 20 000 Dollar, damit wir ein Grundbudget von 120 000 Dollar haben, mit dem das Sekretariat und gezielte Bewertungs- und Beratungsmaßnahmen finanziert werden. Die meisten Aktivitäten, wie die Institute, werden von den beteiligten Institutionen durch Personalbudgets direkt finanziert. Das Konsortium hat auch eigene Einnahmen durch Konferenzen, Workshops und Beratungstätigkeiten, was wertvolle zusätzliche Mittel schafft. Das Konsortium bemüht sich verstärkt um Kontakte zu extern finanzierten Projekten, um seine Arbeitsmöglichkeiten zu erweitern. Das ändert allerdings nichts an der Tatsache, daß die Organisationen das Konsortium nicht als ein weiteres vorübergehendes, extern-finanziertes Projekt betrachten, sondern als einen normalen und integralen Bestandteil ihres kontinuierlichen Bemühens um Fortschritte.

Ich behaupte nicht, daß das Konsortium ein Modell ist, dem jeder nacheifern sollte. Alle Partner haben weiterhin ihre eigenen Vorstellungen, die nicht immer miteinander harmonieren. Wir erwarten nicht, daß dieses spezielle Konsortium ewig hält (zu vielfältigen Allianzen siehe Kapitel 5). Trotzdem betrachten die Partner ihr Bündnis als längerfristig – sie nehmen mindestens sechs Jahre am Konsortium teil und verpflichten sich, in allen Beziehungen, die sie eingehen, engagiert an der Schaffung von Lernsystemen zu arbeiten.

In vielen anderen Zuständigkeitsbereichen sind ähnliche Arrangements getroffen worden, von denen einige an früherer Stelle in diesem Kapitel erwähnt wurden. Goodlad hat enorm zur Klärung des Konzepts und der Erfolgsvoraussetzungen beigetragen; durch seine Bemühungen sind zahlreiche Konsortien-Partnerschaften zwischen Schuldistrikten und Universitäten entstanden (Goodlad, 1988 und 1991).

Diese ersten Bemühungen um Konsortia-Partnerschaften zwischen Universität und Schulsystem, einschließlich unseres eigenen Konsortiums, sind noch lange nicht abgeschlossen. Wenn wir und andere unsere Arbeit fortsetzen, gewinnen die Bemühungen an Tiefe, d. h. sie drängen verstärkt auf radikalere Veränderungen bei dem Umbau des gesamten Lehrerausbildungskontinuums und auf einen grundlegenden Wandel der Arbeitsbedingungen und der Arbeitskulturen auf Schul- ebenso wie auf Universitätsebene. Und immer mehr Institutionen beschließen, diese Arbeitsmethode auszuprobieren. In diesem größeren Rahmen muß man mit erheblichen Trägheitsmomenten rechnen. Winitzky, Stoddart und O'Keefe (1992) fassen die Probleme, die sich bei Partnerschaften zwischen Universität und Schulsystem ergeben, folgendermaßen zusammen:

1. Obwohl Partnerschaften häufig empfohlen werden, gibt es bislang kaum Fachliteraur, die konkrete Anleitungen für diesen Reformansatz bietet.
2. Bisherige Reformen hatten vermutlich eine zu starke Top-down-Orientierung, und die Menschen, die sie ausführen sollten, sind offenbar nicht genügend in die Planung miteinbezogen worden.
3. Bei bisherigen Reformen ist es nicht gelungen, eine systemische Sichtweise der Bildung und Erziehung zu entwickeln. Druck von einem Teil des Systems kann den Wandel in einem anderen Teil behindern; fehlende Unterstützung von einem Teil kann Veränderungen in einem anderen Teil zum Scheitern bringen.
4. Professoren und Lehrer haben ganz unterschiedliche Ansichten über das Lehren, das Lernen und die Lehrer-

bildung. Diese Kluft ist so groß, daß die Partner häufig gegeneinander arbeiten.

5. Die Belohnungsstrukturen sowohlin Schulen als auch in Universitäten laufen Kooperationsbestrebungen entgegen. (S. 9)

Rudduck (1992) beruft sich auf ihre in England gesammelten Erfahrungen und bezeichnet solche Bündnisse als »les liaisons dangereuses«. Sie kommt zu dem Schluß, daß solche Partnerschaften nur erfolgreich verlaufen können,

- wenn die Partner bereit sind, ihre traditionellen Vorurteile über die jeweils andere Seite aufzugeben, und wenn sie lernen, die Stärken des anderen zu respektieren; sie müssen die Bedürfnisse des Partners akzeptieren und erkennen, welche Voraussetzungen für den Fortbestand des Berufszweigs erfüllt sein müssen;
- wenn sie sich gemeinsam mit aller Kraft für einen wohlüberlegten Wandel einsetzen, Alternativen erforschen und die Grenzen und Möglichkeiten des Lernens ständig erweitern;
- wenn sie sich gemeinsam der Aufgabe verschreiben, Klarheit über Grundsätze und Ziele zu gewinnen und die sozialen und politischen Zusammenhänge zu verstehen, innerhalb derer diese Ziele und Grundsätze verwirklicht werden müssen;
- wenn sie ein gemeinsames Verständnis von der Lehrtätigkeit entwickeln und akzeptieren, daß es sich dabei um einen »unmöglichen Beruf« handelt – unmöglich, weil »er Ideen umfaßt, die nur schwer zu verwirklichen sind, und Ziele, die häufig vielfältig, mehrdeutig und widersprüchlich sind«;
- wenn sie erkennen, daß ein bedeutungsvoller Wandel – ein Wandel, der zu einem neuen kulturellen Zusammenhalt und Sinn führt – relativ lange dauert und daß man Mittel und Wege finden muß, um die Unternehmung in Schwung zu halten.

Mit anderen Worten – kein Honigschlecken! Davon können auch die Anhänger der ständig wachsenden Bewegung für Professional Development Schools ein Lied singen.

Professional Development Schools (PDS)

Die seit langem bestehende Kritik an der Unangemessenheit der Lehrerausbildung (von der Berufsvorbereitung bis zum Ende der Laufbahn) und an der Vereinsamung der Lehrer hat zu unterschiedlichen Reformansätzen in beiden Bereichen geführt, die jedoch selten miteinander verknüpft wurden. Zu den eindeutigen Vorzügen des PDS-Konzepts gehört, daß es das neue Interesse am »lernenden Lehrer« und an einer kooperativen Arbeitskultur verknüpft hat. Stoddart, Winitzky und O'Keefe (1992) fassen die Definition der Holmes-Gruppe (1990) zusammen:

> . . . eine Professional Development School (PDS) ist eine Schule, in der Universitätslehrer und Praktiker über einen längeren Zeitraum zusammenarbeiten, weil sie das Lehren und Lernen verbessern wollen, und zwar durch: (1) eine Aktualisierung der berufsvorbereitenden Lehrerausbildung, (2) fachliche Weiterbildung für erfahrene Lehrer und (3) eine praxisorientierte Forschung. Das PDS-Modell schließt die Vorstellung mit ein, daß sich Schulstandorte durch die langfristige Zusammenarbeit von Schule und Universität zu Zentren des Fragens und Forschens entwickeln und zu Einrichtungen, deren Spitzenleistungen beispielhaft sind. (S. 2)

Im Prinzip ist das PDS-Modell also ein vielversprechender Ansatz, weil es durch Partnerschaften zwischen Schulen und Universitäten dazu beitragen will, lernende Pädagogen und lernende Organisationen zu schaffen. In diesem frühen Entwicklungsstadium lassen sich drei Ergebnisse festhalten: Das Konzept ist ehrgeizig und vage, bislang stehen kaum Forschungsdaten zur Verfügung, und die Universitätsseite der Partnerschaft ist unterentwickelt.

1. Ehrgeizig und vage ist das Konzept insofern, als es voraussetzt, daß die kooperativen Gruppen konkrete Programme entwickeln können, wenn sie sich an die allgemeinen Grundsätze des Modells halten.

2. Es liegen kaum Evaluationsdaten vor, weil die ersten Berichte über das PDS-Modell gerade erst erscheinen. Diesen Studien kommt erhebliche Bedeutung zu, weil angesichts der vagen Konzeptionen so unklar ist, wie das Modell in der Praxis aussieht. Grossman (1992) berichtet zum Beispiel von einer PDS-Fallstudie, die vom Puget Sound Professional Development Center (PSPDC) an der Lark Creek Middle School im Staat Washington durchgeführt wird. Das PSPDC-Programm schickt kleine Gruppen von Lehrerstudenten für einen längeren Zeitraum an die Schule, wo sie unter Aufsicht von Mentorenteams, die sich aus erfahrenen Lehrern zusammensetzen, arbeiten. Diese erkundungsorientierte Felderfahrung ist mit einem vom Kernteam abgehaltenen Seminar verknüpft, in dem versucht wird, Theorie und Praxis zu verbinden. Außerdem wird ein umfassendes berufliches Weiterbildungsprogramm für Lehrer mit lanjähriger Berufserfahrung durchgeführt; daran nehmen auch Pädagogikprofessoren teil, die für einen Blockunterricht oder in regelmäßigen Abständen an die Schule kommen (siehe Grossmann, 1992, zu näheren Einzelheiten).

Lark Creek ist ein aufschlußreiches Beispiel für die Schwierigkeiten und das Potential, die mit der Gründung einer PDS verbunden sind. Ein Problem, das Schulen und Universitäten gleichermaßen betrifft, ist die Ungewißheit, ob es sich bei der PDS lediglich um ein weiteres kurzlebiges Projekt handelt oder ob sie sich zu einer umfassenderen, neuen Lebens- und Arbeitsweise entwickelt. Dieses Dilemma ist in Lark Creek deutlich erkennbar, denn die Schule steckte bereits mitten in einem spektakulären, staatlich geförderten Schulerneuerungsprogramm namens »A School for the Twenty-first Century«, als sie die Entscheidung traf, sich auch noch zu einer PDS zu entwickeln. Grossman bezeichnet das als »doppelte Agenda«: »Mit der Entscheidung für das PDS-Modell mußte Lark Creek von Anfang an eine doppelte Agenda verfolgen – einerseits sollte die Schule entsprechend den Zielen einer ergebnisorientierten Erziehung, wie sie vom Twenty-first-Century-Programm anvisiert wird, umstrukturiert werden; andererseits sollte sie in einen Ort lebenslanger fachlicher Weiterentwicklung mit besonderer Betonung der Lehrerausbildung umgewandelt werden« (S. 6).

Die beiden Programme schließen sich natürlich nicht prinzipiell aus – ein Aspekt, der vom Schulleiter besonders betont wird. Aber die Lehrer empfinden die ganze Unternehmung in der Regel als unzusammenhängend und belastend, zum einen weil sie nicht daran gewöhnt sind, einzelne Programme mit größeren Konzepten zu verbinden (und auch keine Zeit dazu haben), zum anderen weil die Entscheidungsprozesse des Schulsystems von der allseits grassierenden »Projektitis« geprägt sind. Wie Grossman (1992) feststellt: »Das Gefühl der Überforderung bei den Lehrern zeigt, daß sie sämtliche Veränderungsbemühungen als fragmentarisch und nicht als Hinbewegung auf ein einziges zusammenhängendes Ziel empfinden« (S. 33). Trotz dieser Probleme spüren viele Lehrer intuitiv und erleben manchmal auch aus erster Hand, daß in diesem neuen Modell ungeahnte Möglichkeiten für die Ausbildung neuer Lehrer und für die eigene Revitalisierung stecken.

3. Die Universitätsseite der Partnerschaft ist sowohl unzureichend erforscht als auch unterentwickelt. Die meisten Beschreibungen von PDS-Modellen konzentrieren sich ausschließlich auf die schulische Seite der Beziehung – obwohl die Modelle auf angeblich gleichen Beiträgen von Schulen und Universitäten aufbauen. Wenn die Autoren die Universität doch erwähnen, so normalerweise, um darauf hinzuweisen, daß noch keine große Wirkung erzielt wurde. Grossman bemerkt dazu:

> Auf universitärer Seite ist der Wandel nicht leichter, vielleicht sogar schwieriger. Von Anfang an ist das zentrale Ziel der fachlichen Weiterentwicklung als laufende Aufgabe einer relativ kleinen Zahl von Fakultätsangehörigen aufgefaßt worden und nicht als Verantwortung des gesamten College, obwohl der Dekan große Anstrengungen unternommen hat, um diese Wahrnehmung zu ändern. Das PSPDC wird einfach als ein weiteres von vielen Projekten betrachtet und

nicht als der Versuch, die Lebens- und Vorgehensweise des College grundlegend zu verändern (ebd., S. 32) .

Kurz, die Fragen, die mit der *internen Transformation von Universitäten als Institutionen* zusammenhängen, erhalten in der Fachliteratur wenig Aufmerksamkeit.

Auch in anderen Studien über PDS-Schulen sind diese drei Hauptprobleme evident – das PDS-Konzept ist vage; über die PDS-Praxis und über die Probleme der »Projektitis« und des Wandels des Schulklimas liegen nur sehr begrenzte Erkenntnisse vor; die Schwierigkeiten, die mit dem Wandel der Mentalität und der Arbeitsmethoden auf Universitätsseite verbunden sind, werden vernachlässigt. Pugach und Pasch (1992) und Jett-Simpson, Pugach und Whipp (1992) weisen darauf hin, daß eine mehrjährige Anstrengung erforderlich ist, die auf eine umfassende Reform zielt. Sie behaupten, daß »die Bemühungen um die Aus- und Weiterbildung und um die schulische Restrukturierung als untrennbare Bestandteile derselben Aufgabe betrachtet werden müssen« (Pugach und Pasch, 1992, S. 22). Außerdem plädieren sie für eine Einführung des PDS-Modells an »schwierigen« städtischen Standorten, weil dort größere Probleme bestehen und weil wir dadurch mehr Erkenntnisse darüber gewinnen würden, wie man die Ausbildung verbessern kann.

Alles in allem müssen die PDS-Schulen danach bewertet werden, ob sie gute Lernbedingungen für alle Pädagogen schaffen, wozu nicht zuletzt gehört, daß man Veränderungen in der Kultur der Schulen *und* der erziehungswissenschaftlichen Colleges bewirkt.

Lehrer als Führungskräfte und Mentoren

Ich habe die neuen Aufgaben der Schulleiter erörtert, wozu unter anderem der Ausbau der schulischen Führungskapazität gehört (Kapitel 4). Die Führung durch Lehrer (durch Mentoren, Peer-Coaches, Personaltrainer auf Schulebene, curriculare Ressourcenlehrer, Fach- und Fachbereichsleiter, Mitarbeiter der lokalen Planung etc.) erweitert also die Führung über den Schulleiter hinaus. Im selben Maß wie die Kompetenz der Lehrer die Kapazität der gesamten Schule über die Schulleitung hinaus erweitert, sollte sie auch dazu beitragen, die Bedingungen und Möglichkeiten dafür zu schaffen, daß jeder einzelne Lehrer zur Führungskraft aufsteigen kann. Das klingt unrealistisch, aber die Lehrer können sich erst dann zu einem lernenden Berufsstand entwickeln, wenn eine überwältigende Mehrheit der Mitglieder zu (wie ich es genannt habe) »kundigen Change Agents« wird, die durch kritische Nachfrage, durch Kompetenzaufbau und Zusammenarbeit an ihrer persönlichen Zielsetzung arbeiten (Kapitel 2). Zum Glück haben sich die Führungsrollen und -erwartungen erheblich ausgeweitet. Außerdem sind erfreulicherweise durch diese Entwicklung die neuen Fähigkeiten in den Vordergrund gerückt, die Lehrer-Führungskräfte (und letztlich alle Lehrer) brauchen, aber bislang noch nicht besitzen.

Lehrer in Führungspositionen stehen nicht nur vor erweiterten Möglichkeiten, sondern auch vor Problemen. Wir haben einige dieser Schwierigkeiten in *The New Meaning of Educational Change* zusammengefaßt:

> Bei vielen Führungsrollen von Lehrern ist das Ende vom Lied, daß diejenigen, die sie übernehmen, von ihren Kollegen entfremdet werden. Smylie und Denny stellten in ihrer Studie über leitende Lehrer fest, daß diese ihre Hauptaufgabe darin sahen, ihren Kollegen bei der Arbeit mit den Schülern und bei der Verbesserung der Unterrichtsarbeit zu helfen. Aber die Realität sah so aus, daß sie den größten Teil ihrer Zeit mit theoretischen Besprechungen auf Bezirksebene verbrachten und »an den unterschiedlichsten Planungs- und Entscheidungsaktivitäten im Hinblick auf Curriculum-, Unterrichts- und Personalprogramme teilnahmen« (S. 8).

Auch Lehrer, die an der Curriculum-Entwicklung mitwirken oder in anderer Form an inhaltlichen Innovationen beteiligt sind, müssen ihr Engagement im richtigen Verhältnis sehen. Wenn diese Lehrer versuchen, ein Produkt zu verkaufen, und dabei ignorieren, daß die anderen Lehrer es vielleicht nicht für den Stein der Weisen halten, und wenn sie sich darüber hinwegesetzen, daß die anderen Lehrer den Sinn der Innovation begreifen müssen, dann tun sie genau das, was die meisten Planer oder Verfechter des Wandels tun – sie verwechseln die Veränderung mit dem Veränderungsprozeß. Eben diese Tendenz veranlaßt mich zu folgender Behauptung: Je engagierter man für eine bestimmte Innovation eintritt, desto *geringer* ist die Wahrscheinlichkeit, daß man sie erfolgreich umsetzt. In umgekehrter Form ist die These nicht zutreffend. Engagement ist notwendig, aber es muß von dem Wissen ausgeglichen werden, daß Menschen an unterschiedlichen Ausgangspunkten stehen, daß sie legitimerweise unterschiedliche Prioritäten setzen und daß der Veränderungsprozeß durchaus zur Umwandlung oder zu Variationen der Veränderung führen kann. Wenn der Lehrer, der sich für Reformen einsetzt, die Fähigkeit erwirbt, den Wandel und den Wandlungsprozeß gekonnt miteinander zu verbinden, wird er zu einem machtvollen Motor des Wandels. Die Zusammenarbeit von Lehrern auf der Schul- und Klassenebene ist eine notwendige Voraussetzung für eine Verbesserung der Praxis. Zumindest eröffnet diese Entwicklung die Möglichkeit, nicht nur die Unterrichtspraxis zu verbessern, sondern auch dem Burnout, der Entfremdung und der Routine entgegenzuwirken, die vielen Lehrern das Leben vergällen (Fullan mit Stiegelbauer, 1991, S. 138f.).

Ich habe bereits darauf hingewiesen, daß Lehrer nicht auf diese kooperativen Führungsrollen vorbereitet sind und daß diese Vorbereitung am College beginnen muß. Sobald Lehrer Führungspositionen übernehmen, wird ihre mangelnde Vorbereitung unübersehbar. Manthei (1992) stellte bei seinen Untersuchungen fest, daß »die meisten aufstrebenden Mentorlehrer Kenntnisse und Fertigkeiten für die Schaffung und/oder

Übernahme von Führungsrollen brauchen, aber nach Jahren erfolgreichen Unterrichtens nicht darüber verfügen« (S. 1). Manthei sammelte Daten über Lehrer, die an Mentorkursen und an entsprechenden Tests teilnahmen. Die Kenntnisse und Fähigkeiten, die Mentoren am dringendsten benötigen (und am wenigstens besaßen), waren: Anwendung von Fortbildungs- und Lernkonzepten für Erwachsene sowie Fähigkeiten zum nachdenklichen Gespräch und zur Beobachtung. Sogar noch schlechter schnitten die Teilnehmer beim »Wissen über organisatorische Fragen« ab. Nach Manthei belegen die Daten, »wie wenig diese erfahrenen Lehrer über institutionelle Strukturen und Prozesse wissen, sogar über solche, die direkten Einfluß auf den Mentorbereich haben, für den sie Interesse und Initiative bekundeten« (S. 14). Studien belegen immer wieder, daß Lehrer in Führungsrollen sehr viel aus ihren Erfahrungen mit diesen Aufgaben lernen, und zwar offensichtlich nicht, weil sie gut vorbereitet sind, sondern weil das Ganze eine völlig neue Lernerfahrung darstellt.

Die detaillierten Fallstudien von Wasley (1991) über drei Lehrer-Führungskräfte bestätigen, daß Lehrer normalerweise keine Gelegenheit erhalten, die notwendigen Führungsqualitäten zu erwerben, aber die Autorin weist auch auf ein eher grundsätzliches Problem hin: Bei solchen Führungsrollen besteht keine Aussicht auf Erfolg, solange sie nicht Teil eines umfassenderen Kontextwandels sind, durch den die Aufgaben und Anreize für alle Lehrer neu definiert werden. Wie stark der Kontext dazu beiträgt, ob ein bestimmtes Programm eine substantielle oder nur oberflächliche Wirkung hat, zeigt eine Vergleichsstudie von Feiman-Nemser und Parker (1992) über zwei Mentorprogramme für Junglehrer. Diese Autoren entdeckten eine Fülle von Unterschieden zwischen den beiden untersuchten Initiativen in Los Angeles und Albuquerque.

In Los Angeles arbeiten die Mentoren als Vollzeit-Lehrer und »zwacken hier und da ein bißchen Zeit für ihre Mentortätigkeit ab« (S. 3). In Albuquerque sind die Mentoren von ihren Unterrichtspflichten befreit und können ihre gesamte Zeit auf die Beratung von Referendaren verwenden (ermöglicht wird dies durch ein Sonderprogramm, bei dem Referendare im Rahmen eines Master-Studiengangs praktische Unterrichtserfahrung sammeln und dadurch festangestellte Lehrer für andere Aufgaben freisetzen). Im Hinblick auf die Auswahlkriterien ist der Prozeß in Los Angeles bürokratisch; besonderes Gewicht wird auf die eigene Unterrichtsleistung des Mentors gelegt. In Albuquerque ist der Auswahlprozeß eher qualitativ orientiert; im Vordergrund steht die Frage, ob der Mentor über »Führungs-, Lern- und Teamfähigkeiten« verfügt (S. 7).

Zur Vorbereitung auf die Aufgabe nehmen die Mentoren in Los Angeles an einem Workshop teil, »erhielten aber kaum Anleitung, wie sie die Vielzahl der präsentierten Informationen und Ideen mit den tatsächlichen Bedingungen und Anforderungen ihrer Arbeit verbinden sollten« (S. 8). Im Gegensatz dazu »lernen die Unterstützungslehrer in Albuquerque ihre Arbeit durch praktisches Tun«. Nach einer einwöchigen Orientierungseinheit (am Anfang) wird die Ausbildung der Unterstützungslehrer das gesamte Schuljahr hindurch fortgesetzt« (S. 8). Alles in allem fungieren die Mentoren in Los Angeles als »örtliche Fremdenführer«, die Neulingen dabei helfen, sich an die neue Arbeit zu gewöhnen, während die Mentoren in Albuquerque als »Bildungsbegleiter« fungieren, die sich auf die praktische Unterstützung und die Verbesserung der Unterrichtspraxis konzentrieren.

Feiman-Nemser und Parker kommen zu dem Ergebnis, daß das Albuquerque-Programm wesentlich substantieller ist, weil es sich auf die Kultur des Lehrens auswirkt:

> Wenn Mentoren als Vermittler eines kulturellen Wandels wirken, versuchen sie, die traditionelle Isolation der Lehrer zu überwinden, indem sie Normen der Zusammenarbeit und des gemeinsamen Nachfragens fördern. Sie bauen Netzwerke zwischen den Neulingen und ihren Kollegen auf. Sie geben den Lehrern Gelegenheit, sich gegenseitig im Unterricht zu besuchen. Sie erleichtern die Gespräche unter den Lehrern und den Erfahrungsaustausch über den Unterricht (S. 17).

Zwei Programme, die beide unter dem Etikett »Mentorausbildung« laufen, aber so verschieden sind wie Tag und Nacht.

Die neue Arbeit der Lehrergewerkschaften

In der neuen Arbeit der Lehrergewerkschaften zeigen sich positive Ansätze, die verstärkt auf eine Reformierung der Lehrtätigkeit und auf Netzwerke unter lernenden Lehrern abzielen. Zu diesen Aktivitäten gehört zum Beispiel die Bemühung der American Federation of Teachers (AFT) um Reformbündnisse zwischen Gewerkschaften und Schuldistrikten sowie das von ihr initiierte »Educational Research and Dissemination«-Programm (Shanker, 1990). Das Schulerneuerungsnetzwerk (School Renewal Network) der National Education Association (NEA) ist eine weitere substantielle Initiative (Watts und Castle, 1992). Mit Hilfe elektronischer Netzwerke und gelegentlicher persönlicher Treffen werden »Dialognetzwerke« aufgebaut, die der User-Gemeinschaft die Möglichkeit geben sollen, ausführlich mit allen Mitgliedern der Gemeinschaft über bestimmte Themen zu diskutieren und Konferenzen darüber abzuhalten (S. 685). Trotz durchaus vorhandener Implementierungsprobleme (und der damit verbundenen Notwendigkeit, Kenntnisse über die Technik des Austauschs zu erwerben) können Watts und Castle über mehrere positive Ergebnisse berichten: über besseren Unterricht, angeregten Dialog zwischen Theoretikern und Praktikern, mehr substantielle Veränderungsmöglichkeiten durch Anwendung von Informationen, Beseitigung institutioneller und hierarchischer Barrieren sowie Überwindung von räumlichen und zeitlichen Hindernissen. Laut Watts und Castle haben diese Netzwerke tatsächlich »die Macht, nicht nur den User, sondern auch sein Arbeitsumfeld zu verändern« (S. 685).

Eine ähnliche staatlich geförderte Initiative der Ontario Teachers' Federation (OTF, 1992b) läuft gerade an. Unter dem passenden Titel »Creating a Culture of Change« konzentriert sich das Projekt auf die von Lehrern gesteuerten Veränderungen in den »Übergangsjahren« (die Klassen 7, 8 und 9), ist aber nicht auf diesen Bereich beschränkt. Das Projekt ist ausdrücklich darauf ausgerichtet, die berufliche Zusammenarbeit der Lehrer mit ihren Kollegen und mit externen Institutionen zu fördern, um auf diese Weise zu Veränderungen im Curriculum und im Unterricht anzuregen. Diese gemeinsame Initiative von OTF und Bildungsministerium beruht auf der Überzeugung, daß »es zu echten Veränderungen im Bildungswesen kommt, wenn Lehrer die Notwendigkeit des Wandels erkennen und von sich aus nach Lösungen für Lehr- und Lernprobleme suchen« (ebd., S. 1).

Lieberman und McLaughlin (1992) erörtern »das Potential und die Problematik« dieser neuen Netzwerkstrategien:

> Netzwerke bieten dem Lehrer die Möglichkeit, sich durch die Vertiefung und Erweiterung von Unterrichtskenntnissen und durch die Übernahme von Führungsrollen beruflich weiterzuentwickeln ... [Sie] motivieren die Lehrer dazu, bisherige Arbeitsmehtoden zu überdenken und in fachlicher Hinsicht zu reifen. (S. 674–675)

Erfolgreiche Netzwerke, so die Autoren, zeichnen sich durch gewisse gemeinsame Merkmale aus, nämlich durch Konzentration, Vielfalt, einen lebhaften Diskurs und die Möglichkeit, Führungsverantwortung zu übernehmen. Zu den Problemen gehören nach Lieberman und McLaughlin: Qualitätsfragen; Schwierigkeiten bei der Anwendung auf Klassen- und Schulebene; langfristige Instabilität; zu ehrgeizige Zielsetzungen; Zuständigkeitsfragen; die Erweiterung des Rollenverständnisses bei den Lehrern; die Führung der Netzwerke; die Bewertung und die Anpassung von staatlichen Vorgaben (an das Netzwerk).

Das Potential dieser von Lehrern gesteuerten Strategien für die Veränderungsthemen, die ich in diesem Buch beschrieben habe, ist offensichtlich: Sie konzentrieren sich auf die grundlegenden Elemente, die zum Aufbau einer Gemeinschaft von lernenden Lehrern erforderlich sind. In dem Maß, wie sie eine neue Lernkultur begründen, werden sie auch strukturelle Veränderungen auslösen. Ein Umbau bedeutet nicht schon Umdenken. Zwei Fragen bleiben: Was ist mit den Lehrern, die kein Interesse zeigen? Werden Lehrergewerkschaften in der Lage sein, produktive Bündnisse mit anderen Institutionen einzugehen – mit Schulen als Organisationen, mit Schulamtsbezirken, Wirtschaftsunternehmen, Universitäten u. ä.? Partnerschaften sind so wertvoll, weil eine einzelne Gruppe nichts bewirken kann. Aber der bedeutsamste und wichtigste Aspekt dieser Strategien ist, daß sie als weitere Veränderungskraft auf die Wende hinwirken, die einer neuen Lernkultur im Lehrerberuf zum »Durchbruch« verhelfen kann (Land und Jarman, 1992 und Kapitel 7). Ein substantieller Wandel wird erst stattfinden, wenn der »ganz normale« Lehrer anfängt, darüber zu reden und daran zu arbeiten.

Die Teile zusammenfügen

Die entscheidende Frage ist, wie ernst die Gesellschaft – und die Angehörigen pädagogischer Einrichtungen – die Vorbereitung und ständige Weiterentwicklung von Lehrern nehmen will. Ohne lernende Lehrer wird es keine lernende Gesellschaft geben. Auch wenn die Vergleiche mit dem japanischen und chinesischen Bildungswesen häufig übertrieben werden, kann man einiges daraus lernen, wie die Vorbereitung auf den Lehrerberuf in diesen Gesellschaften gehandhabt wird.

In China führt zweifellos schon die reine Bevölkerungsdichte zu zahlreichen Schwierigkeiten beim Einstieg in die Lehrerlaufbahn. Trotz dieser Probleme ist der Dialog zwischen Liping Ma und Yu Yi (einem High School-Leiter mit vierzigjähriger Berufserfahrung) sehr aufschlußreich (Yi und Ma, 1992). Erstens ist bemerkenswert, daß der Rektor Yi die Lehrerbildung als Verpflichtung der Schule betrachtet:

> Die theoretische Lehrerausbildung, die in speziellen Einrichtungen stattfindet, kann immer nur die eine Hälfte der

> Berufsvorbereitung ausmachen. Der Rest muß von den Schulen geleistet werden, in denen die Menschen tatsächlich unterrichten. Da die Lehrtätigkeit in China zudem die gesamte Lebensarbeitszeit umfaßt, dürfen die Lehrerbildung und das eigene Lernen des Lehrers nie aufhören (S. 7).

Die Schule übernimmt die Ausbildung der Junglehrer, und sie stützt sich dabei auf ein mindestens dreijähriges »Lehrlingsprogramm«:

> Es dauert seine Zeit, bis ein Lehrer die nötige Reife erworben hat. Einige Schulen bieten eine dreijährige Ausbildung am Arbeitsplatz. Wir haben uns für ein fünfjähriges Programm entschieden (S. 9).

Nach Yi sollen drei Ziele bei den angehenden Lehrern erreicht werden: (1) Man will ihnen vermitteln, daß es sich lohnt, den Lehrerberuf ein Leben lang auszuüben, und ihnen anhand von konkreten Beispielen (aus Literatur und Praxis) vorführen, was einen guten Lehrer ausmacht; (2) man will ihnen die Vorstellung nahebringen, »daß sich ein guter Lehrer vor allem dadurch auszeichnet, daß er ständig bestrebt ist, Neues zu lernen und sich weiterzuentwickeln« (S. 13); und man will (3) »bestimmte Fertigkeiten und Erfahrungen vermitteln und fördern« (S. 14).

Die systematische Studie von Stevenson und Stigler (1992) über die Lehrerschulung in der chinesischen, japanischen und US-amerikanischen Gesellschaft eröffnet weitere interessante Perspektiven. Diese Autoren stellten fest, daß der Wunsch, mit Kindern und Jugendlichen zu arbeiten (der ethisch begründete Erziehungsauftrag), in allen drei Kulturen der wichtigste Beweggrund für die Berufswahl war. Die Hauptunterschiede hingen mit dem Können und dem Know-how zusammen und mit der Frage, wie man letzteres ständig erweitert. Nachdem Stevenson und Stigler die Schwächen der US-amerikanischen Lehrerausbildung (die schlechte Collegeausbildung und die praktisch nicht vorhandene Weiterbildung) ausführlich erörtert haben, kommen sie zu folgendem Schluß:

> In Japan ähnelt das System der Lehrerbildung eher einem Lehrlingswesen. Es wird systematisch daran gearbeitet, das angehäufte Wissen der Lehrpraxis an jede neue Lehrergeneration weiterzugeben und diese Praxis immer weiter zu vervollkommnen, indem man für eine fortgesetzte fachliche Interaktion der Lehrer sorgt. Die ersten Berufsjahre markieren den Beginn eines langen und komplexen Prozesses. Nach japanischem Recht müssen Junglehrer in ihrem ersten Arbeitsjahr mindestens zwanzig Tage mit berufsbegleitenden Schulungen verbringen. Beaufsichtigt wird dieses Training von Meister-Lehrern, die aufgrund ihres pädagogischen Könnens und ihrer Bereitschaft, jüngeren Kollegen zu helfen, ausgewählt werden. Sie werden für ein Jahr lang von ihren Unterrichtspflichten befreit und verbringen ihre Zeit damit, die Junglehrer zu beobachten, Verbesserungsvorschläge zu machen und sie über effektive Unterrichtsmethoden zu beraten.
>
> Außerdem sind japanische Lehrer, Anfänger ebenso wie alte Hasen, verpflichtet, ihre Unterrichtsfähigkeiten durch die Interaktion mit anderen Lehrern ständig zu vervollkommnen. Die stellvertretenden Schulleiter und die Rektoren setzen zum Beispiel regelmäßig Konferenzen in ihren Schulen an. Diese erfahrenen Fachleute übernehmen die Aufgabe, ihre jungen Kollegen zu beraten und anzuleiten. Die Schulleiter organisieren auch Meetings, auf denen Unterrichtstechniken besprochen und Stundenpläne und Handouts entworfen werden. Diese sehr pragmatischen Gespräche sind darauf ausgerichtet, sowohl bessere Unterrichtstechniken als auch themenspezifische Unterrichtspläne zu entwickeln. So wird vielleicht ein ganzes Treffen dem Thema gewidmet, wie man die Fragen zu einem bestimmten Thema am besten formuliert oder wie man die Aufmerksamkeit der Kinder am wirkungsvollsten fesselt. Die Besprechungen an den Schulen werden durch infor-

> melle bezirksweite Studiengruppen und durch Kurse in Bildungszentren der Stadt- oder Bezirksverwaltung ergänzt …
>
> Die Möglichkeit, daß man von anderen Lehrern lernt, wird zum Teil von den konkreten Räumlichkeiten der Schulen beeinflußt. In japanischen und chinesischen Schulen steht den Lehrern ein großer Gemeinschaftsraum zur Verfügung, und jeder Lehrer erhält einen Schreibtisch in diesem Raum. Hier verbringen sie die Zeit zwischen den Unterrichtsstunden, bereiten sich vor, korrigieren Schülerarbeiten und diskutieren über Unterrichtstechniken. Für amerikanische Lehrer, die in ihren Klassenzimmern isoliert sind, ist es viel schwieriger, sich mit Kollegen über die Arbeit auszutauschen. Ihre Schreibtische und Unterrichtsmaterialien befinden sich in den Klassenräumen, und der einzige Gemeinschaftsraum, der den Lehrern zur Verfügung steht, ist normalerweise ein vollgestopftes Zimmer, in dem häufig die Lehrmaterialien und Fotokopiergeräte der Schule untergebracht sind, zusammen mit einigen wenigen Sitzgelegenheiten und einer Kaffeemaschine. (S. 159–161)

Japanische und chinesische Lehrer haben größere Klassen (45 Schüler), aber sie verbringen weniger Zeit im Klassenzimmer (maximal 3–4 Stunden pro Tag). Was jedoch wirklich zählt, ist nicht die Zeit an sich. Entscheidend sind die *beruflichen Normen*, die über die Verwendung dieser Zeit bestimmen: »Den Lehrern wird Zeit dafür zur Verfügung gestellt, sich täglich zu treffen und zusammenzuarbeiten, gemeinsam den Unterricht für den nächsten Tag vorzubereiten, mit einzelnen Kindern zu arbeiten und an Personalbesprechungen teilzunehmen« (S. 164). Diese beidseitige Verpflichtung zwischen der Gesellschaft und ihren Lehrern spiegelt sich auch in den vielen Überstunden wider, die chinesische und japanische Lehrer täglich in ihrer Schule ableisten. (Nach Stevenson und Stigler verbringen japanische Lehrer mehr als neun Stunden, amerikanische Lehrer etwa sieben Stunden in der Schule.) Sowohl die Erwartungen als auch die Arbeitsbedingungen in asiatischen

Schulen tragen dazu bei, daß die Lehrer ihre Zeit in der Schule produktiv nutzen können.

Es gibt weitere Unterschiede. In Asien legt man mehr Gewicht auf eine gekonnte und verständliche Unterrichtspräsentation und auf das Know-how der Lehrer. Die Disziplin ist ein relativ geringes Problem, weil sich Schule und Eltern mehr Zeit für das »soziale Umfeld« der Schule, für Peer- und Gruppenbeziehungen nehmen.

Man kann und sollte sich keine andere Kultur »ausborgen«, und über einige Inhalte und Nebenwirkungen des asiatischen Bildungswesens läßt sich zweifellos streiten. Trotzdem sollten wir einige grundlegende Erkenntnisse über den Lehrerberuf, die sich aus diesen Vergleichen ergeben, nicht ignorieren: »Der Westen ist nicht überzeugt, daß der Lehrerberuf ein besonders hohes Ansehen verdient« (S. 172). Die Lehrerbildung und die Lehrtätigkeit sind bislang kein Lernsystem, in dem Menschen ihre Fähigkeiten ständig erweitern können, weil sie voneinander lernen und nach Vervollkommnung streben.

Wenn man von den Fähigkeiten und Eigenschaften ausgeht, die Schüler und Bürger in einer lernenden Gesellschaft brauchen, erkennt man, wie die lernende Organisation der Schule beschaffen sein muß (Kapitel 4). Die Qualität dieser Organisationen hängt von einer Reform der Lehrerausbildung ab; Ziel und Antrieb dieser Reform muß sein, daß wir die Lehrtätigkeit im Sinne einer fachkundigen, moralisch engagierten Lernprofession neu konzeptualisieren. Neue Ansätze für Partnerschaften zwischen Schulen, Universitäten und Lehrergewerkschaften, die *Veränderungen in der Kultur* von Schulen, Universitäten und Lehrerorganisationen umfassen, gehen in die richtige Richtung, bringen aber derzeit nicht deutlich genug zum Ausdruck, was wir brauchen. Wir dürfen nicht zulassen, daß oberflächliche Bemühungen unter Schlagworten wie »Partnerschaft«, »Restrukturierung«, »Mentoring« und anderem laufen. Das derzeit schwächste und potentiell stärkste Verbindungsglied für eine Bildungsreform ist die Ausbildung und praktische Weiterbildung von Lehrern. Bis jetzt haben sich die westlichen Gesellschaften nicht dazu durchringen können, sich wirklich ernsthaft auf die Herausforderung einer Lehrerausbildungsreform einzulassen. Aber »*keine andere Veränderung ist so grundlegend wie diese*« (Stevenson und Stigler, 1992, S. 173, Hervorhebung von mir).

Kapitel 7
Das Individuum und die lernende Gesellschaft

Vielleicht sind die Leute, die besonders viel tun, die größten Träumer.

Stephen Leacock

Wenn wir unser Augenmerk auf das Individuum richten, haben wir zwei Gründe. Erstens sind es wohl oder übel immer Einzelpersonen, die vom äußeren Geschehen betroffen werden; deshalb ist die Fähigkeit, mit Veränderungen umzugehen, unerläßlich für unsere Gesellschaft. Veränderung ist Pflicht, Wachstum eine Option (Laing, 1992). Wir haben also nicht die Wahl zwischen Wandel oder Nicht-Wandel, aber wir können wählen, wie wir auf Veränderungen reagieren wollen. Zweitens ist die Konzentration auf den einzelnen kein Ersatz für den Systemwandel, *sondern die effektivste Strategie für eine erfolgreiche Verwirklichung.*

Ich schließe die Ausführungen dieses Buches mit mehreren Hauptpunkten. Das Ideal der Erziehung und Bildung ist es, eine lernenden Gesellschaft, genaugenommen eine lernende Welt zu schaffen. Der Schlüssel zum Lernen ist der Lehrer, der ein selbständiges inneres und äußeres Lernen verbinden muß. Der ethisch begründete Erziehungsauftrag und die Vermittlung des Wandels – persönliches Engagement und Kompetenz – gehören zusammen. Es bringt uns nicht weiter, wenn wir *entweder* nach Bildungsgerechtigkeit *oder* nach Spitzenleistung streben. Diese beiden Ziele müssen sich gegenseitig ergänzen und verstärken. Lehrer sind im Vergleich zu anderen Mitgliedern der Gesellschaft in einer besonders privilegierten Position: Sie können dem Sinn des

Lebens durch die Verschmelzung von Mikro- und Makrokosmos nachspüren.

Die lernende Gesellschaft: Schüler und mündiger Staatsbürger zugleich

Erziehung und Bildung, Wissen und Lernen sind die wichtigsten Themen unserer Zeit. Wie Drucker (1992) es formuliert: »Heute steht der geistig arbeitende Mensch im Mittelpunkt« (S. 16); »jedes Unternehmen muß zu einer lernenden und zu einer lehrenden Institution werden« (S. 108). Nach Drucker wird das 21. Jahrhundert von Organisationen (und Gesellschaften) beherrscht werden, denen es gelingt, ein ständiges Lernen und Lehren in allen Tätigkeitsbereichen zu verbinden.

Wir wissen inzwischen eine Menge darüber, worauf das Lernen gerichtet sein sollte und wie Menschen lernen. Die notwendige Mischung von intellektueller Entwicklung – wie Gardners (1993) »Erziehung zum Verstehen« – und sozialer Entwicklung – deshalb wird zum Beispiel beim kooperativen Lernen so großer Wert auf den Erwerb von Teamfähigkeiten gelegt – zeigt sich immer deutlicher. Im Bildungswesen ebenso wie in der Wirtschaftswelt herrscht Einigkeit darüber, daß die Zukunft der Welt in entscheidendem Maße von unserer Fähigkeit abhängen wird, einerseits neue Ideen hervorzubringen und zu präsentieren und andererseits mit anderen zusammenzuarbeiten. Diese beiden angestrebten Eigenschaften sind untrennbar mit einer dritten verbunden – mit der Bereitschaft, angesichts eines konstanten Wandels und einer wachsenden gesellschaftlichen Komplexität ständig dazuzulernen. Anders ausgedrückt, die Fähigkeit, mit Veränderungen umzugehen, aus jeder neuen Erfahrung so viel wie möglich zu lernen, ist die Grundfähigkeit, die wir im 21. Jahrhundert brauchen werden.

Allerdings wissen wir nicht, wie man diese Ziele für alle Schüler einer pädagogischen Einrichtung, geschweige denn für alle Schüler eines Staates oder der Welt erreichen kann.

Das ist so schwierig, weil es eine ungeheure Kraftanstrengung und eine intensive Zusammenarbeit von mehreren Beteiligten erfordert – von Eltern und Gemeinschaft, Wirtschaft und Industrie (Arbeitnehmer und Management), Regierungsstellen und anderen sozialen Einrichtungen und dem Bildungssystem. Dieses Bildungssystem kann eine solche Aufgabe nicht allein bewältigen, aber es muß dazu beitragen, den Teufelskreis unsystematischer Bemühungen zu durchbrechen, indem es aus eigener Kraft und durch Bündnisse mit anderen dazu beiträgt, den Weg zu ebnen.

Die Entwicklung einer lernenden Gesellschaft ist ein gesellschaftliches Bestreben, nicht nur weil das Bildungswesen diese Aufgabe nicht allein meistern kann, sondern weil es um eine lernende *Gesellschaft* und nicht nur um ein lernendes Schulsystem geht. Das Engagement für das Lernen und die Praxis des Lernens muß sich in allen Arten von Organisationen und Institutionen ausbreiten, wenn es irgendeine gesamtgesellschaftliche Wirkung entfalten soll.

Das Canadian Institute of Advanced Research (CIAR, 1992) beschreibt in seinem Programm für eine *lernende Gesellschaft* sehr deutlich, welche Aufgaben wir bewältigen müssen. Die soziale Außenwelt in der frühen Kindheit beeinflußt die Entwicklung von Kompetenzen und Bewältigungsfähigkeiten; Schulen sind nicht dafür gerüstet, auf diese Unterschiede einzugehen; wenn überhaupt, vertiefen sie höchstens die Kluft zwischen privilegierten und unterprivilegierten Gruppen. Wirtschaftsunternehmen, soziale Einrichtungen und andere Institutionen verschlimmern die Situation, tun wenig, um sie umzukehren, oder sind der Ansicht, daß es für Interventionen zu spät sei. Das rasante Tempo von technologischen, demographischen und sozialen Veränderungen erhöht die Anforderungen, die an die Kräfte des einzelnen gestellt werden. Wer am schlechtesten für diese Aufgabe gerüstet ist, fällt immer weiter zurück, und er wird zur Belastung für sich selbst und für die Gesellschaft. Die menschliche Entwicklung hat eine soziale wie auch eine wirtschaftliche, eine individuelle wie auch eine gesellschaftliche Dimension.

Zu den wichtigsten Aufgaben, die im CIAR-Vorschlag beschrieben werden, gehört, daß wir »die Beziehung zwischen der individuellen und der kollektiven Entwicklung definieren und ihre fundamentale Interdependenz besser verstehen« (S. 20). Wie die Autoren außerdem feststellen, »scheint unsere Gesellschaft gerade dann, wenn ihr Bedarf an aufgeklärten, gut ausgebildeten und engagierten Bürgern wächst, die Fähigkeit zu verlieren, diesem Bedarf gerecht zu werden« (S. 22).

Der Aktionsplan des CIAR macht deutlich, daß wir weltweit nach Ideen und eigentlich auch weltweit nach Lösungen suchen müssen:

> Bei diesen drängenden Problemen setzt unser Projekt an. Wir glauben nicht, daß es eine einfache Lösung für irgendeines dieser Probleme gibt. Andererseits sind wir auch nicht der Auffassung, daß sie unausweichliche Entwicklungen unserer modernen Welt sind. Wenn man eine globale Perspektive einnimmt, entdeckt man, daß sich bestimmte Gesellschaften den Anforderungen des Informationszeitalters wesentlich erfolgreicher anpassen als andere. Bemerkenswert ist auch, daß die Gesellschaften, denen die Anpassung am besten zu gelingen scheint, in ihrer Geschichte immer großen Wert auf das Lernen gelegt haben und es als einen lebenslangen Prozeß betrachten. Es ist kein Zufall, daß diese Gesellschaften auch besonders viel in Mütter und Kinder investieren, daß sie über eine hochgebildete Arbeitnehmerschaft verfügen und daß ihre Institutionen ein lebenslanges Lernen bei Menschen aus allen Schichten fördern. Einige moderne Staaten leiden nicht am Verfall der Familie und anderer fundamentaler gesellschaftlicher Institutionen; sie haben sich im Gegenteil gut darauf verstanden, diese Institutionen neu zu beleben, und widmen sich den neuen und eher technischen Anforderungen unserer Zeit.
>
> Wir wollen in diesem Projekt die wichtigsten Merkmale ermitteln, die eine »lernende Gesellschaft« aufweisen muß, wenn sie sich in der heutigen Zeit erfolgreich behaupten soll. Wir gehen das Problem von drei Seiten an: (1) Wir

> wollen untersuchen, wie man das Lernen und die Entwicklung in Gesellschaften fördert, in denen der Übergang zur modernen Ära am erfolgreichsten gemeistert wurde. (2) Wir wollen untersuchen, welche Hindernisse einer solchen Entwicklung in unserer eigenen Gesellschaft entgegenstehen; unser besonderes Interesse gilt dabei den Faktoren, die zu emotionalen, verhaltensbezogenen oder schulischen Problemen bei Kindern führen, aber wir werden auch der Frage nachgehen, wodurch ein lebenslanges Lernen behindert wird. Wichtigen Aspekten, die zu einer erfolgreichen Entwicklung innerhalb unseres gesellschaftlichen Kontextes führen, widmen wir ebenfalls besondere Aufmerksamkeit. (3) Wir werden uns mit dem Problem beschäftigen, wie man von hier nach dort kommt; das heißt, wir wollen erforschen, wie man unsere eigenen Institutionen revitalisieren und/oder modifizieren kann, damit sie den lebenslangen Bedürfnissen unserer Gesellschaft besser gerecht werden, und zwar auf menschliche und menschenwürdige Weise. Diese Überlegungen schließen ausdrücklich die Erkenntnis mit ein, daß solche Anpassungen dazu zwingen können, das Wesen der wechselseitigen Verpflichtung von Individuum und Gesellschaft neu zu definieren (S. 22–23).

Kurz, wir haben die Pflicht, eine lernende Gesellschaft zu schaffen: »Wenn wir einen Weg finden wollen, die Entwicklung unserer menschlichen Ressourcen zu optimieren, müssen wir ein Leben lang das Wesen unserer gesellschaftlichen Institutionen untersuchen und immer wieder überprüfen, inwieweit sie ein fortgesetztes, lebenslanges Lernen und die Fähigkeit, mit Veränderungen umzugehen, fördern oder behindern« (CIAR, 1992, S. 43). Da sich die Pädagogen berufsmäßig mit dem Lernen beschäftigen, ist es wohl nicht zuviel verlangt, daß sie dabei eine führende Rolle übernehmen, auch wenn sie am Anfang nicht mit Lob und Anerkennung rechnen können.

Der Lehrer als Schlüssel: Inneres und äußeres Lernen

Geplante Veränderungen anzustreben ist ein fruchtloses Unterfangen, weil die Realität unter den Bedingungen einer dynamischen Komplexität grundsätzlich nicht linear verläuft. Das müssen wir uns als erstes klarmachen und es dann zu unserem Vorteil nutzen, indem wir unsere inneren und äußeren Lernkapazitäten entwickeln. Das gilt für alle, aber ganz besonders für Lehrer. Es versteht sich eigentlich von selbst (auch wenn es häufig ignoriert wird), daß wir ohne lernende Schüler keine lernende Gesellschaft bekommen werden und daß es keine lernenden Schüler ohne lernenden Lehrer geben wird. Inneres Lernen (innerpersonelle Sinnfindung) und äußeres Lernen (Austausch und Kooperation mit anderen) ergänzen einander, sind aber auch trennbar.

Inneres Lernen

Lehrer (und alle anderen Menschen) sollten Veränderungen und Innovationen genauso betrachten wie das Auf und Ab in ihrem persönlichen Leben. Das Leben (und der Wandel) bewegen sich nicht immer gradlinig voran; mitunter passieren schlimme Dinge, auf die wir keinen Einfluß haben, mitunter werden wir von unerwarteten Glücksfällen getroffen etc. So ist das Leben. Aber, und das ist das Entscheidende, einige Menschen kommen besser und sogar äußerst erfolgreich mit den Wechselfällen des Lebens zurecht, während andere daran zerbrechen. Der allererste Ansatzpunkt für jeden Veränderungsprozeß liegt in uns selbst. In komplexen Gesellschaften wie der unseren müssen wir lernen, dem System zum Trotz Veränderungen zu meistern und daran zu wachsen. Es ist nicht so, daß das System uns unbedingt eins auswischen will (was mitunter geschieht), aber es schert sich nicht um unsere Ziele (wenn es sich auf dynamisch-komplexe Weise verändert). Deshalb sollten Lehrer zunächst bei anderen Einzelpersonen in die Lehre gehen, die sich offenbar gut darauf verstehen, auch unter widrigen Bedingungen erfolgreich zu lernen.

Csikszentmihalyis (1992) Analyse des *flow*-Zustands und eines optimalen Erlebens ist ein guter Ausgangspunkt. Er stellt fest: »Im Leben eines jeden Menschen ist die Chance extrem gering, daß immer nur etwas Gutes geschieht« (S. 265). Warum das so ist, deutet er an früherer Stelle an:

> Ich werde die These aufstellen, daß das wichtigste Hindernis für Glückserfahrung damit zusammenhängt, daß das Universum, trotz der Mythen, die die Menschheit entwickelte, um sich zu beruhigen, nicht geschaffen wurde, um unsere Bedürfnisse zu erfüllen. Frustration ist ein wichtiger Bestandteil unseres Lebens (ebd., S. 21).

So wird man vergeblich nach Glück streben, wenn man immer nur versucht, die äußeren Lebensbedingungen zu verändern. Aber »Menschen, die lernen, ihre inneren Erfahrungen zu steuern, können ihre Lebensqualität bestimmen« (ebd., S. 14). Als erstes muß man lernen, sich selbst »zu reformieren«. Wer versucht, das Leben aller anderen zu verbessern, ohne gelernt zu haben, sein eigenes zu steuern, richtet normalerweise einen Riesenschlamassel an und macht alles nur noch schlimmer (S. 251). In dem Kapitel »Der Sieg über das Chaos« untersucht Csikszentmihalyi die vier Merkmale eines autotelischen Selbst (»ein Selbst, das sich selbst die Ziele setzt«). Seine Analyse kommt der Beschreibung eines idealen Change Agent ziemlich nahe:

1. Ziele setzen,
2. sich in die Handlung vertiefen,
3. Aufmerksamkeit auf das Geschehen richten und
4. lernen, sich an der unmittelbaren Erfahrung zu erfreuen (ebd., S. 275–279).

Das ist kein festgelegter, geradliniger Weg, denn »Aufmerksamkeit auf das Geschehen zu richten« heißt, daß man Veränderungen berücksichtigt: »Das Zentrum wird immer noch vom Ziel dieser Person bestimmt, aber sie ist offen genug, um äußere Ereignisse zu bemerken und sich auf sie einzustellen« (S. 269). Wie Csikszentmihalyi schreibt: »Die Folgen eines autotelischen Selbst – lernen, sich Ziele zu setzen, Fähigkeiten zu entwickeln, auf Feedback zu achten, wissen, wie man sich konzentriert und vertieft – bedeuten, man kann das Leben genießen, auch wenn die objektiven Umstände hart und unangenehm sind« (ebd., S. 279).

Lehrer sollten mehr als jeder andere autotelisch sein und nicht versuchen, den *inneren* Sinn der jüngsten Innovation oder neuesten bildungspolitischen Reform zu ergründen. Innovationen und Systeme, die im Laufe eines bestimmten Zeitraums auftauchen, haben keinen *objektiven Sinnzusammenhang*. Die Sinngebung liegt bei uns: »Subjektive Erfahrung ist nicht nur ein Aspekt des Lebens, sie ist das Leben selbst« (ebd. S. 253). Da so viel Wert auf Kollegialität und Zusammenarbeit gelegt wird, vergißt man leicht, wie wichtig es ist, sich im eigenständigen Denken zu üben. Die Fähigkeit zum unabhängigen Denken und Handeln ist von wesentlicher Bedeutung für eine Reform des Bildungswesens. Der Psychologe Anthony Storr (1988) belegt das sehr überzeugend in seiner Abhandlung über die Macht und die Notwendigkeit der *Einsamkeit*. Persönliche Erfüllung, so seine Argumentation, findet man nicht nur in zwischenmenschlichen Beziehungen. Die Fähigkeit zum Alleinsein ist ein Zeichen großer emotionaler Reife. »Damit verbunden ist die Möglichkeit der Selbstentdeckung und Selbstverwirklichung; die Chance, sich über seine tiefsten Bedürfnisse, Gefühle und Motive klar zu werden« (S. 21).

Storr zeigt auch, daß die Einsamkeit zu einer Quelle persönlicher Sinnfindung und Kreativität werden kann. Die Entdeckung neuer persönlicher Sinnzusammenhänge ist der eigentliche Kern erfolgreicher Innovationen, insbesondere unter den Bedingungen eines konstanten Wandels:

> Die Fähigkeit zum Alleinsein ist eine wertvolle Hilfe, wenn Veränderungen der inneren Einstellung erforderlich wer-

> den. Wenn Situationen sich tiefgreifend wandeln, muß man vielleicht die Bedeutung und den Sinn der Existenz völlig neu bewerten. In einer Gesellschaft, in der zwischenmenschliche Beziehungen im allgemeinen als Lösung für alle Formen des Unglücklichseins betrachtet werden, ist es mitunter schwierig, wohlmeinende Freunde davon zu überzeugen, daß nicht nur emotionaler Beistand, sondern auch die Einsamkeit einen therapeutischen Effekt haben kann (ebd., S. 29).

Und:

> Lernen, Denken, Erneuern und der Zugang zur eigenen inneren Welt – all das wird durch die Einsamkeit erleichtert (ebd., S. 28).

Kurz, der einzelne muß sich Zeit zum Nachdenken lassen und Klarheit darüber gewinnen, wie er persönlich bestimmte Verbesserungen einschätzt. Das ist genauso wichtig wie die Entscheidung über das kollektive Vorgehen. Ich will die Bedeutung des persönlichen Wandels nicht übertreiben. Der einzelne verfügt nicht über unbegrenzte Energien für den Umgang mit äußeren Widrigkeiten. Einige Umstände sind unerträglich und müssen direkt in Angriff genommen werden. Dennoch müssen wir grundsätzlich umdenken und einen neuen Ansatz für den Umgang mit erwarteten und unerwarteten Veränderungen entwickeln. Das Paradox ist ein fester Wegbegleiter komplexer Veränderungsprozesse, und in diesem Fall zeigt es sich in der Erkenntnis, daß *der persönliche Wandel der beste Weg zu einem Wandel des Systems ist.* Wie Doris Lessing in »Gefängnisse, in denen wir freiwillig leben« (1989) schreibt: » Ich glaube, daß langfristig immer das Individuum den Ton angibt und über die tatsächliche Entwicklung der Gesellschaft entscheidet« (S. 192). Einer der zehn »Megatrends«, die 1990 von Naisbitt und Aberdene (1990) ermittelt wurden, ist der »Triumph des Individuums«. Ihre weitreichende Schlußfolgerung lautet, daß der einzelne Mensch heute weitaus mehr Einfluß auf effektive Veränderungen hat als die meisten Institutionen. Senge (1996) faßt es treffend zusammen:

> Organisationen lernen nur, wenn die einzelnen Menschen etwas lernen. Das individuelle Lernen ist keine Garantie dafür, daß die Organisation etwas lernt, aber ohne individuelles Lernen gibt es keine lernende Organisation (S. 171).

Eine starke persönliche Lernhaltung ist der Schlüssel zum eigenen erfolgreichen Überleben und zu einem erfolgreichen Wandel des Systems. Für letzteres ist man natürlich auf die Unterstützung anderer angewiesen.

Äußeres Lernen

Beim äußeren Lernen geht es um Zusammenhänge. Darum geht es zum Beispiel in den höchst kooperativen Schulkulturen, die von Rosenholtz (1989) oder Nias et al. (1992) beschrieben werden, wo Lehrer auf einer kontinuierlichen Basis miteinander arbeiten und voneinander lernen. Darum geht es bei dem von Huberman (1992) beschriebenen Karrierezyklus des »Handwerkers«, der innerhalb und außerhalb der Schule ständig nach neuen Erkenntnissen und Fertigkeiten sucht und unablässig nach Vervollkommnung strebt. Darum geht es bei Staceys (1992) multiplen Kulturen, wo Menschen aus den Unterschieden in ihren Organisationen lernen. Es geht darum, das innere Selbst in Beziehung zu anderen Menschen zu setzen – bei der Arbeit, in der Familie und bei anderen sozialen Kontakten außerhalb der Arbeit.

Wenn Csikszentmihalyi (1992) darauf hinweist, daß wir die »Aufmerksamkeit auf die Welt lenken« und »neue Lösungen entdecken« müssen, bezieht er sich darauf, daß sich die Welt dauernd verändert und daß wir daher gut beraten sind, wenn wir sie ständig im Auge behalten – weil einige der besten Ideen »da draußen« sind, aber auch weil wir ohne eine dialektische Beziehung zu externen Ereignissen nicht sehr lange überleben werden. Wachstum kommt in Gang, wenn einzelne Menschen oder Gruppen schwierige, hartnäckige Probleme in Angriff nehmen und bewältigen.

Die erste Erkenntnis, die sich aus der Kombination von innerem und äußerem Lernen ergibt, lautet, daß wir als Individuen die Initiative ergreifen müssen, wenn wir nicht als hilflose, überforderte, abhängige Opfer von Veränderungskräften enden wollen. Um mit Csikszentmihalyi zu sprechen: »Wenn Werte und Institutionen keinen stützenden Rahmen mehr darstellen wie früher, muß man alle zur Verfügung stehenden Instrumente anwenden, um sich ein sinnvolles, erfülltes Leben zu schaffen« (S. 32). Wir dürfen uns nicht von der Stagnation der anderen einengen lassen – oder auch nicht von ihren Innovationen.

Die zweite Erkenntnis lautet, daß wir die »Kraft von Verbindungen« erkennen müssen (Land und Jarman, 1992):

> Zu Wachstum, Wandel und letztendlich zur Evolution kommt es, wenn Individuen, Organisationen und die Gesellschaft ihre Beziehungen vertiefen, indem sie ihre wechselseitigen Verbindungen kontinuierlich erweitern und verstärken (S. 189).

Wir müssen in der Lage sein, »die eigenen Wachstumsmöglichkeiten ständig zu erweitern und immer mehr Verbindungen unter ganz verschiedenen Umweltbedingungen zu knüpfen« (ebd., S. 30).

Die dritte Erkenntnis ist, daß unsere Verbindungen ausgewogener, authentischer, mehr auf den ganzen Menschen ausgerichtet sein müssen. In »The Total Teacher« haben wir dafür plädiert, daß Lehrer »bei ihrer Arbeit mit anderen die Gesamtpersönlichkeit würdigen müssen«:

> Für den Aufbau dieser Beziehungen ist es wichtig, daß wir versuchen, die Menschen, mit denen wir zusammenarbeiten, zu verstehen. Wenn wir die Gesamtpersönlichkeit eines Kollegen wahrnehmen wollen, umfaßt das per defini-

tionem sowohl berufliche als auch außerberufliche Lebensbereiche. Wie die Fallstudien von Nias et al. (1989) belegen, ist es ein herausstechendes Merkmal kooperativer Schulen, daß »der einzelne als Mensch geschätzt wird«. Es ist schwierig, Interesse an den Lebensumständen des einzelnen Lehrers zu zeigen und Rücksicht darauf zu nehmen, weil man die richtige Mischung von persönlicher Anteilnahme einerseits und Respekt vor der Privatsphäre andererseits finden muß. Alle Studien über Lebenszyklen, Karrierezyklen und Geschlechtsfaktoren bei Lehrern zeigen, daß sich ihre persönlichen Lebensumstände stark unterscheiden und im Laufe der Zeit verändern. Wenn wir keine angemessenen Beziehungen zu anderen Menschen aufbauen, steigt das Risiko von Konflikten, Mißverständnissen und schlecht abgestimmten Reaktionen oder Strategien (Fullan und Hargreaves, 1991, S. 74–75).

Zum Thema »Ausgewogenheit« gehört auch die Frage, wie man ein Gleichgewicht zwischen Beruf und Familie bzw. zwischen Arbeit und Freizeit herstellt – Senge (1996) spricht in diesem Zusammenhang vom »Ende des Krieges zwischen Arbeit und Familie«:

> Die Disziplinen der lernenden Organisationen werden meiner Ansicht nach das Tabu durchbrechen, das dieses Thema umgeben und von der Firmenagenda ferngehalten hat. Die lernende Organisation kann Personal Mastery nur fördern, wenn sie sie in allen Lebensbereichen fördert. Sie kann keine gemeinsamen Visionen entwickeln, ohne persönliche Visionen zu wecken, und persönliche Visionen sind immer vielseitig – sie schließen immer tief empfundene Wünsche für unser persönliches, berufliches, unternehmerisches und familiäres Leben ein. Und schließlich ist die künstliche Grenze zwischen Arbeit und Familie dem Systemdenken ein Greuel. Es gibt eine natürliche Verbindung zwischen der Arbeitswelt eines Menschen und allen anderen Bereichen des Lebens. Wir leben nur ein Leben, aber für lange

> Zeit haben unsere Unternehmen so getan, als ob diese einfache Tatsache ignoriert werden könnte, als hätten wir zwei getrennte Leben (S. 372).

Wie Senge weiter ausführt, kann man »ein lernendes Unternehmen nicht auf der Grundlage zerrütteter Familien und angespannter persönlicher Beziehungen aufbauen« (S. 378). Kaplan (1991) kommt zu dem gleichen Schluß: »Wer besser lebt, führt auch besser.«

Die vierte Erkenntnis lautet, daß die Kombination eines individuell gesteuerten inneren und äußeren Lernens die beste Strategie für einen *Wandel des Systems* ist:

> Unsere Erfahrung mit Hunderten von Organisationen über einen Zeitraum von mehr als dreißig Jahren hat uns zu dem Schluß geführt, daß *sich Organisationen und Staaten nicht ändern – nur Individuen ändern sich.* Wenn genügend Menschen an die ›kreative Weltanschauung‹ glauben und danach handeln, werden Organisationen und Staaten es auch tun (Land und Jarman, 1992, S. 134).

Systeme verändern sich, wenn genügend Gleichgesinnte die gleiche Veränderungsrichtung einschlagen. Deshalb funktioniert ein von oben verordneter Strukturwandel nicht. Man kann nicht vorschreiben, was wichtig ist, weil man nicht um den Wandel der Systemkultur herumkommt. Aber gleichgesinnte Menschen, die auf Veränderungen drängen, können etwas bewegen. Das Autounternehmen Ford, das von 1980 bis 1982 Verluste in Höhe von 3,3 Milliarden Dollar verbuchte, durchlief eine so erfolgreiche Transformation, daß es im Jahr 1986 hohe Gewinne vorweisen konnte, die zum ersten Mal seit 1924 die von General Motors übertrafen. Ein leitender Manager erklärt das so: »Ich glaube, daß die tiefgreifendsten und dauerhaftesten Veränderungen erfolgen, wenn die einfachen Arbeiter sie so unbedingt wollen, daß sie die Initiative ergreifen und dann von unten nach oben managen« (Pascale, 1991, S. 166). Bemerkenswert ist auch, daß Ford »das Lernen«

als einen neuen Grundwert in seine Prioritätenliste mitaufnahm (neben »Menschen«, »Produktivität« und »Gewinnen«). Dazu eine weitere Führungskraft:

> Letzten Endes hängt Fords andauernde Fähigkeit zu lernen und sich anzupassen von unserer Managementphilosophie ab. Hinsichtlich der Rolle des Managements ist im Denken der Firma ein radikaler Wandel eingetreten. Heute gelten Manager als Förderer des Wandels und als Moderatoren – nicht nur als Experten und Kontrolleure. Können wir diese Geisteshaltung als einen *way of life* bei Ford verinnerlichen, dann haben wir allerdings Grund zu hoffen, daß wir uns noch weiter kräftigen können (ebd., S. 232).

Fünftens und letztens reicht es nicht aus, daß man ein höchst kooperatives Teammitglied in einer ganz bestimmten Organisation ist. Die persönliche Fähigkeit zum inneren und äußeren Lernen muß übertragbar sein, weil Menschen im Laufe ihres Lebens unweigerlich von Gruppe zu Gruppe wandern und weil auch in den Gruppen ein ständiges Kommen und Gehen herrscht. Wie Csikszentmihalyi (1992) feststellt: »Selbst die erfolgreichste Karriere, die schönste Familienbeziehung läuft schließlich auf Grund« (S. 281). Menschen müssen über die Fähigkeit verfügen, immer wieder neue produktive Lernbeziehungen zu entwickeln und weiterzuentwickeln. Je mehr Menschen über diese Fähigkeit verfügen, desto größer ist die Wahrscheinlichkeit, daß Verbindungen entstehen, die zu neuen Lernerfahrungen führen.

Ich habe mich bewußt über den Bereich der pädagogischen Fachliteratur hinausbewegt, um die Rolle des Lehrers und seine Lernaufgabe in der Gesellschaft in einen größeren Zusammenhang zu stellen. Diese breitere, grundlegendere Konzeption gibt Lehrern die Möglichkeit, Lerngelegenheiten besser zu erkennen und zu nutzen. Von dieser Warte aus kann man das übergreifende Ziel spezifischer Strategien und Techniken erkennen und empfindet sie nicht länger als bruchstückhafte Einzelaktionen. Außerdem stehen den Lehrern viele konkrete Richtlinien und Ideen zur Verfügung, wie zum Beispiel unsere eigenen zwölf Richtlinien für Lehrer, die in Fullan und Hargreaves (1991) ausführlich erläutert werden:

1. Hören Sie auf Ihre innere Stimme: Versuchen Sie, Ihrer Intuition nachzuspüren und die Botschaft in Worte zu fassen.
2. Setzen Sie Ihr Denken in Aktion – üben Sie sich in tätiger Reflexion durch und über das Handeln.
3. Entwickeln Sie eine risikofreudige Mentalität.
4. Vertrauen Sie Prozessen und Menschen.
5. Würdigen Sie die Gesamtperson, wenn Sie mit anderen zusammenarbeiten.
6. Suchen Sie die Vielfalt und vermeiden Sie jede Abkapselung.
7. Erweitern Sie Ihr Rollenverständnis über das Klassenzimmer hinaus.
8. Bringen Sie Beruf und Privatleben in ein ausgewogenes Verhältnis.
9. Setzen Sie sich bei Schulleitern und anderen Administratoren für einen Ausbau der fachlichen Interaktion ein und unterstützen Sie diesbezügliche Bemühungen.
10. Streben Sie nach ständiger Verbesserung und ununterbrochenem Lernen.
11. Kontrollieren und stärken Sie den Zusammenhang zwischen Ihrer Entwicklung und der Ihrer Schüler (S. 64).

Durch die erweiterte Perspektive können sich Pädagogen auch wertvolle Ressourcen aus anderen Bereichen erschließen und besser nutzbar machen. Interessante Denkanstöße gibt zum Beispiel Stephen Covey (1992) in seinem Buch *Die sieben Wege zur Effektivität*, wobei wiederum dasselbe Prinzip gilt: Es geht nicht um Einzelrezepte, nach dem Motto »In sieben Schritten zu Ruhm und Größe«, sondern darum, größere Ideenzusammenhänge herzustellen, damit wir wachsen und unsere positive Veränderungskraft in immer mehr zwischenmenschliche Beziehungen einbringen können. Es ist kein Zufall, daß die »sieben Wege« viel mit den Themen dieses Buches gemeinsam haben:

1. Der Weg der persönlichen Vision
2. Der Weg der persönlichen Führung
3. Der Weg des persönlichen Managements
4. Der Weg der interpersonellen Führung
5. Der Weg der Kommunikation (versuchen Sie, erst zu verstehen und dann verstanden zu werden)
6. Der Weg der kreativen Zusammenarbeit
7. Der Weg der Selbsterneuerung

Ethisch begründeter Erziehungsauftrag und Vermittlung des Wandels

Der ethisch begründete Erziehungsauftrag und die Vermittlung des Wandels führen zur Synergie von Engagement und Kompetenz, Gleichheit und Spitzenleistung. Im Lehrerberuf sind diese beiden Aspekte von Bildung und Erziehung bis jetzt nicht verbunden worden. Wenn alle Lehrer an ihrer persönlichen Visionsentwicklung arbeiten und erkennen, daß ihr Engagement für Veränderungen beim einzelnen Schüler mit dem übergreifenden Ziel der Bildung zusammenhängt, verleiht das ihrem Beruf einen praktischen und moralischen Wert. Wenn sie durch kritische Nachfrage ständig nach neuen Erkenntnissen streben, praktizieren sie, was sie predigen: Sie lernen ständig hinzu, zu ihrem eigenen Vorteil und dem ihrer Schüler. Wenn die japanische Lehrerin unentwegt an der Vervollkommnung ihres Unterrichts arbeitet, erlangt sie die Meisterschaft, die notwendig ist, damit sie ihren ethisch begründeten Erziehungsauftrag verwirklichen kann. Wenn ein Lehrer mit einem anderen zusammenarbeitet oder wenn viele Lehrer in einem neuen Bündnis miteinander und mit externen Partnern kooperieren, erweitern sie ihren Horizont, während sie gleichzeitig die Hebel der Veränderung verlängern und verstärken.

Wenn viele Pädagogen auf diese Weise handeln, wird sich das System allmählich wandeln und zu einer Umwelt werden, die zu weiterem Wachstum anregt und eine ständige Weiterentwicklung fördert. Unabhängige Veränderungskräfte wirken zusammen und bewirken radikale Durchbrüche. Aber das ist keine lineare Entwicklung. Das Lernvermögen ist nicht nur wichtig, damit wir Erfolge feiern können, sondern auch, damit wir Rückschläge bewältigen können. Letztendlich wird der Lehrer durch den ethisch begründeten Erziehungsauftrag und die Vermittlung des Wandels auf eine andere Ebene versetzt, auf der die persönliche Sinnfindung und die kollektive Unternehmung zu einer Einheit werden.

Die Verschmelzung von Mikrokosmos und Makrokosmos

Der Makrokosmos ist die lernende Gesellschaft und die lernende Welt. Der Mikrokosmos ist der Montagmorgen in der Schule. Lehrer müssen mehr als alle anderen Mitglieder der Gesellschaft einen Fuß in beiden »Kosmen« haben, weil ihr Erfolg in der einen Welt davon abhängt, daß sie fest in der anderen verwurzelt sind. Abgesehen von der Religion ist kaum etwas so eng mit dem Sinn des Lebens verbunden wie das Lehren und Lernen. Von Senges »unteilbarem Ganzen« über Land und Jarmans »ganzheitlichen Blick« bis hin zu Einsteins Forderung, daß »wir den Kreis unseres Mitgefühls erweitern und alle lebenden Kreaturen und die Natur in ihrer ganzen Schönheit miteinbeziehen« sollten – die Aufgabe der Bildung ist das Streben nach weltweiter Verständigung und nach immer komplexeren Zusammenhängen und tieferen Beziehungen.

Dieser Philosophie folgte auch Kasuo Wada, Chef der japanischen Supermarktkette Yaohan International, der 1989 nach Hongkong ging und dort sofort erfolgreich wurde, während alle anderen gerade aus Furcht vor der chinesischen Übernahme im Jahr 1997 ihre Koffer packten. Dazu sagt er:

> Wer positiv denkt, kann sein Leben verändern und hat unbegrenzte Möglichkeiten. Wenn du dich selbst veränderst,

> wird sich irgendwann die ganze Welt verändern. Wenn man die Grenzen in sich selbst aufgehoben hat, kann man daraus schließen, daß irgendwann auch die Grenzen zwischen Staaten verschwinden werden (Dikkenberg, 1992, S. 22).

Die meisten Menschen sind nicht in der Lage, diesen Ansatz in derart großem Stil zu praktizieren. Und es gibt schreckliche Lebensumstände, in denen die Betroffenen weder die Mittel noch die Macht haben, etwas zu verändern. Aber auf lange Sicht gehört das innere Lernen zu den Ressourcen, die paradoxerweise einen Wandel der externen Bedingungen bewirken können, vor allem wenn dieser Ansatz mit äußeren Lernzusammenhängen verbunden ist.

Csikszentmihalyi (1992) beschreibt, wie weit dieses Streben gediehen ist und an welchem Punkt wir uns am Ende des 20. Jahrhunderts befinden:

> In den letzten paar tausend Jahren – ein bloßer Sekundenbruchteil in der Geschichte der Evolution – hat die Menschheit unglaubliche Fortschritte bei der *Differenzierung* des Bewußtseins erreicht. Wir haben die Erkenntnis entwickelt, daß die Menschheit sich von allen anderen Lebensformen unterscheidet. Wir erkennen uns als Einzelwesen, als von allen anderen unterschieden. Wir haben die Abstraktion und die Analyse erfunden – die Fähigkeiten, einzelne Dimensionen von Objekten und Prozessen voneinander zu unterscheiden, wie die Schnelligkeit eines fallenden Objekts von seinem Gewicht und seiner Masse. Diese Differenzierung hat die Naturwissenschaften, Technologie und die bisher unbekannte Macht der Menschheit hervorgebracht, ihre Umwelt zu schaffen und zu vernichten.
>
> Doch Komplexität besteht nicht nur aus Differenzierung, sondern auch aus *Integration*. Die Aufgabe der nächsten Jahrzehnte und Jahrhunderte besteht darin, diese unterentwickelte Komponente des Verständnisses zu begreifen. Genau wie wir gelernt haben, uns voneinander und von der Umwelt zu unterscheiden, müssen wir nun

> lernen, wie wir uns mit den anderen Entitäten ringsum vereinen, ohne unsere mühsam errungene Individualität zu verlieren. Der vielversprechendste Glaube für die Zukunft beruht vielleicht auf der Erkenntnis, daß das gesamte Universum ein durch allgemeine Gesetze verbundenes System ist und es keinen Sinn ergibt, der Natur unsere Träume und Wünsche aufzuzwingen, ohne sie dabei zu berücksichtigen. Wenn man die Grenzen des menschlichen Willens anerkennt, eine kooperative statt einer herrschenden Rolle im Universum akzeptiert, sollte man die Erleichterung eines Vertriebenen empfinden, der endlich nach Hause kommt. Das Problem des Sinns wird dann gelöst, weil die Ziele des einzelnen mit dem universellen *flow* verschmelzen (S. 313–314).

Den Lehrern fällt die privilegierte, aber auch schwere Aufgabe zu, das innere und äußere Lernen bei allen Schülern zu fördern, so daß es immer weitere Kreise in der Gesellschaft zieht. Diese Aufgabe können die Lehrer nicht allein bewältigen. In diesem Stadium müssen sie sich gegen das System stemmen, wenn sie ihrer Verantwortung gerecht werden wollen. Aber das ist kennzeichnend für alle Durchbrüche. Und die Lehrer werden Verbündete finden. Wenn die Pädagogen die Sache nicht forcieren, wird es niemand tun. Aus dem Zusammenspiel der Mikrowelt, in der man Veränderungen im Leben einzelner Schüler anstrebt, und der Makrowelt, in der sich die Evolution der lernenden Gesellschaft vollzieht, ergeben sich vielfältige Muster – diese dynamisch-komplexe Realität ist das wahre Aktionsfeld des Lehrertums.

Nachwort

Schwalben vor dem Sommer

Der Aufbruch in Durhams Schulen

Von Reinhard Kahl

1. On the Road

Auf dem Highway im Süden Kanadas. Wir fahren von Whitby, einer kleinen Industriestadt im Distrikt von Durham in die Metropole Toronto. Die Autobahn hat hier zuweilen 18 Spuren. Rechts und links ein Spalier von Flachbauten: Fabriken, Auslieferungslager und Zweigstellen internationaler Firmen. Dazwischen eher schlichte Wohnhochhäuser. Etwas weiter ab die postmodernen Kathedralen der Business-Zentralen. Wollte man für spätere Historiker Material über das zu Ende gehende Industriezeitalter sammeln, muß man hier im Süden Kanadas mit Leuten reden, Schulen besuchen, in Fabriken gehen und mit der Videokamera diese Umgebung aus Stein dokumentieren, die wir ja gewöhnlich nur durch Nichtwahrnehmung ertragen. An diesen Tagen im Herbst 1998 allerdings überstrahlt der Indian Summer die industrielle Landschaft. Das Laub am Ahorn leuchtet. Die weite, weite Natur, die mit ihren Seen und Wäldern in Kanada nie fern ist, öffnet auch die Herzen der internationalen Studiengruppe im Bus nach Toronto. Euphorische Stimmung bei 60 Pädagogen. Sie haben Schulen besichtigt, die sie begeistert haben. Das will was heißen. Denn – man muß es zugeben – viele der reformerisch gestimmten Bildungsbürokraten, Pädagogikprofessoren und Lehrer, die hier unterwegs sind, flüchten mit ihren Aktivitäten vor der Schule, die sie oft nicht aushalten, die sie langweilt und an deren Reformierbarkeit sie insgeheim zweifeln – manchmal auch verzweifeln. Das plaudern sie abends an der Hotelbar aus, auch wenn sie am nächsten Morgen beim Verlesen von Statements anderes verkünden. Aber hier in Durham, da hat was gezündet. Man denkt an Jean Paul, „Leben entzündet sich nur an Leben“. Schulen hingegen sind zumeist eine mit

Ergebnissen, Lernzielen und lauter Antworten auf nicht gestellte Fragen überfüllte, eng gewordene Welt. Da verstummt man leicht. Da entzündet sich nichts.

Mein Nebenmann im Bus, frischgebackener Staatssekretär in einem deutschen Kultusministerium, vertraut den Mitreisenden seine gute Stimmung an: „Am liebsten würde ich jetzt irgendeinen Scheiß bauen, daß ich aus dem Ministerium rausfliege, und dann nach Kanada abhauen.“ Lange hielt sein Übermut nicht an. Immerhin hat sich der Staatssekretär vorgenommen, mutig zu sein. Die ansteckende Gesundheit aus den Schulen in Durham, die er und die anderen Pädagogiktouristen gerade in Kanada studiert haben, will er in seinem Ministerium verbreiten und – falls die Erreger reichen – Schulen in Deutschland damit infizieren.

Aber es ist nicht nur der Unterricht in den Schulen, der gezündet hat. Da ist noch was anderes. In Einwanderungsgesellschaften wie in Kanada gibt es eine Kraft, die wir verwurzelten Abendländer nur selten spüren. Toronto rühmt sich, die multikulturellste Stadt der Welt zu sein. Tatsächlich verständigen sich die 2,4 Millionen Einwohner in über 80 Sprachen. 48% der Bevölkerung sind in der ersten oder zweiten Generation Einwanderer. Ihrer Herkunft und Tradition nach sind es alle. Sie haben etwas hinter sich gelassen, um etwas Neues vor sich zu haben. „Die Menschen haben einen ausgeprägteren Möglichkeitssinn“, sinniert ein Lehrer aus der Schweiz. Im Bus wird über die Mentalität der Einwanderer diskutiert, über Pluralität, über das so schwer ins Deutsche zu übersetzende Wort Empowerment, das hier in aller Munde ist. Man ist beeindruckt vom Willen, Chancen zu nutzen, die sich in den Umbrüchen am Ende der Industriegesellschaft, der auslaufenden Ersten Moderne, bieten. Selbstkritisch wird der zumal bei deutschen Pädagogen verbreitete Wille zur Ohnmacht diagnostiziert. Der Bus bringt Bildungsexperten aus sieben Ländern von einem zweitägigen Besuch in Durhams Schulen zurück nach Toronto. Dort traf sich eine Woche lang INIS, das Internationale Netzwerk innovativer Schulen. Gesandte aus der Bildungspolitik sind aus Norwegen und Neuseeland, aus Ungarn und Schottland, aus Holland, der Schweiz und aus Deutschland gekommen. Auch diejenigen schwärmen von den Schulen in Durham, die als Skeptiker angereist sind. Denn so viel Lob ist über Schulen in Durham verbreitet worden, daß manch einer gern bewiesen hätte, hier werde auch nur mit Wasser gekocht. Doch hier erleben sie: Anderes ist möglich als das, was wunschlose Lehrer und coole Schüler gewöhnlich so zustande bringen.

Ich hatte mir zwei Jahre zuvor bereits Schulen in Durham angesehen, hatte mich von Norm Green, einer der Seelen des Wandels, begeistern lassen. Nun bin ich mit gemischten Gefühlen nach Toronto geflogen. Hält die Vitalität an? Gelingt es dauerhaft, Lehrer zum Lernen zu verführen? Sind die Schüler hier immer noch Spitzenreiter im Leistungs-Ranking, oder sind sie vielleicht müde geworden, nachdem die Schulen des Durham Board of Education mit dem internationalen Carl Bertelsmann-Preis als die besten der Welt ausgezeichnet worden sind?

2. Problems are our friends

Reisen nach Nordamerika beginnen mit immer dem gleichen Schock. Autos, Straßen, Autos. Vom Flughafen führt mich der Highway an Toronto vorbei eine Stunde lang durch den gleichmäßig zersiedelten Großraum der Metropole. Auch als ich die Autobahn verlasse und nun plötzlich in Durham bin, sehe ich nur Autos. Halden von Neuwagen am Rande der General Motors-Werke. Selbst das Schild „Down Town" führt in keine Stadt, sondern nur zu Supermärkten, Parkplätzen und zu meist properen Einfamilienhäusern. Wo ist die Community? Wo ist das Gemeinschaftsleben, das, wie ich hörte, in den Schulen blühen soll? Hier soll es die besten Schulen der Welt geben? Verwundert suche ich nach irgendeinem Zeichen jener stillen Revolution, die man mir versprochen hat: Durhams Schulen seien dabei, Zukunftswerkstätten zu werden.

Im Sommer 1996 hatte mich die Bertelsmann-Stiftung gefragt, ob ich bereit sei, für eine Preisverleihung eine Videodokumentation zu drehen. Der mit 300 000 Mark dotierte Innovationspreis der Stiftung, der jährlich an einen internationalen Preisträger gehe, sei diesmal für Schulen ausgeschrieben. Jedes Jahr werde von Gütersloh aus zu einem anderen Thema nach

Vorbildern in der ganzen Welt gesucht. Diesmal also „innovative Schulsysteme". Unabhängige Länderkommissionen nominierten für den Preis sieben Regionen zwischen Neuseeland und Norwegen. Ich zögerte, denn für eine Preisverleihung ist natürlich eine Laudatio gefragt. Aber vielleicht gäbe es ja gar nicht so viel zu loben? Zwar bin ich schon länger davon überzeugt, daß unsere öffentlichen Rituale der Kritik erschöpft sind. Ich finde es viel spannender, der Subversion des Gelingens nachzuspüren, das ist zumeist viel aufschlußreicher als die gewöhnlich völlig kostenlose Verneinung. Aber eine Laudatio für Bertelsmann ist wohl noch was anderes. Die Mitarbeiterin der Bertelsmann-Stiftung, kurz vorher war sie noch Fraktionschefin der Grünen in Bielefeld, drängt mich nicht. Sie schickt ein Kilo Papier, Dokumente aus Schulen in Durham. Missions erklären, was man in Deutschland inzwischen Schulprogramm nennt: Ziele, Übereinkünfte und eine Art Verfassung der Schulen. Da ist viel von Learning die Rede. Seltener von Teaching. So beginnt das Mission Statement der Sinclair Secondary School. „Schüler sollen hier die Möglichkeit haben, ihr Wissen und ihre Fähigkeiten zu entwickeln, sowie das Verhalten auszubilden, das sie persönlich erfüllt und dazu befähigt, an einer globalen Gesellschaft teilzunehmen." Weiter heißt es, daß diese und andere Ziele nur erreicht werden können, wenn Lehrer kooperieren, wenn sie selbst lernen und den Unterricht gemeinsam planen. Der Erfolg der Schüler stehe in enger Relation zur Bereitschaft der Lehrer, sich mit dem Wandel zu befassen, sich mit ihm zu befreunden und daran mitzuwirken, und eben das sei Lernen. Lauter solche Töne. Und immer wieder diese Sätze: „Teacher As Learner." – „Teacher As Researcher" – „Growth and Change."

Ich schlage der Stiftung vor, wenn sie das Risiko eingehen, einen Film zu bekommen, der ihnen nicht gefällt, wage ich das Risiko einer Laudatio. Die Wette gilt.

Zum Durham Board gehören in einem Gebiet, das größer als das Saarland ist, 113 Schulen. Es grenzt an Toronto. Behörde ist eine schlechte Übersetzung für Board. Sein fünfzehnköpfiges politisches Gremium wird gewählt. Seinen Etat erhält es zur einen Hälfte von der Provinz Ontario und zur anderen von den Grundsteuern der Gemeinden. Zu den ersten, tristen Eindrücken paßt die Vorgeschichte. Anfang der 80er Jahre war das Board Schlußlicht in fast jeder Hinsicht. Es investierte weniger Geld in Schüler oder in die Fortbildung der Lehrer als andere. Die Leistungen der Schüler lagen im Ranking der Provinz Ontario ganz unten.

Um das Jahr 1988 herum begann sich etwas zu ändern. Niemand kann den Anfang datieren. Es gab weder einen äußeren Anstoß und noch irgendeinen Beschluß. Aber etwas lag in der Luft. In dieser Zeit kam in der Automobilindustrie eine internationale Debatte über die Nachteile von steilen Hierarchien und strikter Arbeitsteilung auf. Die Vorteile der Gruppenarbeit wurden entdeckt. Das Wort Lernen begann seinen Klang zu ändern. Am MIT in Boston zündete Peter Senges Begriff der Learning Organization: „Wir haben lange den Feind gesucht, nun haben wir ihn gefunden. Wir sind es selbst."

Senges Funke fiel in Nordamerika auf manche trockene Steppe. Auch in Durham. Eine Gruppe von nicht mehr 20 Lehrern bastelte nicht länger an Strukturplänen und dergleichen Rezepten für andere, sondern begann mit sich selbst. Norm Green war damals dabei. 1996 ist er im Durham Board für Personalentwicklung zuständig. Das ist mehr als Lehrerfortbildung, unter der man gewöhnlich ja den Transport des „Stoffs" zu den Verteilerköpfen jener didaktischen Fließbänder versteht, die das Wissen dann den pädagogischen Endverbrauchern zuführen sollen. Norm Green und seine Kollegen initiierten damals erst mal für sich selbst Übungen in „cooperative group learning". Sie diskutierten über das Verhältnis von weitgehenden Visionen und nächsten Schritten. Sie fragten sich, was Lernen eigentlich ist, und holten sich Trainer und Berater aus Universitäten oder aus der Wirtschaft, die im Begriff war, bei Erwachsenen das Lernen neu zu entdecken. Der schwer zu übersetzende Begriff „Change" war das Schlüsselwort, noch bevor einige Jahre später von Globalisierung die Rede sein sollte. Zu dieser Zeit wurde auch der Kontakt mit Michael Fullan geknüpft. Zuvor hatten Norm Green und seine Kollegen eher jene Belehrung praktiziert, die sie als Schüler kennengelernt hatten. Lernen hingegen, dachten sie, das müsse doch etwas anderes sein. Lernen war bisher nicht unbedingt gefragt. Gewiß, Schüler sollen lernen, aber das klang doch immer so wie „Essen, was auf den Tisch kommt". Gefragt war der Kopist, als Schüler wie auch später als Angestellter oder Arbeiter.

Norm Green wird mich die nächsten Tage begleiten. Er ist ein Enthusiast des Lernens, obgleich seine Erinnerungen an die eigene Schulzeit so miserabel sind wie die der meisten Menschen. Er sieht immer noch die Sitzreihen vor sich und erinnert sich an die Angst davor, gefragt zu werden. „Lehrer redeten ständig auf uns ein." Schule war einschüchternd, und zwar nicht nur im Großen und Ganzen. „Ich war schüchtern, völlig schüchtern. Ich saß da, voller Angst gefragt zu werden. Hoffte nur, daß ich nicht drankomme." Norm Green lacht, wie nur einer lachen kann, der es hinter sich hat. Einer, der weiß, wovon er spricht, wenn er die Schulen, die Lehrer und eben auch sich selbst verändern will. „Ich fühlte mich als Kind in der Schule nicht wohl." Wir verstehen uns gut und haben uns viele Geschichten vom alltäglich schulischen Sadismus zu erzählen. Von Schulen, die vor Mißtrauen nur so stanken, und Schulen eine Generation später, die so clean wie Intensivstationen waren, daß Schülern gar nichts anderes übrigblieb, als ihre groben Spuren zu hinterlassen. Aber es gibt eben auch ein paar Erfahrungen begeisterten Lernens. Da hatte uns jemand angesteckt, entzündet, neugierig gemacht – jedenfalls nicht belehrt. „Heute wissen wir doch, daß man sich dem Neuen nur dann öffnet, wenn man sich wohl fühlt. Man wagt nur Unsicherheit, wenn man sich seiner selbst sicher ist." Wir werden eine Woche in Durham zwischen unseren Schulbesuchen dauernd über diese Themen reden und am Ende nicht mehr genau wissen, wer was gesagt hat über Vertrauen, den Grundstoff allen Lernens, über Resonanzen zwischen Menschen, die nötig sind, damit jeder lernend seine eigene Welt konstruiert und wie man zugleich mit anderen eine gemeinsame Welt baut.

Die alte Schule hat uns weder zu Baumeistern unserer eigenen Welt und schon gar nicht fürs Zusammenwirken einer gemeinsamen Welt vorbereitet. Wir waren als Ausführende, Handlanger und wenn's hoch kam, als Ingenieure gefragt. „Und heute," fügt Norm Green hinzu, „vermißt die Industrie Leute, die in der Lage sind, zusammenzuarbeiten. Bei General Motors läuft kein Fließband mehr. Überall High-Tech und Teamwork." Schulen seien eben immer ein Spiegel der Umwelt. „Früher stand jeder einzeln am Fließband, als wäre er selbst eine Maschine." Heute ändere sich die Kultur der Betriebe. In der Industrie werden die Menschen nicht mehr als Maschinen gebraucht. Jetzt müssen sie diskutieren, argumentieren und Lösungen finden. „Und wir in den Schulen müssen ein Spiegel dieser neuen Wirklichkeit werden." So reden Pädagogen selten.

Norm Green fährt mich zur Sinclair Secondary Highschool. Übrigens gibt es in Ontario nur Gesamtschulen. Für die Richtlinien der Bildung sind in Kanada die Provinzen zuständig. Kinder besuchen von der Vorschule bis zur 8. Klasse die Elementary School. Anschließend gehen sie 4 oder 5 Jahre zur Highschool.

In der Sinclair Secondary Highschool läßt mich Norm allein. Ich solle mich erst mal umsehen. Beim ersten Eindruck soll kein Einflüsterer dabei sein. Der erste Eindruck? Es scheint, als hätten sich die Lehrer unsichtbar gemacht. Überall sind Schüler aktiv. Man sieht sie selten einzeln agieren, außer wenn sie ihre Ergebnisse vortragen.

Immer wieder das ungewohnte Bild, wie sie in Gruppen Mindmaps, ihre „Gedankenkarten", anfertigen oder wie jeder für sich sein Mindmap entwirft und die Schüler dann die verschiedenen Entwürfe vergleichen. Auf ihren Gedankenkarten entwerfen sie Projekte, fassen ihre Arbeit zusammen, darüber brainstormen sie, versuchen ihre Ideen beim Darstellen zu formulieren. So wie der Dichter Heinrich von Kleist das Formulieren der Gedanken beim Sprechen beschrieb, so bilden die Schüler – und auch die Lehrer – im Medium dieses Gegenüber, der Karte, ihre Gedanken. Die Arbeit an Mindmaps zu beobachten ist faszinierend. Man spürt im Raum den Gedankensturm. Das muß man gesehen haben, wie die Schüler sich korrigieren, ergänzen und zurücktreten. Mal ist eine Hand allein auf dem Papier, und dann tanzt wieder ein Ballett mehrerer Hände über dem Blatt. (In dem Film über den Durham Board of Education konnte ich verschiedene Arbeiten mit Mindmaps zeigen. Das Video „Die stille Revolution" wird von der Bertelsmann-Stiftung vertrieben. Erstaunlich vor allem, jedes Mindmap ist anders, völlig anders. Sie erinnern daran, wie ein jeder sich die Dinge, selbst diejenigen, über man sich schnell einig ist, doch anders vorstellt. Kein Mindmap ist wie das andere, jedes ist verschieden wie der Fingerabdruck des Individuums. Insofern sind die Mindmaps, die in der Sinclair Secondary Highschool fast so wichtig sind wie anderswo der Lehrervortrag, neben dem praktischen Nutzen, eine dauernde Erinnerung an Individualität und an die Paradoxien der Kommunikation. Man weiß nie genau, was der andere meint. Man kann nicht aufhören zu kommunizieren, und in diesem gemeinsamen Tanz entsteht die Welt.

In der alten Schule war immer klar, was richtig und was falsch ist, auch wenn das meiste an den Köpfen vorbei oder schnell durch sie hindurch ging. Der Lehrer verkörperte den Glauben daran, daß es dieses eindeutige Richtig-Falsch gibt. Das waren Lehrer, die nur lehren und nicht mehr lernen, schon gar nicht forschen, Lehrer, die nur vermitteln und bei denen Schüler lernen, so wie sie ihnen gehorchen mußten, blind, weil Lehrer doch für Höheres stehen, wie eine vertikal-hierarchische Weltordnung.

Hier bei Sinclair setzt sich die Horizontale durch. Auch in anderen Schulen in Durham ist Kommunikation Trumpf: zwischen den Schülern, zwischen Lehrern und Schülern und zwischen den Lehrern und möglichst auch mit Menschen von außen. Für Gespräche, auch für das Gespräch mit sich selbst, jenes „Gespräch zwischen mir und mir selbst", das Platon Denken nannte, sind Mindmaps ein Beispiel; wie ein geistiges Wasserzeichen ziehen sie sich durch Durhams Schulen.

Wir werden sie in den ersten Klassen von Elementary Schools finden oder beim „Parents Rap", einem morgendlichen Treffen von Eltern, oder wenn sich Lehrer am schulfreien Samstag zum Workshop „Teacher as Learner" treffen. Überall spürt man den Gedankensturm. Mindmapping in Durham ist so etwas wie ein Fraktal in der Chaostheorie, ein grundlegendes Muster, ein „Selbstähnliches", in dem sich das Ganze wiederholt.

Wir besuchen einen Literaturkurs in Sinclair Secondary. Schüler aus dem vierten Jahrgang rekonstruieren die Grundzüge einer Novelle, die sie gelesen haben, auf Mindmaps. Stets sind mehrere Schüler über ein großes Blatt gebeugt. Hier wird

Schule tatsächlich zur Werkstatt. Norm Green erklärt mir, was ich hier sehe, sei genau jenes Spannungsfeld, das er sich wünsche. Denn nichts fördere Individualität so sehr wie die Gruppe. Und wieder erstaunt mich, wie bei identischer Vorlage, der Novelle, jede Gedankenkarte anders aussieht. Jede Gruppe findet ihre Bilder. Man kann wohl jemandem nach dem Munde reden, aber wenn man einen Sachverhalt in Bildern, mit Wörtern, manchmal in Diagrammen darstellt, muß man die Sache in gewisser Weise noch einmal erfinden. Die Lehrerin geht von Tisch zu Tisch. Das nennt sie, „teaching by walking around". So werde Unterrichten leichter: „Nicht der Lehrer, sondern die Schüler stehen im Mittelpunkt." Ich denke, das macht den Unterschied: Aufrichten statt Unterrichten.

Im Raum nebenan ein Politikkurs. Der Lehrer sitzt am Rand, macht sich Notizen. Schüler inszenieren eine Parlamentsdebatte. Nach mehreren Fällen von Entführungen wird zu dieser Angelegenheit in Kanada über verschärfte Gesetze diskutiert. Zur Vorbereitung auf diese Debatte im Klassenzimmer wurde in die Mitte ein Regierungszepter gelegt, wie im kanadischen Parlament. Die Schüler tragen Namensschilder der Abgeordneten. Sie haben alles genau recherchiert. Am Ende dieses Projekts wird der Unterricht wie ein Theaterstück aufgeführt. Alle spielen mit. Nachdem die Schüler ihr Stück produziert haben, sollen sie sich exponieren. Im Team zusammenarbeiten, auch nachgeben und sich dann als einzelne aus sich herauswagen, das ist das Kraftfeld, das Lehrer in Durham anstreben, seit sie selbst begonnen haben, sich im „Cooperative Group Learning" zu üben. Die Balance von Gruppe und einzelnen muß dauernd neu austariert werden, erklärt mir Norm Green. Wichtig sei dabei der Dialog der Schüler untereinander, face to face, „ohne miteinander reden geht es nicht". So entstehen Begeisterung und Neugier – auch bei den Lehrern.

Norm Green führt mich weiter durch die Schule. Auf einem Flur versuchen Schüler, kleine, aus den unterschiedlichsten Materialien von ihnen selbst gebaute Modellautos zum Laufen zu bringen. Diese werden von einem Gummiband angetrieben. Aber keines funktioniert. Zunächst klappt fast gar nichts. Die

Episode kommt Norm Green gerade recht. Er zitiert Michael Fullan, der an der Universität von Toronto Erziehungswissenschaften lehrt. Fullan ist einer der Mentoren der Veränderungen in Durham. Eine seiner acht Thesen über dem Wandel lautet: „Problems are our friends". Ohne Probleme läuft gar nichts. Problemverleugnung allerdings, fügt Norm Green hinzu, sei eine der Berufskrankheiten der Lehrer. Sie haben Angst vor Fehlern. Sie werden ungeduldig, wenn etwas nicht gleich klappt. Dadurch verbreiten sie dauernd Zeitnot. Aber Zeit ist – neben Vertrauen – der andere Grundstoff des Lernen. Man könnte auch sagen: Lernen heißt, die Eigenzeit der verschiedenen Menschen anzuerkennen. Ungeduldige und ängstliche Lehrer hätten die Neigung, den Schüler vorzusagen, zumeist ohne es zu merken. Damit ziehen sie lauter Kopisten und Opportunisten heran.

So entstehen tatsächlich Begeisterung und Neugier – auch bei den Lehrern.

Nach einiger Zeit fahren auf diesem Flur ganz erstaunlich elegante, von nur einem Gummiband angetriebene Modellautos. Norm Green erinnert an Thomas Edison, den Erfinder der Glühlampe. 10 000mal habe er es versucht, 10 000mal klappte es nicht. „10 000 Mißerfolge?" fragt Norm. Nein! Am Ende wußte er 10 000 Dinge mehr. Thomas Edison ist Norm Greens Eidzeuge, den er anführt, wenn er Lehrer in Veranstaltungen des Boards davon zu überzeugen versucht, wieder selbst mit dem Lernen zu beginnen und das Belehren sein zu lassen.

In der Sinclair Secondary School unterrichtet Susanne Wagner. Im nordrhein-westfälischen Herford ging sie zur Schule, verliebte sich nach Kanada, studierte dort und wurde Lehrerin. Was ist anders als in Deutschland? „Der Lehrer ist kein Halbgott, der angeblich alles weiß. Er ist jemand, der hilft. Nicht jemand, der sagt, was gemacht werden soll, wann es gemacht werden soll und wie es gemacht werden soll." Susanne Wagners Schulzeit in Deutschland ist kaum 15 Jahre her.

Besuchern aus Deutschland fällt auf, daß Lust und Arbeit hier stärker ineinander verwoben sind, als es die Besucher aus ihrem Land kennen. Susanne Wagner sitzt auf dem Schulhof. Um sie herum Schüler, die lesen, in ihre Kolleghefte schreiben, Gitarre oder Ball spielen. „Es ist einfach viel lockerer hier. Das kann man gar nicht mit Deutschland vergleichen“, meint die Lehrerin. In der Tat, manchmal sieht Unterricht hier wie Freizeit aus, und Freizeit sieht aus wie Arbeit. Die Vorstellung, daß nur bittere Medizin hilft und daß man sich zum Lernen zwingen müsse, ist hier weniger verbreitet. „Das ist hier eine Schulkommune. Hier findet von morgens bis abends was statt, Sport, Theater, Musik, viele AGs, Computer.“ In Deutschland, erinnert sie sich, „da geht man zur Schule wie ins Büro und um eins nach Hause. Und das war’s. Hier, das ist wie eine Kommune in itself, ganz anders.“

Norm Green ist dazugekommen, freudestrahlend wie immer. „Ja, wir haben viel Freunde! Lernen kann erfüllend sein. Wenn wir mit Menschen auf die Reise gehen, sitzen, lachen und weinen wir.“ Spätestens jetzt, wenn ein Nordamerikaner von „a lot of fun“ spricht, fragt der Deutsche danach, wie es denn um Leistungen, Prüfungen und um den unvermeidlichen Ernst des Lebens steht. Die Antworten sind knapp. Das Durham Board of Education, das Ende der achtziger Jahre im Leistungs-Ranking der Provinz Ontario am Ende stand, steht nun an der Spitze. Die Sinclair Secondary Highschool, auf deren Schulhof wir gerade stehen, rangiert in der Einzelwertung der Provinz sogar an erster Stelle. So wichtig allerdings nimmt man das Ranking hier nun auch wieder nicht.

Ähnlich verhält es sich mit Prüfungen. Auch die gibt es hier. Aber es gibt verschiedene Arten von Prüfungen: Klausuren am Ende des Schuljahres und zwischendurch Evaluationen, mit denen die Schule sich prüft. Schließlich auch Prüfungen wie diese am Ende des Projekts „integrated arts“, eine Prüfung, in der sich Schüler als Prüflinge spielen, denn auch Schauspiel ist Teil von integrated arts. So wird die Schule manchmal zum Gesamtkunstwerk. Zeichnen, Rhythmus und Bewegung, von all diesen „issues“ legen Schüler in der Prüfung Rechenschaft ab, die richtige Prüfung ist und gespieltes Prüfungstheater: Zwei Lehrerinnen fragen die Schüler nach deren Zielen und was daraus geworden ist; Ziele, die vorher vereinbart wurden oder die sich Schüler selbst gesetzt haben. Prüfung wird so zu einem Teil von Selbstprüfung. Es gibt natürlich auch Ziele, deren Erfüllung die Schule verlangt, auch solche, die sie vom Board oder von der Provinzregierung gesetzt bekommt. All diese Ziele sind ihrerseits nachprüfbar und müssen immer wieder ausgehandelt werden. Das ist etwas anderes als ein Lehrplan, der erfüllt wird.

Überall in Durhams Schulen sieht man Schüler zusammenarbeiten und gemeinsam lernen. „Das ist unserer wichtigstes Ziel“, betont Norm Green unverdrossen. „Wenn das gelingt, kommt der Rest von selbst.“ Die Ergebnisse geben ihm und seinem Vertrauen in die Schüler recht. Norm ist auch gar nicht so sehr um die Schüler besorgt, sondern um die Lehrer. „Denn so wie die Lehrer zusammen arbeiten, so wie sie gelernt haben, lernen auch Schüler.“ Und die meisten Lehrer haben noch so gelernt wie er selbst: häufig in Qualen, vereinzelt, durchsetzt mit Angst und dem Gift des Mißtrauens. Also muß die Veränderung der Schulen mit den Lehrern beginnen. Wenn aber, wie Norm sagt, die Lehrer so wenig aus Anweisungen, Beschimpfungen und dergleichen lernen wie ihre Schüler, dann muß man sie eben mit Begeisterung und Neugier anstecken. So leicht. Und so schwierig! Norm zitiert Michael Fullan: „Das, worauf es ankommt, läßt sich nicht anordnen. Je komplexer Veränderungsprozesse sind, desto weniger kann man sie forcieren.“

Wir fahren von Whitby – hier wohnt der Mittelstand, der in Büros von Toronto arbeitet – nach Oshawa, einer grauen Industriestadt. Dort stehen Fabriken von General Motors, in denen noch 30 000 Menschen arbeiten. Früher waren es mehr. South Simcoe ist ein Stadtteil von Oshawa, wo viele Menschen arbeitslos oder nicht regelmäßig beschäftigt sind. Die Elementary School dort kann nicht die Familienerziehung voraussetzen, auf denen die Schulen in den meisten anderen Stadtteilen aufbauen. Oft muß die Schule die Familie ersetzen. Sie will deshalb vor allem ein Ort werden, an dem sich Kinder, aber auch ihre Eltern wohlfühlen.

Einmal pro Woche kommen Eltern morgens zum „Parents’ Rap“. Vor allem Mütter nutzen die Gelegenheit, sich auszusprechen. Viele sind alleinerziehend. In einen Kellerraum, vielleicht 100 Quadratmeter groß, lädt die Schule zu Veranstaltungen ein, etwa zum Lesezirkel am Nachmittag, in dem

Geschäftsleute aus der Nachbarschaft, die Business Partner, oder Anwohner, die Community Partner, Kindern vorlesen. 30 Mütter sind an diesem Morgen zum Parents' Rap gekommen. Sie haben kleine Kinder dabei, die bald zusammen mit Schülerinnen und Schülern in die Turnhalle gehen. Dort findet der Kurs Babysitting statt, für den die Schule ein Zertifikat gibt, das sich schon oft ausgezahlt haben soll.

Inzwischen ordnen die Mütter ihre Gedanken auf Mindmaps um die drei Schlüsselbegriffe der South Simcoe School: Academics, also Kulturtechniken und Grundwissen, Teamwork und schließlich Personal Management, die Fähigkeit, sich selbst zu organisieren.

Ein Kurs, in dem Lehrer den erwachsenen Eltern ihrer Schüler Nachhilfe in Erziehung und Lebenspraxis geben, würde wohl kaum angenommen. Aber die Gelegenheit, sich zu treffen und sich auszusprechen, auch hier die Chance zum Brainstorming, das zieht sie an.

Zur gleichen Zeit schneiden Schüler im Lehrerzimmer Obst. Eine Schulküche gibt es nicht. Und weil viele Kinder morgens ohne Frühstück kommen, sorgt die Schule für einen Imbiß zwischendurch. Zuweilen wird im Lehrerzimmer weiß gedeckt. Dann werden Kerzen aufgestellt. Musik wird gespielt. Schülerinnen und Schüler tafeln und werden von Lehrerinnen und Lehrern bedient, die den Kindern ein dreigängiges Menü gekocht haben. Wenn ein Schüler 100 Respekt Cards gesammelt hat, kommt sein Foto an den Respekt-Baum an der Flurwand, und er wird zum Essen ins Lehrerzimmer eingeladen. Respekt ist das zentrale Wort, um das die Schule ihre Pädagogik gebaut hat, ein Wort das auf den größten Mangel in diesem Stadtteil verweist. So hat sich die Schule ihr Profil erarbeitet, das sie nur selbst finden konnte. Die Vision der Elementary School von South Simcoe ist, ein soziales Kraftfeld zu werden, ein bedeutender Ort für Kinder und für den Stadtteil. Dafür aber braucht die Schule Unterstützung von außen, nicht nur vom Staat, sondern von ihren Community- und von Business Partnern.

Wir begleiten Schüler, die ihren Business Partner bei General Motors besuchen. Nicht der Konzern oder die Zweigstelle ist der Partner. Nur Personen können Partner sein. Menschen, an die sich Schüler wenden können, mit denen sie Erfahrungen machen, und sei es nur die, daß sie deren Arbeit kennenlernen. Die Community- und Business Partner der Schule sind Kontaktstellen, an denen sich Vertrauen bildet. An den sozialen Brennpunkten wird deutlich, was es heißt, wenn dieser Sauerstoff fürs Lernen vielen Kindern fehlt.

Wie South Simcoe entwickeln viele Schulen in Durham eigene Profile. Sinclair Secondary zum Beispiel hat Mittwochs generell den Tagesablauf verändert. Mittwochs können die Schüler ausschlafen. Von 8.15 bis 10.15 Uhr treffen sich die Lehrer zur gemeinsamen Vorbereitung und Planung neuer Unterrichtsprojekte. Kooperation der Lehrer gehört zu den Zielen im Mission Statement der Schule. Also bleiben Schüler und Kollegium an den anderen Wochentagen eine halbe Stunde länger in der Schule, um sich diesen Freiraum am Mittwoch zu ermöglichen. Aber auch sonst ist der Mittwoch anders. Schüler wählen an diesem Tag individuell Kurse zur Wiederholung oder Erweiterung der Basics, der schulischen Grundfertigkeiten. Nachmittags laufen Projekte. Einige erstrecken sich über viele Wochen. Zum Beispiel eines über die Geschichte der Mode, das mit einer großen Modenschau abgeschlossen wird. Am Nachmittag kommt aber auch mal ein Hundezüchter mit seinen Welpen, oder ein Musiker, der hilft, ein Musical einzustudieren.

Die Entdeckung von Individualität und ihres Komplementärs, von Kooperation und Selbstorganisation, gewissermaßen als das Yin und Yang des Lernens – ganz im Gegensatz zu Kollektivität und Gleichförmigkeit in der Fabriktradition, die Entdeckung von Individualität und Zusammenarbeit spiegelt sich auch in einer neuen Vielfalt der Schullandschaft. Wenn Schulen selbst Learning Organizations werden sollen, darf nicht nur eine Sinclair Secondary School im mittelständischen Whitby andere Wege gehen als die South Simcoe School im sozialen Brennpunkt, dann müssen sie sich anders entwickeln.

Die Ormiston Elementary School zum Beispiel profiliert sich in Computerliteracy. Im große Bibliotheksraum stehen neben Büchern und Zeitschriften Computer. In den Regalen finden wir auch Bücher, die Schüler selbst geschrieben, illustriert und gebunden haben. Bereits Zweitkläßler stellen mit Hilfe des Computers ihre Bücher her, die ihre Mitschüler ausleihen. Computerliteracy soll die Möglichkeiten des Lesens, Schreibens und vor allem des Austausches erweitern. In dieser Schule sind die Computer ein Anlaß, Selbständigkeit und Gruppenarbeit zu pflegen – und auch Lehrer wieder zum Lernen zu verführen. Denn auf diesem Gebiet unterrichten sie, was sie als Schüler und zumeist auch als Studenten nicht gelernt haben. Viele Schüler sind ihnen voraus. Aber in diesem Nachteil sieht Norm Green ein Geschenk, das hilft, eine kooperative Lernkultur zu entwickeln.

Alle Lehrer im Durham Board lernen, mit dem Computer zu arbeiten. Sie haben begonnen, Unterrichtsmaterial übers Internet austauschen. In einem Computer-Kurs für Lehrer, zu dem mich Norm Green abends führt, unterrichten zwei Dozenten. Der eine ist Lehrer, der andere ist ein Schüler aus dem 11. Jahrgang. Wenn auch Lehrer lernen und wenn Schüler unterrichten, verändert sich tatsächlich die Kultur der Schule. Aus Belehrung wird kooperatives Lernen. Die Schule wird zu einer Werkstatt, in der vielleicht doch die Zukunft erfunden wird.

Samstag. Kein Unterricht an Durhams Schulen. Aber Lehrer verschiedener Schulen kommen ins Board of Education. Sie zahlen sogar für den Kurs mit dem Titel „Teacher as Learner“ – Lehrer werden Lernende. Weil Lehrer hier nicht lebenslang verbeamtet sind, müssen sie im Training bleiben. Norm Green eröffnet den Kurs mit einer der Thesen von Michael Fullan: „Veränderung ist eine Reise, kein festgelegter Plan.“

Lehrer haben in Durham seit einigen Jahren tatsächlich damit begonnen, immer wieder Lernende zu werden. „Inzwischen“, sagt ein stolzer Principal, ein Schulleiter, „sind wir ebenso gute Lerner wie Lehrer“.

„Erinnert ihr euch noch“, ruft Norm Green seinen Kollegen zu, die sich heute im Cooperative Group Learning üben wollen, „erinnert ihr euch noch, wie wir als junge Lehrer anfingen zu unterrichten? Wie es euch da ging, wenn es Probleme gab? Seid ihr zu anderen gegangen und habt gesagt, ich hab Probleme? Nein, jeder litt allein, versuchte sein Bestes und schloß die Tür, damit Probleme nicht gesehen wurden. Wenn wir uns mit Zukunft und Ungewißheit anfreunden, dann werden Probleme zu Herausforderungen. Ohne Herausforderungen geht es nicht."

Norm Green erinnert die Lehrer daran, als sie 1988 mit der Veränderung begannen, waren sie 18 Leute. Jetzt sind es 3000 Lehrer, die hier bei sich selbst anfangen. Es ist eine dieser zuweilen etwas fundamental-banal klingenden Selbstverständlichkeiten, die doch selten sind und die Leute wie Norm Green in Durham verstanden haben: Niemand kann von anderen verlangen zu lernen, der selbst nicht immer wieder damit beginnt. Lernen steckt an, Belehrung schüchtert ein.

Eine Lehrerin, die an diesem Workshop teilnimmt, sagt in der Pause: „Wenn Lehrer lernen, sind Schüler, die lernen, der Ertrag." Man muß eben über Bande spielen. Viele Lehrer erinnern an Feiglinge, die Vorträge über den Mut halten, aber es gibt nur eine wirksame Art andere zu ermutigen: selbst mutig sein.

Das war 1996 das wichtigste Ergebnis der Expedition nach Durham. Lehrer im Übergang von der belehrten zur lernenden Gesellschaft müssen an ihrer Person die Veränderung verwirklichen, die für die gesamte Gesellschaft ansteht. Das ist schwierig, aber zeigt, daß dieser Übergang tatsächlich eine Reise voller Inspirationen und Freude sein kann.

Lehrer haben hier eine zunächst paradox klingende Erfahrung gemacht: Wenn sie ihre Rolle als Wissensmonopolist aufgeben, haben sie die Chance, wieder zur Avantgarde in der Gesellschaft zu gehören.

Übrigens ist Durham keine exotische Insel. Ontario hat eine „Royal Commission" über Bildung eingesetzt. Der Titel der Denkschrift ist ein Programm: „For the Love of Learning".

3. Empowerment

Zwei Jahre später, Herbst 1998.

In den beiden vergangenen Jahren sind Menschen aus aller Welt nach Kanada gefahren, um in Durhams Schulen das Wunder des Anfangs und des Selber-Anfangens zu besichtigen.

In Deutschland wurde im März 1998 ein Netzwerk „Innovativer Schulen“ und wenig später INIS, das „Internationale Netzwerk Innovativer Schulen“ gegründet. Die Bertelsmann-Stiftung stand beide Male Pate. Reinhard Mohn, der 68% seines Aktienkapitals am Konzern der Stiftung vermacht hat, sagt: „Wir brauchen diese Initiativen. Die neuen Lösungsvorschläge müssen ganz stark von unten kommen. Initiative entsteht nur, wenn die Menschen an der Basis ihre Möglichkeiten bejahen, wenn die nicht sagen, ‚wir können sowieso nichts tun‘.“

Das Beispiel Durham hätte ohne den Carl-Bertelsmann-Preis 1996 und ohne die Netzwerke der Siftung seine Ausstrahlung nicht erlangt. Umgekehrt gilt: Ohne die Inspiration aus Durham wäre das Netzwerk innovativer Schulen, zu dem sich bei einem Kongreß in Münster 200 Schulen zusammengefunden haben, nicht entstanden. Die Bertelsmann-Stiftung hat Durham nicht erfunden, aber sie hat es zum internationalen Thema gemacht. Das kann man nicht übergehen, wenn man sich zwei Jahre nach dem ersten Besuch erneut nach Durham aufmacht.

Es ist ja kein Zufall, daß die Debatte über lernende Organisation, die nun auch von Schulen aufgenommen wird, aus Wirtschaftsunternehmen kommt. Bevor Pädagogen diese neue Diskussion zu reflektieren begannen, hatten Einrichtungen wie die Stiftung aus Güterloh sie schon auf die Tagesordnung gesetzt.

Man hat die Bertelsmann-Stiftung das heimliche Kultusministerium in Deutschland genannt. Das ist kaum übertrieben. Diese Stiftung reflektiert ja, daß Unternehmen, die an vorderster Linie auf dem Weltmarkt konkurrieren, Mitarbeiter brauchen, die sich nichts sagen lassen, die statt dessen selbst etwas wollen. Nur in einer Balance aus Intuition und kritischem Intellekt können sie sich selbst trauen und sich eben deshalb etwas zutrauen. Sie sind untereinander auf Zusammenarbeit und deshalb auf gegenseitiges Vertrauen angewiesen. Jeder muß mit anderen im Gespräch sein, vor allem aber im Gespräch mit sich selbst.

Im gängigen Jargon stehen für diesen Wandel die abgedroschenen Nomina: Kreativität, Innovationsfähigkeit und Teamwork. Aber diese Tugenden der Erneuerung und Kooperation lassen sich nicht dekretieren. Man kann sie in Lehrpläne für

Schulen oder in Leitbilder von Universitäten aufnehmen, aber Kreativität läßt sich eben nicht von oben anordnen, da verhält es sich wie mit dem paradoxen Befehl „Sei spontan". Man ahnt die Absicht und zieht sich verstimmt zurück.

Als im März 1998 in Münster ein Netzwerk innovativer Schulen gegründet wurde, stellten die dort Versammelten in ihrer Erklärung eine Gleichzeitigkeit von Agonie und Aufbruch fest. Der Aufbruch, so hier die Botschaft, kann nur von unten kommen. Die alten politischen Handlungszentralen können dafür höchstens Bedingungen schaffen. Sie können den Prozeß moderieren. Sie müssen für materielle Voraussetzungen sorgen, und sie sollten nicht so tun, als könnten sie, wie eine Zentrale des Wissens, die Zukunft programmieren.

Zwei Jahre nach dem ersten Besuch in Durham sind die Schulen in Südkanada also Teil eines internationalen Netzwerks, getreu der Überzeugung eines Norm Green, daß gesteigerte Individualisierung nach verstärkter Kooperation verlangt.

Aber wie sieht es nun in den Schulen selbst aus? Der erste Eindruck, der sich bald bestätigte, war im Vergleich zum Besuch zwei Jahre zuvor: mehr Selbstbewußtsein bei den Lehrern. Vielleicht muß man sagen, mehr Stolz. Bei den Schülern mehr Konzentration, Ruhe und Gelassenheit und zugleich spürbar mehr Lebendigkeit und Begeisterung. Vor zwei Jahren war es nicht die Regel, daß Türen der Klassenräume offenstanden. Nun bewegen die Schüler sich selbstverständlich während des Unterrichts in ihren Räumen, die noch mehr Werkstätten ähneln: Computer, kleine Bibliotheken, Ordner. An den Wänden stehen Parolen wie „Never settle for less, than your best." Oder: „When you believe yourself, anything is possible."

Howard Gardners Theorie der multiplen Intelligenzen wird bei Lehrern diskutiert. Sie überlegen, welche Konsequenzen das für den Unterricht hat. Welche Veränderungen der Schule stehen an, wenn Menschen, wie Howard Gardner nachweist, viele Möglichkeiten haben, sich Wissen anzueignen und es anderen darzustellen?

Atmosphäre läßt sich von allen Beobachtungen am schwersten beschreiben. Manche kann man überhaupt nur im Spiegel anderer Beobachter erkennen. Lehrern aus Deutschland fiel die „Leichtigkeit auf, mit der Gruppenprozesse laufen." Einer wundert sich: „Das mündet bei uns nach kurzer Zeit in Disziplinproblemen, und dann geben wir Lehrer auf." Ein anderer Lehrer, er kommt aus der hessischen Steinwaldschule, die in Deutschland zu Recht als reformerische Schule gelobt wird, konnte nicht fassen, daß in Durhams Schulen „Räume ständig offen sind; daß Schüler ein und aus gehen; daß hier alles so transparent ist." Der Künstler und Berufsschullehrer Hans-Joachim Bauer aus Ziegenheim beobachtet „eine Kultur von Selbstverständlichkeiten. Nicht das Zwanghafte ‚du mußt lernen'". Vor allem die Beobachtung der gelassenen Selbststeuerung bei den Schülern erstaunte deutsche Lehrer. Da ist etwas, das manch einer zuvor gar nicht für möglich gehalten hatte: „Hier gibt es eine Kultur: ich will lernen, nicht: ich muß." Diese Kultur strahlt Ruhe und Selbstverständlichkeit aus. Das zeigt sich nicht nur in den Klassenräumen. Es zeigt sich auch darin, wie Eltern in die Schulen kommen und helfen. „Irgendwie sind Sauberkeit und Ordnung da und scheinbar kein Thema", wundern sich deutsche Lehrer. Und immer wieder fällt etwas auf, das Bildungsreformer zwar proklamieren, aber häufig selbst noch nicht erlebt haben und wohl manchmal insgeheim für bloße Theorie halten: „Die Ernsthaftigkeit und Freude der Schüler. Sie wissen, da geht es um die Zukunft ihres Lebens. Und bei den Lehrern spürt man die Überzeugung, was Wichtiges und Richtiges zu tun und stolz darauf zu sein." Der hier zuletzt zitiert wird, ist Staatssekretär im Kultusministerium von Nordrhein-Westfalen, Wolfgang Meyer-Hesemann. Später im Bus von Durham nach Toronto faßt er für kurze Zeit den Plan, sich aus dem Ministerium rausschmeißen zu lassen und nach Kanada auswandern.

Auf dem Treffen des internationalen Netzwerks innovativer Schulen in Toronto wurde diese zuweilen verschüttete Selbstverständlichkeit das zentrale Thema: Es wird sich in Schulen nichts ändern, wenn sie nicht selbst damit beginnen. Das Schlagwort dafür heißt Empowerment, und das ist schwer ins Deutsche zu übersetzen, Ermächtigung? – Machtverlagerung jedenfalls an die Basis. Aber zur nötigen Autonomie kommt, wie ein Kontrapunkt, was Accountability genannt wird, Rechenschaft geben. Das ist der zweite Strang, ohne den Autonomie nicht zu haben ist. Wer autonom ist, muß sich für das, was er tut, verantworten. Das gilt für den Haushalt der Schulen ebenso wie für die Leistungsentwicklung der Schüler. Vor allem aber gilt es für Lehrer selbst, daß sie endlich eine Balance von Selbständigkeit und Verantwortung finden.

Aus der Perspektive von Wolfgang Meyer-Hesemann: „Wenn wir, vom Staat her, mehr Gestaltungsfreiheit geben, wird das von vielen Lehrern schon wieder als Zumutung, die von oben kommt, begriffen. Diese Grundhaltung ist in Deutschland sehr schwer zu verändern. Es wird alles als etwas von außen Gesetztes wahrgenommen und nicht als eigener Anspruch, für den ich jetzt Raum kriege."

Wenn 80% der Technologie, die heutige Schüler später benutzen werden, noch gar nicht erfunden ist, dann müssen Kinder in Schulen vor allem die Erfahrung machen, Wissen selbst zu entwickeln. Sie müssen Erfinder werden, während die herkömmlichen Schulen Ausführende herangezogen haben. Das größte Hindernis, das dieser Wende von der Belehrung zum Lernen entgegensteht, sind nicht die Lehrpläne, und es sind auch nicht die Regierungen. Das größte Hindernis ist tief in die Institution Schule eingeschrieben; es sind Lehrer, die nichts als Lehrer sind.

Steve Benson aus dem Ministerium für Schule und Bildung in Neuseeland sprach darüber beim Netzwerktreffen in Toronto: „Zu viele unserer Lehrer haben nie etwas anderes gemacht als zu unterrichten oder unterrichtet zu werden. Wir müssen aber künftig vor allem die Erfahrung machen, wie man selbst lernt." Seine Schlußfolgerung: Lehren kann keine lebenslange Karriere mehr sein. Aber Lernen müsse eine solche lebenslange Karriere werden. Für alle Menschen werde es wichtig, die spezielle Art ihres persönlichen Lernens zu finden und sich nicht darauf zu verlassen, von anderen unterrichtet oder angeleitet zu werden. „Wenn uns dieser Wandel gelingt", meint Steve Benson, „dann haben wir viel geschafft."

Literaturverzeichnis

Acker, S. (1989) »›It's what we do already, but‹ ... Primary school teachers and the 1988 Education Act«, Kongreßbeitrag für die Conference on Ethnography, Education and Policy, St. Hilda's College, Oxford.

American Research Institute (1992) *Survey of Stressful Occupations*, Washington, DC, ARI.

Ayers, W. (1992) »Through the looking glass: Teachers and teaching in film«, Kongreßbeitrag für die Jahrestagung der American Educational Research Association, San Francisco.

Baker, P., Curtis, D. u. Benenson, W. (1991) *Collaborative Opportunities to Build Better Schools*, Illinois, Illinois Association for Supervision and Curriculum Development.

Beckhard, R. u. Pritchard, W. (1992) *Changing the Essence*, San Francisco, CA, Jossey-Bass.

Beer, M., Eisenstat, R. u. Spector, B. (1990) *The Critical Path to Corporate Renewal*, Boston, MA, Harvard Business School Press.

Berends, M. (1992) »A description of restructuring in nationally nominated schools«, Kongreßbeitrag für die Jahrestagung der American Educational Research Association, San Francisco.

Block, P. (1992) *Der autonome Manager*, Frankfurt, Campus. (Orig.: *The Empowered Manager*, San Francisco, CA, Jossey-Bass 1987.)

Brown, J. S. (1991) »Research that reinvents the corporation«, *Harvard Business Review*, 69, 1. S. 102–111.

Burbach, H. u. Figgins, M. (1992) »A thematic profile of the images of teachers in film«, Kongreßbeitrag für die Jahrestagung der American Educational Research Association, San Francisco.

Caldwell, B. u. Spinks, J. (1992) *Leading the Self-managing School*, Lewes, Falmer Press.

Canadian Institute of Advanced Research (CIAR) (1992) *The Learning Society*, Toronto, Ontario, CIAR.

Carnegie Forum on Education and the Economy (1986) »A nation prepared: Teachers for the twenty-first century« (Report of the Task Force on Teaching as a Profession), New York, CFEE.

Cherniss, C. u. Krantz, D. (1983) »The ideological community as an antidote to burnout in the human services«, in: Farber, B. A. (Hrsg.) *Stress and Burnout in Human Service Professions*, New York, Pergamon Press.

Christensen, G. (1992) »The changing role of the administrator in an accelerated school«, Kongreßbeitrag für die Jahrestagung der American Educational Research Association, San Francisco.
Cohen, D. u. Spillane, J. (1992) »Policy and practice: The relations between governance and instruction«, in: Grant, G. (Hrsg.) *Review of Research in Education,* American Education Research Association, Washington, DC, AERA, S. 3–49.
Comer, J. (1992) »A brief history and summary of the school development program«, New Haven, CT, unveröffentlichtes Manuskript.
Comer, J. u. Haynes, N. (1992)»Summary of school development program (SDP) effects«, New Haven, CT, unveröffentlichtes Manuskript.
Corbett, H. K. u. Wilson, B. (1990) *Testing Reform and Rebellion*, Norwood, NY, Ablex.
Covey, S. (1992) *Die sieben Wege zur Effektivität*, Frankfurt, Campus. (Orig.: *The Seven Habits of Highly Effective People*, New York, Simon & Schuster 1989.)
Cox, P. u. DeFrees, J. (1991) »Work in progress: Restructuring in ten Maine schools«, Beitrag für das Maine Department of Education, US.
CRM Films (1991) *Groupthink*, Carlsbad, CA, CRM.
Csikszentmihalyi, M. (1992) *Flow: Das Geheimnis des Glücks*, Stuttgart, Klett-Cotta.
Cullen, E. (1992) »The Learning Consortium Annual Report: Year Four«, Toronto, unveröffentlichtes Manuskript.
Dalin, P. u. Rolff, H.-G. (1992) *Changing the School Culture*, Norwegen, International Management for Training in Educational Change.
Daresh, J. u. Playko, M. (1992) *The Professional Development of School Administrators*, Boston, MA, Allyn & Bacon.
Darling-Hammond, L. u. Ascher, C. (1992) *Creating Accountability in Big City Schools*, New York, ERIC Clearinghouse on Urban Education.
Davies, A. (1989) *The Human Element*, Harmondsworth, GB, Penguin.
Department of Education and Science (1992) *Reform of Initial Teacher Training*, London, Department of Education and Science.
Dikkenberg, J. (1992) »Positively optimistic«, *Asia Magazine*, 30, 22, S. 22.
Drucker, Peter (1992) *Die Zukunft managen,* Düsseldorf, Econ. (Orig.: *Managing the Future*, New York, Dutton 1992.)
Drummond, W. u. Andrews, T. (1980) »The influence of federal and state governments on teacher education«, *Phi Delta Kappan*, 62, 2, S. 97–99.

Durham County Board of Education and Faculty of Education, University of Toronto (1992) *Making Changes at Brock High School*, Video, Oshawa, Ontario, Durham Board of Education.

Easton, J. (1991) *Decision Making and School Improvement: LSCs in the First Two Years Reform*, Chicago, Chicago Panel on Public School Policy and Finance.

Education Week (1991) »Winning designs for a new generation of winning schools«, Washington, DC.

Elmore, R. (1990) *Restructuring Schools*, San Francisco, Jossey-Bass.

Elmore, R. (1992) »The role of local school districts in instructional improvement«, Kongreßbeitrag für die Jahrestagung der American Educational Research Association, San Francisco.

Evans, J. (1992) »Foundation chair reflects on challenges for the future«, *Grantors' Memo*, 8, 8. Toronto, Gordon Foundation.

Faculty of Education, University of Toronto (1992a) *Making a Difference*, Video, Toronto.

Faculty of Education, University of Toronto (1992b) *B. Ed Restructuring Committee Report*, Toronto.

Farber, B. (1991) *Crisis in Education*, San Francisco, Jossey-Bass.

Feiman-Nemser, S. u. Parker, M. (1992) *Mentoring in Context: A Comparison of Two US Programs for Beginning Teachers*, East Lansing, MI, National Center for Research on Teacher Learning.

Flexner, A. (1910) *Medical Education in the United States and Canada*, Washington, DC, Carnegie Foundation for the Advancement of Teaching.

Fiske, E. (1992) *Smart Schools, Smart Kids*, New York, Simon & Schuster.

Ford, D. (1992) »Principal education and selection in fourteen sample schools«, in: Easton, J. (Hrsg.) *Decision-Making and School Improvement*, Chicago, IL, Chicago Panel on Public School Policy, S. 16–28.

Fullan, M. (1988) *What's Worth Fighting for in Principalship?* Toronto, Ontario Public School Teachers' Federation; Andover, MA, The Network; Buckingham, GB, Open University Press; Melbourne, Australian Council of Educational Administration.

Fullan, M. (1991) »The best faculty of education in the country: A fable«, submitted to the Strategic Planning Committee. Faculty of Education, University of Toronto.

Fullan, M. (1992) *Successful School Improvement*, Buckingham, GB, Open University Press.

Fullan, M. (1993) »Coordinating school and district development in restructuring«, in: Murphy, J. u. Hallinger, P. (Hrsg.) *Restructuring Schools: Learning from Ongoing Efforts*, Newbury Park, CA, Corwin Press.

Fullan, M., Bennett, B. u. Rolheiser-Bennett, C. (1990) »Linking classroom and school improvement«, *Educational Leadership*, 47, 8, S. 13–19.

Fullan, M. u. Hargreaves, A. (1991) *What's Worth Fighting for in Your School?*, Toronto, Ontario Public School Teachers' Federation; Andover, MA, The Network; Buckingham, GB, Open University Press; Melbourne, Australia, Australian Council of Educational Administration.

Fullan, M. u. Miles, M. (1992) »Getting reform right: What works and what doesn't«, *Phi Delta Kappan* 73, 10, S. 744–752.

Fullan, M. mit Stiegelbauer, S. (1991) *The New Meaning of Educational Change*, New York, Teachers College Press.

Gardner, H. (1993) *Der ungeschulte Kopf*, Stuttgart, Klett-Cotta.

Gardner, J. (1964) *Self-renewal*, New York, Harper & Row.

Gleick (1988) *Chaos: Die Ordnung des Universums*, München, Droemer-Knaur.

Glickman, C. (1993) *Renewing America's Schools*, San Francisco, Jossey-Bass.

Glickman, C., Allen, L. u. Lunsford, B. (1992) »Facilitation of internal change: The league of professional schools«, Kongreßbeitrag für die Jahrestagung der American Educational Research Association, San Francisco.

Goodlad, J. (1988) »School-university partnership for educational renewal: Rationale and concepts«, in: Sirotnik, K. u. Goodlad, J. I. (Hrsg.) *School-university Partnerships in Action*, New York, Teachers College Press, S. 3–31.

Goodlad, J. (1990a) »Studying the education of educators: From conception to findings«, *Phi Delta Kappan*, 71, 9, S. 698–701.

Goodlad, J. (1990b) *Teachers for Our Nation's Schools*, San Francisco, Jossey-Bass.

Goodlad, J. (1991) »Why we need a complete redesign of teacher education«, *Educational Leadership*, 49, 3, S. 4–10.

Goodlad, J. (1992a) »National goals/national testing: The moral dimensions«, paper presented at the annual meeting of the American Educational Research Association, San Francisco.

Goodlad, J. (1992b) »On taking school reform seriously«, *Phi Delta Kappan*, 74, 3, 232–238.

Goodlad, J., Klein, M. u. Associates (1970) *Behind the Classroom Door*, Worthington, OH, Charles A. Jones.

Goodlad, J., Soder, R. u. Sirotnik, K. A. (Hrsg.) (1990) *The Moral Dimensions of Teaching*, San Francisco, Jossey-Bass.

Gross, N., Giacquinta, J. u. Bernstein, M. (1971) *Implementing Organizational Innovations: A Sociological Analysis of Planned Educational Change*, New York, Basic Books.

Grossman, P. (1992) »In pursuit of a dual agenda: Creating a middle level professional development school«, in: Darling-Hammond, L. (Hrsg.) *Professional Development Schools: Schools for Developing a Profession*, New York, Teachers College Press.

Hallinger, P., Murphy, J. u. Hausman, C. (1991) »Conceptualizing school restructuring: Principals' and teachers' perceptions«, Kongreßbeitrag für die Jahrestagung der American Educational Research Association, Chicago.

Hampden-Turner, C. (1992) »Charting the dilemmas of Hanover Insurance«, *Planning Review*, Jan.-Febr., S. 22–28.

Hargreaves, A. u. Tucker, E. (1991) »Teaching and Guilt: Exploring the feelings of teachers«, unveröffentlichtes Manuskript, Toronto, Ontario Institute for Studies in Education.

Hart, A. (1992) »Work feature values of tomorrow's teachers: Work redesign as an incentive and school improvement policy«, Kongreßbeitrag für die Jahrestagung der American Educational Research Association, San Francisco.

Hart, A. W. u. Murphy, M. J. (1990) »New teachers react to redesigned teacher work«, *American Journal of Education*, 98, S. 224–250.

Harvey, J. (1989) *The Abilene Paradox*, San Diego, CA, University Associates.

Hill, P. u. Bonan, J. (1991) *Decentralization and Accountability in Public Education*, Santa Monica, CA, Rand.

Hodgkinson, H. (1991) »Reform versus reality«, *Phi Delta Kappan*, 72, 1, S. 9–16.

Holmes Group (1986) *Tomorrow's Teachers*, East Lansing, MI.

Holmes Group (1990) *Tomorrow's Schools*, East Lansing, MI.

Holmes Group (1993) *Tomorrow's Colleges of Education*, East Lansing, MI.

Howey, K. R. (1992) *The Network of Fifteen*, Columbus, OH, Ohio State University, unveröffentlichtes Manuskript.

Howey, K. R. u. Zimpher, N. L. (1989) *Profiles of Preservice Teacher Education. Inquiry into the Nature of Programs*, Albany, NY, State University of New York Press.

Huberman, M. (1992) »Teacher development and instructional mastery«, in: Hargreaves, A. u. Fullan, M. (Hrsg.) *Understanding Teacher Development*, New York: Teachers College Press, S. 122–142.
Janis, I. (1972) *Victims of Groupthink*, Boston, MA, Houghton, Mifflin.
Jett-Simpson, M., Pugach, M. u. Whip, J. (1992) »Portrait of an urban professional development school«, paper presented at the annual meeting of the American Educational Research Association, San Francisco.
Jevine, R. u. Zingle, H. (1992) *Striving for Health: Living with Broken Dreams*, Edmonton, Alberta: Alberta School Employee Benefit Plan.
Kanter, R. M., Stein, B. u. Jick, T. (1992) *The Challenge of Organizational Change*, New York, The Free Press.
Kaplan, R. (1991) *Beyond Ambition*, San Francisco, Jossey-Bass.
Kramer, R. (1992) *Ed School Follies*, New York, Foss Press.
Lacey, V. (1991) »Restructuring preservice teacher education«, unveröffentlichtes Manuskript, Toronto, North York Board of Education.
Laing, P. (1992) »Administrative Workshop«, unveröffentlichtes Manuskript, Oshawa, Ontario, Durham Board of Education.
Land, G. u. Jarman, B. (1992) *Breakpoint and Beyond*, New York, Harper Business.
Leithwood, K. (1992) »The move toward transformational leadership«, *Educational Leadership*, 49, 5, S. 8–12.
Lessing, D. (1989) »Gefängnisse, in denen wir freiwillig leben«, in: *Mit leiser, persönlicher Stimme*, Frankfurt a. M., Fischer.
Levin, H. (1988) »Accelerating elementary education for disadvantaged students«, in: Chief State School Officers (Hrsg.) *School Success for Students at Risk*, Orlando, FL, Harcourt, Brace, Jovanovich, S. 209–225.
Lichtenstein, G., Rubin, T. u. Grant, G. (1992) »Teacher portfolios and professional development«, Kongreßbeitrag für die Jahrestagung der American Educational Research Association, San Francisco.
Lichtenstein, G., McLaughlin, M. u. Knudsen, J. (1992) »Teacher empowerment and professional knowledge«, in: Lieberman, A. (Hrsg.) *The Changing Contexts of Teaching*, Chicago, University of Chicago Press, S. 37–58.
Lieberman, A., Darling-Hammond, L. u. Zuckerman, D. (1991) *Early Lessons in Restructuring Schools*, New York, National Center for Restructuring Education, Schools, and Teaching.
Lieberman, A. u. McLaughlin, M. (1992) »Networks for educational change: Powerful and problematic«, *Kappan* 73, 9, S. 673–677.
Liston, D. u. Zeichner, K. (1991) *Teacher Education and the Social Conditions of Schooling*, New York, Routledge, Chapman and Hall.

Lortie, D. (1975) *School Teacher: A Sociological Study*, Chicago, IL, University of Chicago Press.
Louis, K. u. Miles, M. B. (1990) *Improving the Urban High School: What Works and Why*, New York, Teachers College Press.
Manthei, J. (1992) »The mentor teacher as leader: The motives, characteristics and needs of seventy-three experienced teachers who see a new leadership role«, paper presented at the annual meeting of the American Educational Research Association, San Francisco.
Marris, P. (1975) *Loss and Change*, New York, Anchor Press/Doubleday.
McCarthy, J. (1992) »The effect of the accelerated schools process on individual teachers' decision-making and instructional strategies«, Kongreßbeitrag für die Jahrestagung der American Educational Research Association, San Francisco.
McDonald, J. (1992) *Teaching: Making Sense of an Uncertain Craft*, New York, Teachers College Press.
McDonald, J. u. Elias, P. (1980) *The Problems of Beginning Teachers: A Crisis in Training* (Vol. 1), Princeton, NJ, Educational Testing Service.
McLaughlin, M. (1990) »The Rand Change Agent Study revisited«, *Educational Researcher*, 5, S. 11–16.
McLaughlin, M. (1992) *Employability Skills Profile: What are Employers Looking For?* The Conference Board of Canada, Ottawa.
McMahon, A. u. Wallace, M. (1992) »Planning for development in multiracial primary schools«, Kongreßbeitrag für die Jahrestagung der American Educational Research Association, San Francisco.
Mecklenburger, J. (1992) »The braking of the ›break-the-mold‹ express«, *Phi Delta Kappan*, 74, S. 280–289.
Metro Toronto Learning Partnership (1992) Toronto.
Murphy, J. (1991) *Restructuring Schools*, New York, Teachers College Press.
Naisbitt, J. u. Aberdene, P. (1991) *Megatrends 2000*, Düsseldorf, Econ.
National Alliance of Business (1989) *A Blueprint for Business on Restructuring Education*, Washington, DC, NAB.
National Board for Professional Teaching Standards (1992) *Toward High and Rigorous Standards for the Profession*, Detroit, MI, NBPTS.
National Commission on Excellence in Education (1983) *A Nation at Risk*, Washington, DC, NCEE.
The Network (1991) *Study of Teacher Professionalism and Professionalism of Other School Personnel: From Progress to Systemic Approaches*, Andover, MA, The Network.

New Brunswick Department of Education (1992) *Excellence in Education: The Challenge*, St. John, New Brunswick, Department of Education.

Nias, J., Southworth, G. u. Campbell, P. (1992) *Whole School Curriculum Development in the Primary School*, Lewes, Falmer Press.

Nias, J., Southworth, G. u. Yeomans, R. (1989) *Staff Relationships in the Primary School*, London, Cassell.

Offord, D., Boyle, M. u. Racine, Y. (1991) »Children at risk: Schools reaching out«, *Education Today*, März/April, S. 17–18.

Ontario Teachers' Federation (OTF) (1992a) *Beyond the Glitterspeak*, The 1992 Submission to the Cabinet, Toronto, Ontario Teachers' Federation.

Ontario Teachers' Federation (OTF) (1992b) *Creating a Culture for Change*, Toronto, Ontario Teachers' Federation.

Pascale, R. (1991) *Managen auf Messers Schneide*, Freiburg, Haufe.

Peters, T. (1993) *Jenseits der Hierarchien – Liberation Management*, Düsseldorf, Econ.

Prestine, N. (1992) »Benchmarks of change: Assessing essential school restructuring efforts«, Kongreßbeitrag für die Jahrestagung der American Educational Research Association, San Francisco.

Prestine, N. (1993) »Feeling the ripples, riding the waves: Making an essential school«, in: Murphy, J. u. Hallinger, P. (Hrsg.) *Restructuring Schools: Learning from Ongoing Efforts*, Newbury Park, CA, Corwin Press.

Pugach, M. u. Pasch, S. (1992) »The challenge of creating urban professional development schools«, Kongreßbeitrag für die Jahrestagung der American Educational Research Association, San Francisco.

Rosenholtz, S. (1989) *Teachers' Workplace: The Social Organization of Schools*, New York, Longman.

Rothschild, J. (1990) »Feminist values and the democratic management of work organizations«, Kongreßbeitrag, 12th World Congress of Sociology, Madrid.

Rudduck, J. (1992) »Universities in partnership with schools and school systems: Les liaisons dangereuses?«, in: Fullan, M. u. Hargreaves, A. (Hrsg.) *Teacher Development and Educational Change*, Lewes, Falmer Press, S. 194–212.

Sarason, S. (1971) *The Culture of the School and the Problem of Change*, Boston, MA, Allyn & Bacon.

Sarason, S. (1990) *The Predictable Failure of Educational Reform*, San Francisco, CA, Jossey-Bass.

Sarason, S. (1993) *The Case for a Change; The Preparation of Educators*, San Francisco, CA, Jossey-Bass.

Saul, J. R. (1992) *Voltaire's Bastards: The Dictatorship of Reason in the West*, New York, The Free Press.
Schlechty, P. (1990) *Reform in Teacher Education*, Washington, DC, American Association of Colleges of Education.
Schrage, M. (1990) *Shared Minds*, New York, Random House.
Senge, P. (1996) *Die Fünfte Disziplin*, Stuttgart, Klett-Cotta.
Sergiovanni, T. (1992) *Moral Leadership*, San Francisco, CA, Jossey-Bass.
Shakeshaft, C. (1987) *Women in Educational Administration*, Beverly Hills, CA, Sage.
Shanker, A. (1990) »Staff development and the restructured school«, in: Joyce, B. (Hrsg.) *Changing School Culture Through Staff Development*, Alexandria, VA, Association for Supervision and Curriculum Development, S. 91–103.
Shepard, L. (1991) »Will national tests improve student learning?« *Phi Delta Kappan*, 72, 3, S. 232–238.
Sirotnik, K. (1990) »Society, schooling, teaching, and preparing to teach«, in: Goodlad, J., Soder, R. u. Sirotnik, K. (Hrsg.) *The Moral Dimensions of Teaching*, San Francisco, CA, Jossey-Bass, S. 296–327.
Sizer, T. (1991) »No pain, no gain«, *Educational Leadership*, 48, 8, S. 32–34.
Sizer, T. (1992) *Horace's School: Redesigning the American High School*, Boston, MA, Houghton Mifflin.
Smith, K. (1984) »Rabbits, lynxes, and organizational transitions«, in: Kimberley, J. u. Quinn, R. (Hrsg.) *Managing Organizational Transitions*, Homewood, IL, Irwin.
Smylie, M. u. Brownlee-Conyers, J. (1992) »Teacher leaders and their principals«, *Education Administration Quarterly*, 28, 2, S. 150–184.
Stacey, R. (1992) *Managing the Unknowable*, San Francisco, CA, Jossey-Bass.
Stevenson, H. u. Stigler, J. (1992) *The Learning Gap*, New York, Summit Books.
Stiegelbauer, S. (1992) »Why we want to be teachers«, Kongreßbeitrag für die Jahrestagung der American Educational Research Association, San Francisco.
Stoddart, T., Winitzky, N. u. O'Keefe, P. (1992) »Developing the professional development school«, Kongreßbeitrag für die Jahrestagung der American Educational Research Association, San Francisco.
Storr, A. (1988) *Solitude*, London, Flamingo Press.
Taylor, D. u. Teddlie, C. (1992) »Restructuring and the classroom: A view

from a reform district«, Kongreßbeitrag für die Jahrestagung der American Educational Research Association, San Francisco.
Toch, T. (1991) *In the Name of Excellence*, New York, Oxford University Press.
Tuchman, B. (1997) *Die Torheit der Regierenden*, Frankfurt, Fischer.
Verspoor, A. (1989) *Pathways to Change*, Washington, DC, World Bank.
Wallace, M. (1991) »Contradictory interests in policy implementation: The case of LEA development plans for schools«, *Journal of Educational Policy*, 6, 4, S. 385–400.
Wasley, P. (1991) *Teachers who Lead*, New York, Teachers College Press.
Watson, N. u. Fullan, M. (1992) »Beyond school district-university partnerships«, in: Fullan, M. u. Hargreaves, A. (Hrsg.) *Teacher Development and Educational Change*, Lewes, Falmer Press, S. 213–242.
Watts, G. u. Castle, S. (1992) »Electronic networking and the construction of professional knowledge«, *Phi Delta Kappan*, 75, 9, S. 684–689.
Wehlage, G., Smith, G. u. Lipman, P. (1992) »Restructuring urban high schools: The New Futures Experience«, *American Educational Research Journal*, 29, 1, S. 51–93.
Weiner, L. (1992) »Preparing teachers for a new educational paradigm: Lessons from the 1960's«, Kongreßbeitrag für die Jahrestagung der American Educational Research Association, San Francisco.
Weiss, C. (1992) »Shared decision making about what? A comparison of schools with and without teacher participation«, Kongreßbeitrag für die Jahrestagung der American Educational Research Association, San Francisco.
Wheatley, M. (1997) *Quantensprung der Führungskunst*, Reinbek, Rowohlt.
Winitzky, N., Stoddart, T. u. O'Keefe, P. (1992) »Great expectations: Emergent professional development schools«, *Journal of Teacher Education*, 43, 1, S. 3–18.
Wise, A. (1988) »The two conflicting trends in school reform: Legislative learning revisited«, *Phi Delta Kappan*, 69, 5, S. 328–333.
Yi, Y. u. Ma, L. (1992) »Teacher education conducted by teacher community: A case of mentoring in China«, Kongreßbeitrag für die Jahrestagung der American Educational Research Association, San Francisco.

Register

Aberdene, P. 225
Abkapselung 138
Acker, S. 151
»akzelerierte Schule« 123, 133, 134
Albuquerque 208
Allen, L. 145
Allianzen, siehe Wirtschaftsunternehmen; Universitäten
American Federation of Teachers (AFT) 158, 209
American Research Institute 176
Andrews, T. 178
Anne E. Casey Foundation 85
Apple Computer 159
ärztliche Ausbildung 172, 184
Ascher, C. 168, 192
Ayers, W. 119–120, 128

Baker, P. 93–94, 102, 125, 145
Beckhard, R. 59
Beer, M. et al. 59–60, 116
Benenson, W. 93
Bennett, B. 197
Berends, M. 96
Block, Peter 34, 36, 39
Bonan, J. 169
Boyle, M. 80
Bristol University 94
Broadmoor Junior High School, Illinois 129
Brock High School, Toronto 116
Brown, J.S. 143, 167
Brownlee-Conyers, J. 124
Burbach, H. 119, 128, 129
Burnout 97–98, 101–102, 135

Caldwell, B. 126
Campbell, P. 108
Canadian Institute of Advanced Research (CIAR) 80, 219
Canon 70
Carnegie Report (1986) 180
Castle, S. 209
Change Agentry (Vermittlung des Wandels) 23, 31–32, 48, 52–54, 75–76, 139, 223, 232–233
Fähigkeiten 32–43, 63, 85, 138, 147, 161
Cherniss, C. 98
Chicago Reform Act (1989) 91
China 136, 211, 233
Christensen, G. 123, 124
Clark, Joe 120
Coalition of Essential Schools 81–83, 129, 133, 134, 146
Cohen, D. 84
Comer, J. 146, 153–155, 159
Conference Board of Canada 83, 159
Corbett, H.K. 92
Covey, S. 231
Cox, P. 105
Crick, Francis 138
CRM-Films 68, 139
Csikszentmihalyi, M. 54, 153, 163, 223–224, 226, 227, 230, 234–235
Cullen, E. 198
Curriculum-Entwicklung 105, 107, 130, 135, 178, 205
Curtis, D. 93

Daresh, J. 126
Darling-Hammond, L. 107, 168, 192
Davies, A. 30
Dayton, Ohio 86, 88, 89
DeFrees, J. 105
Department of Education and Science (DES) 94, 192
Dezentralisierung 17, 24, 48, 71–73
Dikkenberg, J. 234
Drucker, P. 143, 218
Drummond, W. 178
Durham Board of Education, Ontario 116, 196

Easton, J. 92
Eastside High School, New Jersey 120
Education Reform Act (1988) 17, 149
Education Week 159
»Educational Research and Dissemination«-Programm 209
Einführung 197, 211
  siehe auch Lehrer: Einstieg ins Berufsleben
Einsamkeit 68, 224–225
Einstein, A. 164, 233
Eisenstat, R. 59–60
Elias, P. 175
Elmore, R. 17
Escalante, Jaime 128
Ethisch begründeter Erziehungsauftrag 23, 26–34, 42, 53, 63, 76, 85, 127, 161, 181, 232–233
  gemeinsamer –, 71–73, 115, 136
  verlorener –, 98, 135
Evans, J. 159

Farber, B. 97, 98, 101–102, 119, 128, 129
Feiman-Nemser, S. 207–208
Ferris Bueller's Day Off (Film) 129
Figgins, M. 119, 128, 129
Filme 22, 119–120, 128, 139
Fiske, E. 156
Flexner, A. 172, 184
Flow-Konzept 163, 223–224, 234–235
Ford, D. 125, 159
Ford Motor Company 65, 72, 75, 165, 229–230
Führungskräfte 33, 36, 58, 61, 65, 71–72, 125–127, 170, 171
  Lehrer als –, 103, 121, 122, 125, 195, 204–208, 210
Fullan, M. 49, 65, 71, 123, 168, 176, 198
  und Bennett 197
  und Hargreaves 10, 37, 41, 68, 123, 140, 146, 163, 228, 231
  und Miles 78, 92
  und Stiegelbauer 206
  und Watson 160, 198

Gardner, H. 81, 83, 136, 156, 159, 218
Gardner, J. 35
GCSE-Kurse 149
gemeinsame Entscheidungsfindung (SDM – shared decision making) 91
General Motors 151, 229
Gleichheit 29, 180, 182
Gleick (1987; dt. 1988) 42
Glickman, C. 145–146
Goodlad, J. 22, 23, 26–27, 84, 173, 181, 193, 194, 199

Goodlad, J. et al. 15, 26
Grant, G. 192
Gross, N. et al. 15
Großbritannien 52, 94–95, 105, 108–114, 125, 149–152, 192, 200
Grossman, P. 202
Groupthink (Film) 22, 68, 139
Gruppendenken 22, 36, 48, 66, 68–71, 138–139
Gruppendynamik 115, 118, 138

Hallinger, P. 91, 135, 146
Hampden-Turner, C. 143, 167
Hanover Insurance (Versicherungsunternehmen) 143, 166, 167
Hargreaves, A. 10, 30, 37, 41, 68, 123, 140, 146, 163, 228, 231
Hart, A. 102, 104
Harvey, J. 139
Hausman, C. 91, 135
Haynes, N. 155
Hill, P. 169
Hodgkinson, H. 29, 79
Holmes-Gruppe 180, 190–191, 201, 204–209
Honda 70
Hongkong 233
Howey, K.R. 173, 188, 190
Huberman, M. 226
Hunter, Madeline 93

Illinois Alliance of Essential Schools 129
Illinois, Studie über Schulbezirke in –, 145
Individualität 24, 33, 75–76, 179, 181, 217–235
  und Zusammenarbeit 35, 48, 71, 89, 137–138, 143–144
Isolation 48, 66–67, 71, 134, 158, 173, 175, 208

Janis, I. 138
Japan 72, 136, 211, 213–216, 233
Jarman, B. 77, 142, 161, 162, 163, 211, 227, 229, 233
Jett-Simpson, M. 204
Jevine, R. 102
Joyce, Bruce 16

Kanada, 17, 52, 80, 83, 102, 159, 184, 188 *siehe auch* Toronto
Kaplan, R. 229
Knudsen, J. 135, 183, 184
Konflikt 71, 108, 109, 115, 117, 137, 139
Kramer, R. 182
Krantz, D. 98

Lacey, V. 198
Laing, P. 217
Land, G. 77, 142, 161, 162, 163, 211, 227, 229, 233
Lark Creek Middle School, im Staat Washington 202
Leacock, Stephen 217
»League of Professional Schools« 145
Lean on Me (Film) 120
Learning Consortium 64, 116, 158, 160, 168, 196–198
Lehramtsstudenten 29–30
Lehrer
  Ausbildung von –, 24, 26, 64, 171–216
  Einstieg ins Berufsleben 34, 37, 98–100, 102–104, 174–176, 197, 207, 213
  Ermächtigung 103, 134, 184

Gewerkschaften 158, 209–211
lernende –, 109, 176, 186, 194, 197, 201, 209, 210, 230
Leistungsdokumentation 150
Leithwood, K. 126
Lernen
individuelles 39–40, 83, 109, 121, 217–222, 222–226
lernende Organisation 70, 58, 121–122, 139, 226, 228–230
Lernende Lehrer, *siehe* Lehrer, lernende
Lessing, Doris 69, 225
Levin, M. 123, 133, 136
Lichtenstein, G. 135, 183, 192
Lieberman, A. 107–108, 210
Lipman, P. 85
Liston, D. 179–180
Little Rock, Arkansas 86, 89
Local School Councils (LSCs) 91–92, 125
lokales Schulmanagement (LMS) 17, 96, 125, 150
Lortie, D. 67
Los Angeles 128, 208
Louis, K. 55, 62–63, 144
Lunsford, B. 145

Ma, L. 211–212
Maine 105
Management Information System (MIS) 86
Manthei, J. 206
Marris, P. 50
Matsushita Electric Ltd. 67
McCarthy, J. 133, 134
McDonald, J. 84, 175
McLaughlin, M. 48, 83, 135, 183, 210
McMahon, A. 52, 96
Mecklenburger, J. 159
Meisterschaft (Mastery) 32, 38–41, 145, 147, 226, 228, 232
Mentoring 41, 50, 63, 124, 193, 195, 197, 202
Metropolitan Toronto Learning Partnership 159
Miles, M.B. 55, 62–63, 78, 144
Modeerscheinungen 69, 94
Murphy, J. 17, 28, 91, 135, 146
Murphy, M.J. 102

Naisbitt, J. 225
Nation at Risk, A (1983) 16
National Alliance of Business 159
National Board for Professional Teaching Standards (NBPTS) 191
National Education Association (NEA), 158, 209
Nationales Curriculum 17, 94–95, 114, 149
»Network of Fifteen«-Projekt 188
Netzwerke 81, 136, 153, 159, 188, 209–211
New Futures-Initiative 85–89
New Haven Schulsystem 153, 155
New Jersey 120
New York City 105
Nias, J. et al. 108–114, 125–126, 152, 226

Offord, D. 80
Ohio State University 190
O'Keefe, P. 199, 201
Ontario 80
Ontario Institute for Studies in Education 196
Ontario Teachers' Federation (OTF) 158, 209

Organisation, lernende 41, 58, 70, 108, 121, 122, 139, 218–221, 222–226, 233–235
Organisationen, erfolgreiche 36, 61, 65, 69–70, 71–73, 116, 126, 229–230; *siehe auch* Wirtschaftsunternehmen
örtliche Schulbehörden (LEAs – local education authorities) 94–95, 149–150

Parker, M. 207–208
Partnerschaften 41, 153, 158–161, 185, 192, 194–204, 211
Pascale, R. 36, 37, 44, 50, 55, 57, 65–67, 69–70, 72, 151, 165, 169, 229–230
Pasch, S. 204
PDS-Projekt (Professional Development Schools) 195, 201–204
Peer-Coaching 147, 197, 204
Personalentwicklung (berufliche Weiterbildung) 39, 103, 106, 107, 168, 204–209
Peters, T. 143
Petrarca 35
Pittsburgh, Pennsylvania 86, 89
Playko, M. 126
Prestine, N. 82, 124, 129–132
Prichard, W. 59
Probleme
  konvergierende und divergierende 66
  positive Aspekte 48, 54–57
»Projektitis« 93, 203
Pugach, M. 204
Puget Sound Professional Development Center (PSPDC) 202, 203

Rachel B., Fallstudie 98–101, 172
Racine, Y. 80
Ressourcen 144, 157
Restructuring Committee, University of Toronto 187–188
Rolheiser-Bennett, C. 197
Rosenholtz, S. 40, 68, 143–144, 152, 226
Rothschild, J. 126
Royal Dutch/Shell 166
Rubin, T. 192
Rudduck, J. 200

Sarason, S. 15, 83–84, 85, 92, 157, 166, 184, 193, 194
Saul, J. R. 15, 57, 75–76
Savannah, Georgia 86, 89
SBM-Projekte (School Based Management) 90
Schlechty, P. 183
School Development Program (SDP) 146, 153–156
School Improvement Plans (SIPs) 91–92, 197
School Renewal Network (Schulerneuerungs-Netzwerk) 209
»Schools of Tomorrow ... Today« (ST/T-Projekt) 107
Schrage, M. 83, 126, 138, 158, 161
Schulen
  städtische 85, 176, 188–189, 204
  und Universitäten siehe Universitäten
Schulleiter 17, 91, 109, 119–127, 137, 147–148, 162, 204
Senge, P. 18, 38–39, 40, 44–45, 46, 47, 56, 58–59, 63, 72, 120–122, 126, 163, 164, 165–166, 228–229, 233

Sergiovanni, T. 126, 127
Shakeshaft, C. 127
Shanker, A. 158, 209
Shepard, L. 93
Sirotnik, K. 27, 28, 181
Sizer, T. 81–83, 129, 132–133, 136, 146, 156, 159
Smith, G. 85
Smith, K. 73–74
Smylie, M. 124, 205
Soder, R. 26
Southworth, G. 108
Spector, B. 59–60
Spillane, J. 84
Spinks, J. 126
Stacey, R. 19, 36, 42, 44, 45–46, 53, 56–57, 60–61, 70, 117–119, 127, 166–167, 226
Stand and Deliver (Film) 128
Ständiges Überprüfen und Nachfragen
  Fähigkeit 32, 85, 137, 146, 208, 232
  in Organisationen 70, 75, 115, 147, 186
  Prozeß 123
Stanford University 123
Stevenson, H. 136, 212–216
Stiegelbauer, S. 29, 206
Stigler, J. 136, 212–216
Stoddart, T. 199, 201
Storr, A. 68, 224–225
strategische Planung 24, 48, 63, 65, 112
Streß 97

Taiwan 136
Taylor, D. 90–91
Teacher Corps Program 177–179
Teachers (Film) 129
Teddlie, C. 90–91
Thorah Elementary School, Ontario 64
Toch, T. 158
Toronto 64, 116, 185–190
Toronto, Unversity of 29, 185, 187, 188, 190
TTT-Programm (Trainers of Teacher Trainers) 177–179
Tuchman, Barbara 21, 25, 138
Tucker, E. 30

Umbau (Restrukturierung)
  als Reformbewegung 17, 28, 105, 85–91
  in einzelnen Schulen 96, 106–107, 117, 124, 135, 204, 211
  und Umdenken 90, 117, 211
Universitäten
  Allianzen mit Schulen 41, 153, 158–160, 178, 185, 193, 194–204, 211
  erziehungswissenschaftliche Fakultäten 173–174, 179–180, 186, 188–191
USA 16, 79–80, 136, 96–102
  Lehrerbildung 172–184, 189, 191, 201–204, 207–208, 212, 214
  Projekte in Schulen 82, 85–94, 105–107, 159–160, 178, 202

Vision, persönliche und gemeinsame 32, 33, 48, 59–66, 70, 72, 115, 124, 125–126, 135, 136
  und Meisterschaft 32, 38–39, 63, 145, 147, 228, 232
Vorschriften 47, 48–50, 165, 229

Wada, Kasuo 233
Wallace, M. 52, 94, 95, 96, 114, 125, 149
Wandel, neues Paradigma 47–48, 65
Washington, Staat 202
Wasley, P. 82, 207
Watson, N. 160, 198
Watts, G. 209
Wehlage, G. et al. 85–89, 159
Weiner, L. 178
Weiss, C. 91
Wheatley, M. 42
Whipp, J. 204
Wilson, B. 92
Winitzky, N. 199, 201
Wirtschaftsunternehmen
  Allianzen mit Schulen 41, 159
  Fallstudien von Unternehmen 65, 67, 70, 72, 151, 164–167, 230, 233
Wise, A. 93
Wissens- und Fähigkeitsgrundlage 181–184, 193–194
Wordsworth, William 68

Xerox 143, 167

Yale University 153
Yaohan International 233
Yi, Y. 211–212

Zeichner, K. 179–180
Zentralisierung 24, 48, 71–73
Zimpher, N.L. 173
Zingle, H. 102
Zuckerman, D. 107
Zusammenarbeit 24, 32
  Fallbeispiele 90, 108–109, 111, 134, 143–144, 155, 158–159, 209–210, 226
  zwischen Lehrern 33, 35, 41–42, 63, 68, 84–85, 123, 137–138, 147, 186, 188, 197, 206, 232
  zwischen Schulen und anderen Organisationen 24, 41, 71, 87, 151, 161–162
  zwischen Schulen und Universitäten 41, 153, 158–160, 179, 192–194, 194–204
  zwischen Schülern/Studenten 83, 84–85, 186